Basiswissen IT-Sicherheit

Mathematik

Burkhard Lenze
Basiswissen Angewandte Mathematik
Numerik, Grafik, Kryptik

Informatik

Uwe Klug
SQL: Der Einstieg in die deklarative Programmierung

Helmut Balzert
Java: Der Einstieg in die Programmierung, 3. Auflage
Strukturiert & prozedural programmieren

Helmut Balzert
Java: Objektorientiert programmieren, 2. Auflage
Vom objektorientierten Analysemodell bis zum objektorientierten Programm

Zu vielen dieser Bände gibt es »E-Learning-Zertifikatskurse« unter www.W3L.de.

Werner Poguntke

Basiswissen IT-Sicherheit

Das Wichtigste für den Schutz von Systemen und Daten

3. Auflage

W3L-Verlag | Dortmund

Autor:
Prof. Dr. Werner Poguntke
E-Mail: poguntke.werner@fh-swf.de

Bibliografische Information Der Deutschen Nationalbibliothek:
Die Deutsche Nationalbibliothek verzeichnet diese Publikation in der Deutschen Nationalbibliografie. Detaillierte bibliografische Daten sind im Internet über http://dnb.ddb.de/ abrufbar.

Der Verlag und der Autor haben alle Sorgfalt walten lassen, um vollständige und akkurate Informationen in diesem Buch und den Programmen zu publizieren. Der Verlag übernimmt weder Garantie noch die juristische Verantwortung oder irgendeine Haftung für die Nutzung dieser Informationen, für deren Wirtschaftlichkeit oder fehlerfreie Funktion für einen bestimmten Zweck. Ferner kann der Verlag für Schäden, die auf einer Fehlfunktion von Programmen oder ähnliches zurückzuführen sind, nicht haftbar gemacht werden. Auch nicht für die Verletzung von Patent- und anderen Rechten Dritter, die daraus resultieren. Eine telefonische oder schriftliche Beratung durch den Verlag über den Einsatz der Programme ist nicht möglich. Der Verlag übernimmt keine Gewähr dafür, dass die beschriebenen Verfahren, Programme usw. frei von Schutzrechten Dritter sind. Die Wiedergabe von Gebrauchsnamen, Handelsnamen, Warenbezeichnungen usw. in diesem Buch berechtigt auch ohne besondere Kennzeichnung nicht zu der Annahme, dass solche Namen im Sinne der Warenzeichen- und Markenschutz-Gesetzgebung als frei zu betrachten wären und daher von jedermann benutzt werden dürften.

© 2013 W3L AG | Dortmund | ISBN 978-3-86834-041-9

1. Auflage: Juni 2007
2. Auflage: April 2010
3. Auflage: August 2013

Lektor: Prof. Dr. Helmut Balzert, Herdecke

Gesamtgestaltung: Prof. Dr. Heide Balzert, Herdecke

Herstellung: M.A. Andrea Krengel, Dortmund

Satz: Das Buch wurde aus der E-Learning-Plattform W3L automatisch generiert. Der Satz erfolgte aus der Lucida, Lucida sans und Lucida casual.

Druck und Verarbeitung: CPI buchbücher.de GmbH, Birkach

Vorwort

»Vorsicht beim Online-Banking!« »Neuer Smartphone-Virus aufgetaucht!« Kaum ein Tag vergeht, an dem einem nicht eine solche Schlagzeile ins Auge fällt. Dabei reicht das Themengebiet der Sicherheit in der digitalen Welt (kurz: IT-Sicherheit) noch viel weiter: Die über das Internet eingereichte Steuererklärung kann digital unterschrieben werden, und man möchte ohne das Hinterlassen von Datenspuren im Internet »surfen« können – um nur zwei weitere Aspekte anzusprechen, die in das Gebiet der IT-Sicherheit fallen.

Sicherheit in der digitalen Welt

In diesem Buch lernen Sie die grundlegenden Konzepte zum Schutz von Systemen und Daten sowie die Techniken der praktischen Umsetzung kennen. Es geht stets um das übergeordnete Ziel, dass niemand unbefugt in Systeme eindringen oder den Betrieb stören, auf Daten zugreifen oder diese sogar verändern kann. Da aufgrund der Einbindung der Computersysteme in offene Netze wie das Internet Angriffe niemals vollständig zu verhindern sind, geht es auch darum, potenzielle Folgen solcher Angriffe möglichst gering zu halten.

Basiswissen IT-Sicherheit

Viele der grundlegenden Schutzkonzepte basieren auf »vereinbarten Geheimnissen« wie Passwörter oder geheime Schlüssel zur Veränderung von Daten, die dadurch für Außenstehende unlesbar werden. Die Kryptologie als Wissenschaft von den Geheimnissen zieht sich daher wie der sprichwörtliche rote Faden durch das gesamte Gebiet der IT-Sicherheit, folglich ist dieser Wissenschaft ein eigenes Kapitel gewidmet. Weitere größere Inhaltsblöcke bilden die Themen Computersicherheit und Sicherheit in Netzen – hierbei stehen praktische Umsetzungen für die Sicherheit im Mittelpunkt.

Theorie und praktische Umsetzung

Durch diesen breiten Ansatz des Gebietes IT-Sicherheit ist das vermittelte Wissen teilweise von sehr unterschiedlichem Charakter. Um es am Beispiel klar zu machen: Während der grundlegende Begriff eines asymmetrischen Kryptosystems mit Sicherheit in zehn Jahren noch so wichtig sein wird wie heute, kann niemand sagen, welche der Internet-Sicherheitstechniken SSL oder IPSec in zehn Jahren die Nase vorn haben wird bzw. ob nicht beide dann von anderen

Sicherheitsprotokollen abgelöst oder zumindest »überholt« sein werden.

Vor diesem Hintergrund – und auch deshalb, weil ständig neue Gefahren und Missbrauchsmöglichkeiten aufgedeckt werden – liegt es auf der Hand, dass die hier präsentierten Inhalte hinsichtlich einiger praktischer Aspekte nur eine »Momentaufnahme« darstellen. Wer seine Systeme stets möglichst gut schützen will, kann sich nicht auf ein solches Buch verlassen, sondern muss sich weitere aktuelle Informationen erschließen.

neue Didaktik Um Ihnen als Leser das Lernen zu erleichtern, wurde für W3L-Lehrbücher eine neue Didaktik entwickelt. Der Buchaufbau und die didaktischen Elemente sind auf der vorderen Buchinnenseite beschrieben.

kostenloser E-Learning-Kurs

Ergänzend zu diesem Buch gibt es den kostenlosen E-Learning-Kurs »Schnelleinstieg Zugangskontrolle«, der einige Tests enthält, mit denen Sie Ihr Wissen überprüfen können. Sie finden den Kurs auf der E-Learning-Plattform http://Akademie.W3L.de. Unter Startseite & Aktuelles finden Sie in der Box E-Learning-Kurs zum Buch den Link zum Registrieren. Nach der Registrierung und dem Einloggen geben Sie bitte die folgende Transaktionsnummer (TAN) ein: 1906858138.

kostenpflichtiger E-Learning-Kurs Zusätzlich gibt es zu diesem Buch einen umfassenden, gleichnamigen Online-Kurs mit Mentor-/Tutorunterstützung, der zusätzlich zahlreiche Tests und Aufgaben enthält und der mit qualifizierten Zertifikaten abschließt. Sie finden ihn ebenfalls unter http://Akademie.W3L.de.

Basiswissen Angewandte Mathematik An dieser Stelle soll auch auf Buch und Kurs Basiswissen Angewandte Mathematik [Lenz07] hingewiesen werden, welche ähnlich wie das vorliegende Buch konzipiert und gestaltet sind und wo ein Kapitel den mathematischen Grundlagen der Kryptologie gewidmet ist. Mathematisch interessierte Leser haben hier die Gelegenheit, noch etwas mehr nach den Grundlagen der kryptologischen Verfahren zu »graben«.

Herzlich danken möchte ich Prof. Dr. Burkhard Lenze, der alle Kapitel sorgfältig gelesen und zahlreiche Verbesserungsvorschläge eingebracht hat. Inhaltliche Fehler gehen selbstverständlich nach wie vor »auf meine Kappe«.

Mein Dank geht auch an das W3L-Team, welches sich durch hohe Kompetenz und ständige Hilfsbereitschaft auszeichnet! Die Zusammenarbeit war und ist stets angenehm.

Für die vorliegende 3. Auflage des Buches sind erneut einige der Abschnitte aktualisiert worden, die praktische Sicherheitsaspekte des Internet bzw. des Web behandeln. Neu aufgenommen wurde die Thematik »Smartphones und App-stores«.

zur 3. Auflage

Kritik und Anregungen zur Verbesserung von Kurs und Buch sind von meiner Seite immer willkommen.

Und nun viel Erfolg – und möglichst auch etwas Spaß – mit dem Basiswissen IT-Sicherheit!

Ihr

Werner Poguntke

Inhalt

1 Gefahren, Angriffe, Risiken *

»Wer liest alles Ihre E-Mails mit?«»Noch mehr Viren und Konsorten, die Flut hört nicht auf!«»Wieder eine gefälschte Webseite!«»Und nun auch noch Meldungen zu böswilligen Smartphone-Apps!« Jedes Jahr ist ein neues Rekordjahr für Malware und alle möglichen Arten weiterer Angriffe auf IT-Systeme und Daten. Sehr lästig sind auch die **Spam**-Mails, die mittlerweile die »normalen« E-Mails übertreffen. In letzter Zeit sind besonders die von **Phishing** ausgehenden Gefahren gewachsen – bis hin zum **Identitätsdiebstahl**. in den Schlagzeilen

Das sind nur einige Schlagwörter zum Thema Sicherheit, die den Computer-Benutzer in ähnlicher Form fast täglich verunsichern. Wer sich zum ersten Mal mit dem Thema Internet-Sicherheit beschäftigt, dem fliegen die neuen Begriffe nur so um die Ohren. Von **Trojanern, Würmern, Sniffern, DoS-Attacken, Brute-Force-Attacken**, *IP-Spoofing* und *Zero Day Exploits* ist die Rede. Wer sich nicht zum Systemadministrator berufen fühlt, resigniert da schnell, installiert vielleicht noch ein Antivirenprogramm und hofft im Übrigen, dass schon nichts passieren werde. Schlagwörter

Probleme der geschilderten Art treten nicht nur im Internet auf, auch in großen Unternehmensnetzen oder innerhalb eines WLAN zu Hause hat man mit Sicherheitsfragen zu tun. Daher spricht man allgemein von der IT-Sicherheit, wobei aber selbstverständlich das Internet bei diesem Themenkreis den größten Raum einnimmt.

In Abb. 1.0-1 ist das Ergebnis einer Expertenbefragung des Magazins InformationWeek aus dem Jahre 2010 zu den Quellen der größten IT-Sicherheitsbedrohungen für Organisationen zu sehen. Es wurden 1002 Sicherheitsprofis aus Unternehmen befragt, die jeweils fünf der aufgezählten Bedrohungen nennen konnten. Wie man sieht, spielen nicht nur die »bösen Hacker« eine Rolle, vielmehr drohen auch Gefahren durch eigene Mitarbeiter oder Wettbewerber. Die technischen Aspekte der hier angesprochenen Problemfelder kommen in den unterschiedlichen Kapiteln dieses Buches zur Sprache. Bedrohungen

In diesem Kapitel wird zunächst der Begriff der IT-Sicherheit eingeführt. Die grundlegenden Gefahren, denen moder-

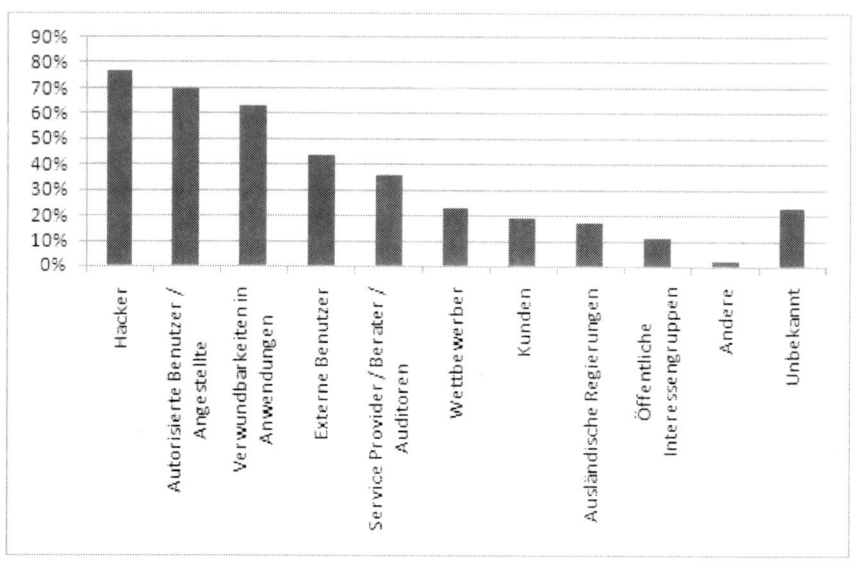

Abb. 1.0-1: Größte Sicherheitsbedrohungen nach einer Expertenumfrage von April 2010 (Jeweils fünf Angaben möglich). Quelle: InformationWeek.

ne Informations- und Kommunikationssysteme durch unbefugten Zugriff ausgesetzt sind, werden aufgezeigt. Ferner werden die grundlegenden Mechanismen beschrieben, die zur Abwendung dieser Gefahren verwendet werden können.

Um die Inhalte der Abschnitte zur Unsicherheit des Internet komplett verstehen zu können, müssen Sie mit den technischen Grundlagen der Internetprotokolle **TCP/IP** vertraut sein und wissen, wie darauf aufbauend E-Mail und das Web funktionieren.

Literatur   [Eckert 11], [Fuhrberg 00]

1.1   Der Begriff der IT-Sicherheit *

Mit dem Begriff der IT-Sicherheit umschreibt man die Probleme und Gegenmaßnahmen, die sich bei der Verwendung moderner Informations- und Kommunikationssysteme durch die Einflussnahme Unbefugter ergeben (z. B. Eindringen in Computersysteme, Manipulation von Daten etc.)

In diesem Kapitel soll der Begriff der IT-Sicherheit geklärt und gegenüber anderen Sicherheitsbegriffen abgegrenzt werden. Ziel

Der Begriff der Sicherheit wird in zahlreichen, sehr unterschiedlichen Zusammenhängen verwendet. Man spricht von Sicherheit

- der Sicherheit von Kernkraftwerken,
- der Sicherheit auf der Autobahn,
- der Sicherheit in der U-Bahn,
- der finanziellen Sicherheit,
- der Sicherheit elektrischer Geräte,
- der Einbruchssicherheit eines Hauses etc.

Immer, wenn von Sicherheit die Rede ist, geht es darum, ein bestimmtes Gut zu schützen (z. B. körperliche Unversehrtheit, Besitz) und sich zu diesem Zwecke gewisser Mittel zu bedienen (Mauern, Polizei, Schlösser...).

Bei dem Sicherheitsbegriff, von dem bei der IT-Sicherheit die Rede ist, geht es ausschließlich um den Schutz von Informations- und Kommunikationssystemen vor unbefugtem Zugriff. Es soll also niemand Unbefugtes auf Systeme zugreifen, Daten lesen, Daten verändern (und vieles Andere nicht) können. Gemeint ist sozusagen der »sanfte« Zugriff auf Ressourcen und Daten, *nicht* etwa die gewaltsame Einwirkung oder Zerstörung.

Im deutschen Sprachgebrauch wird dieser Problembereich heute mit dem Begriff der IT-Sicherheit beschrieben. Dabei geht es im Allgemeinen nicht nur um das Internet. Innerhalb eines Unternehmensnetzes tauchen im Wesentlichen die gleichen Probleme auf. IT-Sicherheit

Im Englischen spricht man von *security*, manchmal präziser von *computer security*, *data security* oder *communication security* – in Abgrenzung zur *safety*, in die z. B. die **Datensicherung** fällt. Die Begriffsbildung schließt natürlich die Problematik der **Hacker** mit ein, die – z. T. als eine Art Sport – in fremde Computersysteme eindringen, Viren verbreiten und vieles mehr. security

Eine gefälschte E-Mail wie in der Abb. 1.1-1 fällt in das Thema der Internet-Sicherheit, *nicht* jedoch der Umstand, dass Sie selbst möglicherweise versäumen, wichtige E- Beispiel

Mails auf ein externes Medium zu kopieren (sie also zu
»sichern«), und dass diese nach einem Computerabsturz
oder Festplattencrash vielleicht verloren sind.

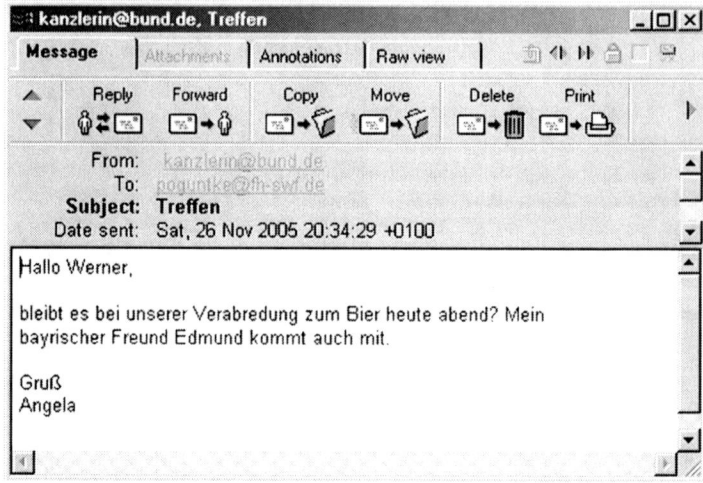

Abb. 1.1-1: Eine gefälschte E-Mail.

Was kann ein Angreifer im Internet erreichen? Welche
Schutzziele lassen sich daraus ableiten?

Angriffe   Man unterscheidet zwischen einem **passiven** und einem **aktiven** Angreifer. Während ein passiver Angreifer nur beobachtet und »mitliest« (z. B. den Text einer E-Mail), übt der
aktive Angreifer einen unerwünschten Einfluss auf die Kommunikation bzw. die Inhalte aus, indem er beispielsweise

- Daten einfügt, löscht oder manipuliert,
- Informationen wiederholt oder verzögert,
- eine falsche Identität vortäuscht,
- Ressourcen unbefugt nutzt,
- gespeicherte Informationen verändert,
- Rechte und Attribute verändert,
- das Kommunikationssystem boykottiert,
- eine Kommunikationsbeziehung leugnet.

Schutzziele   Entsprechend diesen Angriffsmöglichkeiten formuliert man
als die wichtigsten **Schutzziele**, folgende Güter zu schützen:

- Zugriff auf Ressourcen
  Beispiel: Niemand soll unbefugt auf einen Computer zugreifen können.
- Vertraulichkeit
  Beispiel: Niemand soll eine nicht für ihn bestimmte E-Mail lesen können.
- Authentizität
  Beispiel: Niemand soll die Urheberschaft einer E-Mail fälschen können.
- Integrität
  Beispiel: Niemand soll unbefugt den Inhalt einer E-Mail ändern können.
- Verbindlichkeit
  Beispiel: Niemand soll abstreiten können, eine bestimmte Willenserklärung abgegeben zu haben (z. B. zum Kauf bei ebay).
- Anonymität
  Beispiel: Niemand soll die von einem Surfer besuchten Webseiten ermitteln können.

An dieser Stelle muss man sich klar machen, dass die Wichtigkeit dieser einzelnen Schutzziele – je nach persönlicher Einstellung – durchaus unterschiedlich bewertet werden kann. Das spielt dann eine Rolle, wenn die Verfolgung eines Schutzzieles auf Kosten eines anderen geht. Beispielsweise könnten Provider im Internet alles Mögliche protokollieren, um besser die Urheber sich verbreitender Viren usw. ermitteln zu können – dies ginge aber zu Lasten der Anonymität. Besonders die Anonymität ist immer wieder Gegenstand von Diskussionen, hier ist das Thema **Datenschutz** mit angesprochen.

Aber, was immer Sie auch für die IT-Sicherheit tun: 100 %ige Sicherheit gibt es *nicht.* Dafür gibt es tiefere Gründe: Da alle an das Internet angeschlossenen Computersysteme technisch (über zahlreiche Netze) miteinander verbunden sind, sind alle Mechanismen der gegenseitigen Abschottung auf Passwörter, Verschlüsselung, Virenscanner usw. angewiesen – darauf wird noch ausführlicher eingegangen. Alle diese Mechanismen können jedoch prinzipiell nicht 100 %ig sicher sein, denn z. B. kann man ein Passwort ja auch erraten! Und weiter: Hat es ein Virus geschafft, bis auf Ihr Computersystem zu kommen, so kommt es entscheidend darauf an, wie Ihr Betriebssystem mit dem Eindringling fertig wird – auch die Betriebssysteme sind jedoch »nur« ein Stück fehlerbehafteter Software. Zu allem hinzu kommt natürlich noch die kriminelle Energie der Angreifer, die solche Schwachstellen gezielt auszunutzen versuchen.

Internet-
Sicherheit

Von besonderer Bedeutung ist heute die Sicherheit im Internet. Es stellt sich natürlich die Frage, warum die »Erbauer« des Internet nicht von Anfang an mehr technische Mechanismen vorgesehen haben, die es potentiellen Angreifern schwerer machen. Tatsächlich haben sich die Erfinder des Internet die heutige weltweite massenhafte Nutzung der Internet-Dienste niemals träumen lassen. Die **TCP/IP**-Protokollfamilie sieht von sich aus ursprünglich keinerlei Sicherheitsmechanismen (wie Verschlüsselung oder Authentifizierung) vor. Beispielsweise wird eine E-Mail völlig offen im Internet übertragen (in Analogie zu einer Postkarte), sofern nicht der Benutzer von sich aus zusätzliche Maßnahmen ergreift (z. B. in Form einer Verschlüsselung mithilfe zusätzlicher Software). Eine Änderung erfolgt aktuell mit dem seit einiger Zeit betriebenen Umstieg auf Version 6 des IP-Protokolls (kurz: IPv6), welches einen Satz von Sicherheitsprotokollen mit dem Namen *IPSec* beinhaltet (siehe dazu »Sicherheit auf der IP-Schicht«, S. 207).

Zur IT-Sicherheit gehört selbstverständlich auch die Maßnahme einer verschlossenen Tür eines Computerraumes, zu dem nur bestimmte Personen Zugang haben sollen. Im Zentrum dieses Buches stehen jedoch die »sanften« Sicherheitsmaßnahmen, die zu einem großen Teil auf Ideen und mathematischen Verfahren beruhen, die man unter dem Begriff **Kryptographie** zusammenfasst. Es handelt sich hierbei um die »Wissenschaft vom Verschlüsseln«. Zur Einführung soll folgendes Beispiel dienen.

Beispiel

Der Zugang zu einem PC-Netz sei durch **Passwörter** geschützt, die jeweils aus einer vierstelligen Dezimalzahl bestehen. Damit die Passwörter nicht auf dem Server »herumliegen«, wird dort nicht das Passwort (d. h. die vierstellige Zahl) x, sondern die Zahl $y = x^2 \ modulo \ 3943$ gespeichert. Beispielsweise wird also statt des Passwortes 1341 die Zahl 273 gespeichert, denn 1341 mal 1341 ist 1798281, und das lässt bei Division durch 3943 den Rest

273 übrig. Gibt der entsprechende Benutzer nun als *x* den Wert 1341 ein, so berechnet das System den zugehörigen *y*-Wert und vergleicht diesen mit der gespeicherten Zahl – bei Übereinstimmung wird der Benutzer zugelassen. Das Verfahren ist in Abb. 1.1-2 dargestellt.

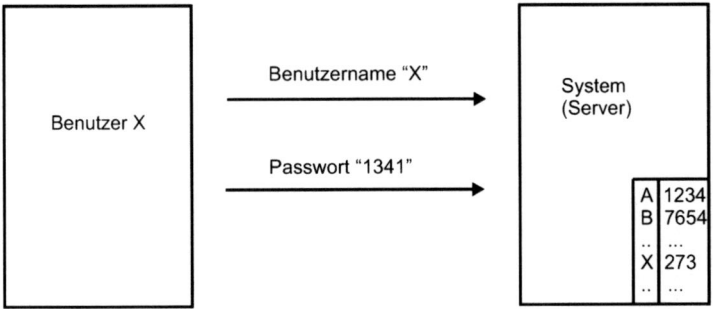

Abb. 1.1-2: Ein Passwortverfahren.

Der Vorteil dieses Verfahrens ist, dass man zwar von dem Passwort 1341 durch eine recht einfache Rechnung zu dem Wert 273 kommt, dass es aber ungleich aufwendiger ist, von 273 auf 1341 zurückzuschließen! Bemerkenswert ist, dass einem die Kenntnis des ganzen Verfahrens dabei wenig nützt (also dass modulo 3943 quadriert wurde). D. h. liest jemand den Wert 273 in der Passwortliste, so hat er es trotzdem schwer herauszubekommen, dass er für einen erfolgreichen Täuschungsversuch die Zahl 1341 eingeben muss.

Selbstverständlich ist es *möglich*, zu gegebenem *y*-Wert einen *x*-Wert zu finden. Es kommen ja nur endlich viele *x*-Werte in Frage (hier wegen der Vierstelligkeit höchstens 9999 Werte), und die könnte man alle ausprobieren, indem man jeden modulo 3943 quadriert und schaut, ob das Ergebnis 273 ist! Aber das ist eben viel Arbeit.

In der Kryptographie nennt man eine Funktion $f : X \to Y$ mit Definitionsbereich X und Wertebereich Y eine **Einwegfunktion**, wenn es zu gegebenem x aus X einfach ist (d. h. ohne großen zeitlichen oder sonstigen Aufwand), $f(x)$ zu berechnen, aber sehr aufwendig, zu $y \in Y$ ein Urbild x mit $f(x) = y$

zu finden. Das obige Beispiel macht deutlich, dass Funktionen der Art »Quadrieren modulo einer gegebenen großen Zahl« zumindest Kandidaten für solche Einwegfunktionen sind. Natürlich wird man in einer ernsthaften Anwendung größere Zahlen als vierstellige verwenden müssen.

Mehr über Kryptographie ist in den Abschnitten des Kapitels »Kryptologische Verfahren und Protokolle«, S. 37, zu finden.

Eine Anmerkung zum Schluss: In diesem Buch geht es ausschließlich um IT-Sicherheit »durch Technik«. Daneben ist selbstverständlich auch die »menschliche Dimension« zu beachten. Beispielsweise mag es einem Angreifer gelingen, einem gutgläubigen Menschen am Telefon ein wichtiges Passwort zu entlocken – man spricht hier von *Social Engineering*.

wichtige Links BSI (http://www.bsi.de)
Bürger-CERT (http://www.buerger-cert.de)
Klicksafe (http://www.klicksafe.de)

1.2 Gefahren und Ursachen – im Internet und anderswo *

Bei den Gefährdungen von Rechnern und Netzen unterscheidet man »passive« und »aktive« Angriffe. Während eine passive Angreiferin lediglich nicht für sie bestimmte Daten »mitliest«, versucht eine aktive Angreiferin, Daten zu manipulieren, eine falsche Identität vorzutäuschen oder Ähnliches.

In »Der Begriff der IT-Sicherheit«, S. 2, sind die grundlegenden Schutzziele und die möglichen Gefährdungen durch passive und aktive Angriffe beschrieben. Im vorliegenden Kapitel werden Bedrohungen, denen Informations- und Kommunikationssysteme – insbesondere das Internet – durch unbefugten Zugriff ausgesetzt sind, noch einmal genauer betrachtet. Erst wenn man weiß, welche Gefahren drohen, kann man sich über Gegenmaßnahmen Gedanken machen! Die Arten der Bedrohungen können sehr unterschiedlich sein, ebenso die Konsequenzen eines »erfolgreichen Angriffs«. Es ist nützlich, sich zunächst eine allgemeine Übersicht zu schaffen.

Zunächst werden einige Arten passiver Angriffe skizziert, und es wird die Frage untersucht, was eine passive Angreiferin prinzipiell erreichen kann.

Ein passiver Angriff hat in der Regel den Charakter des »Abhörens«. Unterschiede bestehen, *wie* und *was* abgehört wird. Klassisch denkt man hier sicher an das »Anzapfen« von Leitungen, jedoch können auch durch die Ausnutzung der elektromagnetischen Abstrahlung von Bildschirmen, Computerboards oder Leitungen Informationen empfangen und aufgezeichnet werden. Beispielsweise ist es ohne großen Aufwand möglich, einen Bildschirm mithilfe eines normalen Fernsehgeräts über eine Entfernung bis zu einem km »drahtlos« abzuhören (siehe Abb. 1.2-1).

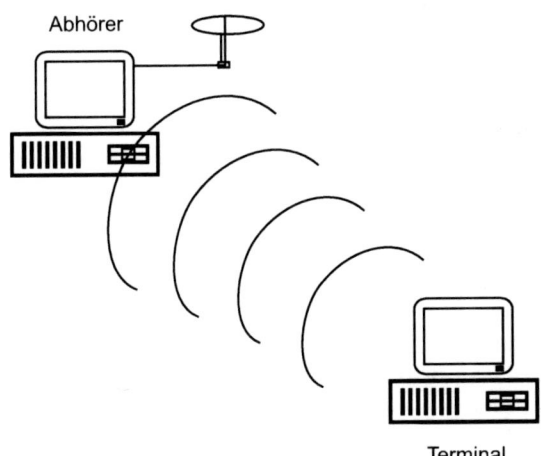

Abb. 1.2-1: Passiver Angriff durch Abhören.

Beim erwähnten klassischen Anzapfen von Telefonleitungen bedient man sich Klemmen und Induktionsschleifen zum Abhören. Natürlich muss die Angreiferin Zugriff auf die Leitungen haben (z. B. auf Telefonleitungen im Keller). Besonders abhörgefährdet ist drahtlose Kommunikation, da man nur eine entsprechende Antenne zum Abhören braucht. In den modernen digitalen Mobilfunknetzen findet daher eine Verschlüsselung statt – darauf wird an anderer Stelle eingegangen (siehe »Sicherheit in GSM-Netzen«, S. 259).

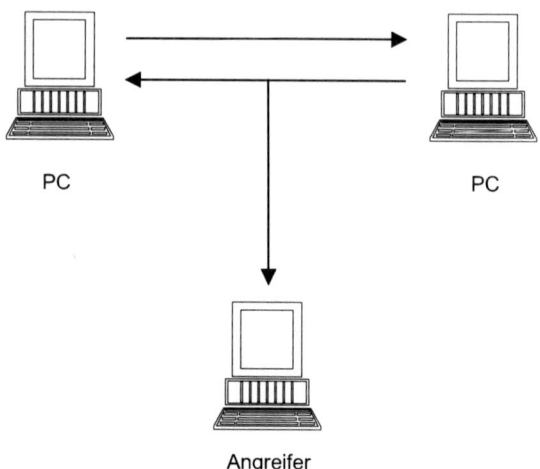

Abb. 1.2-2: Passiver Angriff durch Mithören.

Auch Lokale Netze (kurz: **LANs**) sind leicht abzuhören, denn das Übertragungsprinzip besteht bei der verbreiteten Ethernet-Technik darin, die Nachrichten an alle Teilnehmerinnen zu versenden, wobei nur die Adressaten die Nachrichten komplett lesen und verwenden (sollten). Besonders die bei Gebäudeverkabelungen üblichen zusätzlichen und nicht benutzten Steckdosen können leicht missbraucht werden, um den gesamten Nachrichtenverkehr mitzuverfolgen (siehe Abb. 1.2-2). Auch befugte Teilnehmerstationen können durch Software dazu veranlasst werden, den gesamten Verkehr mitzuhören. Weitere Schwachpunkte sind Brücken, Router und Gateways.

Was kann eine passive Angreiferin also erreichen? Sie kann

- Nutzinformationen abhören,
- Signalisierinformation abhören und
- eine Verkehrsflussanalyse durchführen.

Je nach Art der übertragenen Daten (privates Telefongespräch, Konstruktionsdaten einer Maschine etc.) muss entschieden werden, ob der Schutz der Nutzinformationen wichtig ist und einen Verschlüsselungsaufwand rechtfertigt.

Die Signalisierinformation gibt Aufschluss über den Adressaten einer Nachricht, den angewählten Gerätetyp (z. B. im

ISDN) etc. Auch diese Daten können für eine Angreiferin von Interesse sein. Auf die Möglichkeit der Verschlüsselung sowohl der Nutz- wie auch der Signalisierinformationen wird in den anderen Kapiteln dieses Buches eingegangen.

Auch wenn diese Daten sämtlich verschlüsselt werden, besteht für eine Angreiferin immer noch die Möglichkeit einer Verkehrsflussanalyse. Hierbei wird ermittelt, zu welcher Zeit und in welchem Umfang gewisse Kommunikationsbeziehungen bestanden haben. Bei manchen Anwendungen (z. B. im militärischen Umfeld) kann selbst das von Interesse sein. Es gibt auch technische Konzepte, diese Art des Angriffs abzuwehren, in »Anonymität in Netzen«, S. 270, wird dieses Thema näher betrachtet.

Nun zu den aktiven Angriffen. Prädestiniert für aktive Angriffe sind zunächst einmal die Netzkomponenten, in denen unter Umständen sogar eine Zwischenspeicherung erfolgt – Beispiele sind Brücken in Lokalen Netzen. Die Überwachungszeiten der Übertragungsprotokolle lassen hier in der Regel genügend Zeit für die Manipulation (und auch für die Neuberechnung der sogenannten »CRC-Prüfsumme«, mit der einige Redundanzbits hinzugefügt werden). Eine aktive Angreiferin, die keinen direkten Zugriff auf die betreffenden Endsysteme oder Netzkomponenten hat, muss die Übertragungsstrecke »auftrennen« und ein Gerät dazwischenschalten (siehe Abb. 1.2-3).

aktiver Angriff

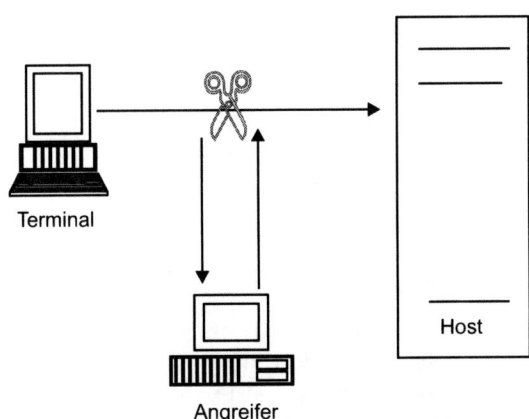

Abb. 1.2-3: Aktiver Angriff durch Auftrennen.

Da der Angriff meist das Ziel beinhaltet, unbemerkt zu bleiben, muss die eingeschleuste Station die verwendeten Übertragungsprotokolle beherrschen. In Abb. 1.2-4 ist das Prinzip des Einschleusens dargestellt.

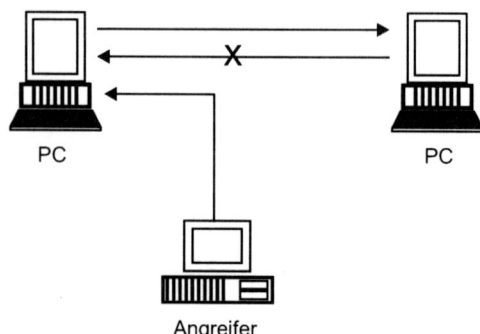

Abb. 1.2-4: Aktiver Angriff durch Einschleusung von Daten.

Auch von legitimen Benutzerinnen können aktive Angriffe ausgehen, z. B. durch absichtlich »falsche« Eingaben. Was kann eine aktive Angreiferin erreichen? Eine aktive Angreiferin kann

- Informationen wiederholen oder verzögern,
- Daten einfügen, löschen oder manipulieren,
- eine falsche Identität vortäuschen,
- Ressourcen unbefugt nutzen,
- Kommunikationsbeziehungen leugnen,
- das Kommunikationssystem boykottieren,
- gespeicherte Informationen verändern,
- Rechte und Attribute verändern.

Das Leugnen einer Kommunikationsbeziehung kann dann relevant sein, wenn rechtsgültige Geschäfte über Kommunikationssysteme abgewickelt werden: Man soll später nicht leugnen können, dass die Kommunikation überhaupt oder in der tatsächlichen Weise stattgefunden hat.

Beim Boykott eines Kommunikationssystems geht es darum, die Verfügbarkeit und Betriebssicherheit zu attackieren. Gemeint sind hier natürlich keine physischen Gewaltakte, sondern »sanfte« Attacken wie Blockierung von Leitungen durch ständige Anrufe etc. Wenn es einer Angreiferin gelingt, die Rechte und Nutzungseigenschaften von Betriebsmitteln zu verändern, so ist selbstverständlich weiterer Missbrauch leicht möglich.

Es ist natürlich das generelle Ziel, aktive Angriffe zu verhindern. Da dies aber niemals vollständig gelingen wird (z. B. weil sich legitime Benutzerinnen falsch verhalten können), muss es auch darum gehen, einen erfolgreichen aktiven Angriff wenigstens zu erkennen. Wie dies in Kommunikationssystemen erreicht werden kann, wird an anderer Stelle ebenfalls behandelt.

Einige moderne Formen von Angriffen, die insbesondere mit der immer stärkeren Verbreitung des Internet zusammenhängen, sind nicht eindeutig als *aktiv* oder *passiv* zu charakterisieren. Man stelle sich etwa die Mitarbeiterin eines Unternehmens vor, deren Arbeits-PC permanent mit dem Internet verbunden ist und die in ihrer Arbeitszeit »privat surft« – was wird hier eigentlich bedroht oder angegriffen? Eigentlich geht es nur um die nicht produktiv genutzte Arbeitszeit der Mitarbeiterin, denn die (unbefugte) Nutzung von Ressourcen ist in diesem Beispiel vernachlässigbar. Ferner ist die Gefahr zu beachten, schädliche bzw. unerwünschte Inhalte (wie z. B. Viren) »ins Firmennetz zu holen«. Diese Probleme werden in den Abschnitten »Viren und Co.«, S. 171, und »Aktive Inhalte«, S. 246, behandelt.

weitere Gefahren

Statt mögliche Angriffe als *aktiv* und *passiv* zu klassifizieren, kann man eine Klassifizierung auch hinsichtlich der Mittel des Angreifers oder hinsichtlich möglicher Angriffsszenarien vornehmen. Wird etwa versucht, durch theoretische Analyse ein kryptographisches Verfahren zu attackieren, so spricht man von einem **kryptoanalytischen Angriff** (siehe dazu »Kryptoanalyse«, S. 118, und »Kryptographische Angriffe«, S. 120). An einem Szenario orientiert ist der häufig verwendete Begriff einer **Man-in-the-Middle-Attacke**, mit dem ausgedrückt werden soll, dass der Angreifer in eine Kommunikationsbeziehung eindringt und Daten abfängt, einschleust oder etwas anderes anstellt.

Generell stellt sich natürlich die Frage, wieso diese ganzen Angriffe überhaupt möglich sind. Anders ausgedrückt: Hätte man die modernen Informations- und Kommunikationssysteme nicht so »bauen« können, dass Angriffe der beschriebenen Art gar nicht durchgeführt werden können?

Ursachen der Gefahren

Die Antwort lautet selbstverständlich: Nein. Man kann auch keine Autos bauen, mit denen keine Unfälle mehr passieren. Und wie im Straßenverkehr gibt es auch in der Welt der Computer und Netze viele Ursachen der auftretenden Probleme.

Die technischen Ursachen werden oft in drei Kategorien eingeteilt:

■ Konzeptionsfehler: Ein typisches Beispiel für einen Konzeptionsfehler ist – aus heutiger Sicht – die offene Übertragung der Daten im Internet. Zur Entstehungszeit der **TCP/IP**-Protokolle hat man dies noch nicht als Problem angesehen. Ein anderes Beispiel ist die Möglichkeit, IP-Pakete mit gefälschten Absenderadressen zu versenden.

■ Programmierfehler: Dies sind Fehler, die durch die nicht genügend sorgfältige Erstellung von Software entstehen und die dazu führen, dass Angreiferinnen diese Software missbrauchen können. Solche Fehler werden auch als *Bugs* bzw. **Wanzen** bezeichnet. Die häufigsten Fehler dieser Art sind **Speicherüberlauf-Fehler** *(Buffer Overflow)*. Typisch dafür ist, dass eine Routine zum Einlesen von Daten nicht überprüft, ob der Umfang der Daten den dafür vorgesehenen Speicherbereich nicht überschreitet, und dass es dadurch unter Umständen möglich ist, hinter dem reservierten Speicherbereich zusätzliche Befehle zu speichern, die dann ausgeführt werden und unerwünschte Folgen haben.

■ Konfigurationsfehler: Solche Fehler haben ihre Ursache in einer falschen oder nicht vollständigen Einstellung von Parametern und Optionen, mit denen ein Programm gestartet wird. Beispiele sind falsch gesetzte Zugriffsrechte für Dateien oder das Starten von Programmen oder Diensten (typischerweise »im Hintergrund«), die für den Einsatz des Computersystems irrelevant sind, jedoch Angriffsmöglichkeiten bieten.

Daneben gibt es natürlich eine wesentliche nicht-technische Ursache:

■ menschliches Fehlverhalten
Ein Beispiel ist die arglose Beantwortung einer **Phishing**-Mail mit Preisgabe einer PIN oder TAN.

1.3 Grundlegende Mechanismen für die IT-Sicherheit *

Zum Schutz von Daten und Ressourcen vor unberechtigtem Zugriff werden unterschiedliche grundlegende Mechanismen eingesetzt. Dazu gehören Methoden der Datenverschlüsselung (Kryptographie) sowie Filtertechniken für Datenpakete in Kommunikationsnetzen (Firewalls) und die »Härtung« der Betriebssysteme von Computern.

Das Gebiet der IT-Sicherheit beschäftigt sich mit den Gefahren, die den heutigen Computersystemen und Netzen durch unbefugte Eingriffe drohen, sowie den möglichen Abwehrmaßnahmen. Es gibt zahlreiche unterschiedliche Ansätze, dieses umfangreiche Fachgebiet zu strukturieren.

Stets geht es darum sicherzustellen, dass den jeweils berechtigten Benutzern der Zugang zu den Daten und Ressourcen *ermöglicht*, den unberechtigten Benutzern dieser Zugang aber *verweigert* wird. Ferner müssen Vorkehrungen getroffen werden, die den möglichen Schaden bei erfolgreichen unbefugten Eingriffen möglichst in Grenzen halten.

Aufgabe der IT-Sicherheit

Wie lässt sich dies umsetzen?

Hinsichtlich der Abwehr unbefugter Eingriffe ergibt sich eine mögliche Strukturierung durch die folgende Unterscheidung:

Abwehr unbefugter Eingriffe

▓ Die berechtigten Benutzer verfügen über ein Geheimnis wie Passwort oder PIN, das beim Zugang benutzt werden muss.

▓ Benutzer bzw. Datenströme werden nach globalen Kriterien aussortiert, um wenigstens gewisse Arten von Angriffen zu verhindern. Um durch solche Filterfunktionen Kommunikationsnetze zu schützen, werden **Firewalls** eingesetzt.

Die Sicherheit von Betriebssystemen, die letztlich ausschlaggebend dafür ist, wie gravierend die Folgen eines erfolgreichen Angriffs auf ein Computersystem sein können, bildet eine weitere Dimension der IT-Sicherheit.

Sicherheit von Betriebssystemen

Die Wissenschaft, welche sich mit den möglichen Geheimnissen beschäftigt, ist die **Kryptographie**. Manchmal spricht man von der »Wissenschaft der Verschlüsselung«,

Kryptographie

jedoch greift dies zu kurz. Dabei geht es nämlich nicht nur um die für die angestrebten Zwecke geeigneten Geheimnisse, sondern auch darum, diese an die Nutzer zu verteilen, um die Untersuchung, wie sicher diese Geheimnisse wirklich sind usw. Für alles zusammen wird oft der allgemeinere Begriff der **Kryptologie** verwendet. Kryptologische Methoden ziehen sich wie der sprichwörtliche »rote Faden« durch das gesamte Gebiet der IT-Sicherheit.

Access- und Content- Security

Gelegentlich wird das Gebiet der IT-Sicherheit auch hinsichtlich der Schutzziele strukturiert, wobei die Begriffe *Access Security* und *Content Security* verwendet werden:

▪ Access Security steht für den »Schutz des Zugangs«. Hierunter fallen z. B. Firewalls, aber auch Passwörter für den Zugang zu einem Computersystem.

▪ Content Security steht für den »Schutz der Inhalte«. Hierunter fällt sowohl der Schutz *von* Inhalten (z. B. durch Verschlüsselung) als auch der Schutz *vor* Inhalten, die Schaden anrichten können (wie Viren oder Würmer).

1.4   Die Unsicherheit des Internet: TCP/IP *

Bei der Entwicklung der Protokolle der TCP/IP-Familie haben Sicherheitsaspekte noch keine Rolle gespielt. Daher gibt es zahlreiche Ansatzpunkte für mögliche Angriffe wie *Spoofing*, *Sniffing* und *Portscanning*.

Eine Reihe von möglichen Gefährdungen bei der Nutzung des Internets kann man auf die Eigenschaften der **TCP/IP**-Protokolle bzw. deren Unzulänglichkeit hinsichtlich der Sicherheit zurückführen.

Spoofing

Unter **Spoofing** (deutsch: Schwindeln) versteht man das Vortäuschen falscher Identitäten. Dabei kann es sich um Personen, aber auch um Computersysteme handeln, die sich über einen Rechnernamen als ein anderes System ausgeben. Man kann noch einmal unterscheiden zwischen **IP-Spoofing**, **DNS-Spoofing** und **Web-Spoofing**.

IP-Spoofing ist deshalb möglich, weil bei vielen Diensten (und auch bei Firewall-Funktionalitäten) die Identifizierung eines Rechners nur über seine **IP-Adresse** erfolgt. Verwendet ein Angreifer eine gefälschte IP-Adresse, so kann er möglicherweise auf einem Rechner, der dieser Adresse »vertraut«, Schaden anrichten. Ein solcher Angriff ist besonders leicht möglich, wenn die Kommunikation auf Basis von UDP erfolgt. Doch auch bei der Verwendung von TCP kann ein solcher Angriff gefahren werden: Der Angreifer erhält zwar nie ein Antwortpaket des angegriffenen Rechners, jedoch kann er die beim TCP-Verbindungsaufbau zur Synchronisation verwendeten Sequenznummern leicht erraten und danach auf dem fremden Computersystem unter Umständen einen schädlichen Befehl zur Ausführung bringen. In Abb. 1.4-1 ist eine solche IP-Spoofing-Attacke dargestellt.

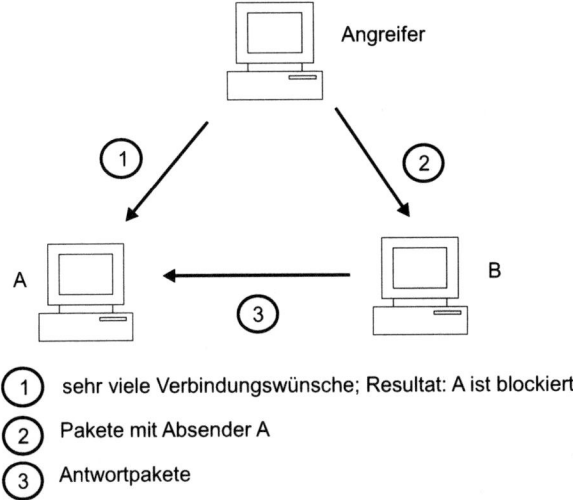

Abb. 1.4-1: Ablauf beim IP-Spoofing.

Das **Domain Name System** (DNS) ist der Auskunftsdienst im Internet, der es ermöglicht, die Rechnernamen wie »www.w3l.de« in die zugehörige IP-Adresse zu übersetzen. Beim DNS-Spoofing geht es einem Angreifer darum, einem DNS-Server zu einem Rechnernamen eine falsche IP-Adresse »unterzuschieben«, so dass der Server bei einer Anfrage anschließend die entsprechende falsche Antwort herausgibt. Es gibt mehrere Varianten, DNS-Spoofing durchzuführen, wobei es von der konkreten DNS-Software abhängt, welche dieser Angriffe möglich sind. Prinzipiell ist diese Angriffsart jedoch nicht ganz vermeidbar, da die DNS-Server untereinander kommunizieren und es dadurch immer möglich bleibt, einem nach einer IP-Adresse fragenden DNS-Server eine falsche Antwort zu übermitteln.

Mit Web-Spoofing bezeichnet man einen Angriff, bei dem einem Anwender Webseiten geliefert werden, von denen er glaubt, dass sie von dem gewünschten Server stammen, die jedoch in Wahrheit von einem Server des Angreifers kommen. Damit die Anfragen an den richtigen Server überhaupt beim Angreifer landen, kann dieser beispielsweise zunächst DNS-Spoofing anwenden, eine andere Möglichkeit ist die Manipulation einer Suchmaschinenantwort. Auch die Caching-Server der Internet Service Provider sind eine Schwachstelle: Gelingt es, auf einem solchen Server liegende Daten zu manipulieren, so werden dem Anwender falsche Webseiten geliefert.

Spoofing-Angriffe sind prinzipiell nur durch die Authentifizierung aller Daten durch digitale Signaturen auszuschließen. Bisher hat sich jedoch der umfassende Einsatz der digitalen Unterschrift nicht durchsetzen können (siehe auch »Die Digitale Unterschrift«, S. 82).

Sniffing   Unter dem Begriff *Sniffing* (deutsch: Schnüffeln) – unter Zuhilfenahme eines **Sniffers** – fasst man alle Angriffe zusammen, bei denen durch das Mitlesen von Daten bei einer TCP/IP-Übertragung Informationen gewonnen werden. Die Möglichkeit solcher Angriffe ergibt sich durch die generell offene (also nicht verschlüsselte) Datenübertragung im Internet. Es gibt zahlreiche frei verfügbare Programme wie Tcpdump oder Wireshark, mit denen von jedem Rechner aus der sich im gleichen Netzsegment abspielende Datenverkehr beobachtet werden kann. Mit mehr Rechten ausgestattete Angreifer (z. B. der Administrator eines IP-**Routers**) haben selbstverständlich den direkten Zugriff auf die Daten.

Sniffing-Angriffe sind nur durch Verschlüsselung zu verhindern, wie sie unter anderem durch die Anwendung der IP-Erweiterung **IPSec** möglich ist (siehe auch »Eine Übersicht zu IPSec«, S. 208).

Portscanning   **Portscanning** dient einem Angreifer zur Informationsgewinnung und geht in der Regel einem ernsthafteren Angriff voraus. Es gibt eine Reihe von Programmen, mit deren Hilfe die Portnummern eines an das Internet angeschlossenen Computersystems daraufhin untersucht werden können, ob dort ein TCP-Aufbau möglich ist – genau dies nennt man Portscanning. (Auch UDP-Portscans sind möglich.) Es gibt mehrere Varianten, solche Portscans durchzuführen. Beispielsweise kann der Angreifer einen kompletten Verbindungsaufbau versuchen. Er kann aber auch einfach ein sogenanntes FIN-Paket verschicken, mit welchem normalerweise eine Verbindung beendet wird – im Falle, dass der Port offen ist, wird dieses nicht beantwortet, ansonsten erfolgt eine Antwort durch ein RST-Paket.

Um die Risiken solcher Angriffe zu minimieren, sollten nur die unbedingt notwendigen Serverprozesse gestartet werden. Generell können Portscans durch den Einsatz einer **Firewall** verhindert werden (siehe auch »Firewall-Systeme«, S. 193).

Es gibt noch eine Reihe erwähnenswerter spezieller Protokollfehler bzw. ungünstiger Regeln bei IP und TCP, die für Angriffe ausgenutzt werden können. Durch den richtigen Einsatz von Firewalls lassen diese sich jedoch weitgehend verhindern.

Beispielsweise führt die IP-Fragmentierung zu einer Reihe von Problemen. Wenn ein IP-Datagramm zu groß ist, um direkt ganz übertragen zu werden (z. B. innerhalb eines **Ethernet**-Netzes, wo nur 1500 Byte erlaubt sind), so wird es in Fragmente zerlegt. Diese Fragmente tragen Informationen, die dafür sorgen, dass das ursprüngliche Datagramm im Ziel wieder korrekt zusammengesetzt werden kann. Da Paketfilter normalerweise nur das erste Fragment untersuchen, um zu entscheiden, ob ein Paket passieren darf, kann z. B. mit sogenannten *overlapping fragments* ein TCP-Verbindungsaufbau erfolgen, den der Filter eigentlich verhindern soll.

IP-Fragmentierung

Auch das *Internet Control Message Protocol* (ICMP), also das grundlegende Management-Protokoll des Internet, bietet eine Reihe von Angriffsmöglichkeiten, die sämtlich in der fehlenden Authentisierung der beteiligten Rechner ihre Ursache haben. ICMP-Meldungen werden in IP-Paketen verschickt. Beispielsweise kann mit dem ICMP-Befehl destination unreachable ein Computersystem veranlasst werden, keine Verbindung mehr mit dem durch den Befehl für

ICMP

unerreichbar erklärten System aufzubauen. Der ICMP-Befehl echo request kann dazu benutzt werden, in einem Netz eine »Broadcast-Flut« auszulösen, woraufhin das mit diesen Nachrichten beschäftigte Netz nicht mehr verfügbar ist.

TCP-Hijacking

Unter **TCP-Hijacking** versteht man einen Angriff, bei dem eine bestehende und ordnungsgemäß zustande gekommene TCP-Verbindung von einem Angreifer übernommen wird. Dazu hat der Angreifer, der die TCP-Verbindung beobachtet hat und insbesondere die aktuellen Sequenznummern kennt, mehrere Möglichkeiten. Beispielsweise kann er die beiden beteiligten Rechner in einen »unsynchronisierten Zustand« bringen, in dem die von ihnen verwendeten Sequenznummern nicht mehr zueinander passen, und kann unter Benutzung der richtigen Sequenznummern mit beiden kommunizieren.

Denial-of-
Service-Angriffe

Sogenannte Denial-of-Service-Angriffe (auch: **DoS-Attacken**) zielen auf die Verfügbarkeit, d. h. im Erfolgsfalle bewirken sie, dass ein oder mehrere Computersysteme gar nicht mehr oder nur noch eingeschränkt arbeiten. Die Möglichkeit solcher Angriffe beruht in den meisten Fällen auf Programmierfehlern in Betriebssystemen und TCP/IP-Routinen, jedoch gibt es auch konzeptionelle Ursachen. Beispielsweise kann eine Schwäche von TCP für das *TCP SYN Flooding* ausgenutzt werden:

Der Angreifer sendet hintereinander viele Pakete mit jeweils einem Verbindungsaufbauwunsch (d. h. mit gesetztem SYN-Bit) an den Server, der angegriffen werden soll. Der Server beantwortet jedes dieser Pakete mit einer SYN-ACK-Antwort und wartet auf deren Bestätigung, die der Angreifer nun allerdings *nicht* schickt. Möglicherweise hat nun (falls der Angreifer genügend schnell genügend viele Pakete geschickt hat) als Resultat der Server für die vielen im Aufbau befindliche Verbindungen so viel Speicherbereich reserviert, dass er keine weiteren (»echten«) Verbindungsaufbauwünsche mehr entgegen nehmen kann und somit nicht mehr erreichbar ist.

Die Hersteller haben in unterschiedlicher Weise auf dieses Problem reagiert (z. B. durch einen ausgefeilteren Speicher-Reservierungsmechanismus), es lässt sich jedoch prinzipiell nicht ganz aus der Welt schaffen.

1.5 Die Unsicherheit des Internet: Dienste *

Die Internetdienste wie E-Mail und WWW weisen eigene Sicherheitsmängel auf, die von böswilligen Angreifern ausgenutzt werden können.

Die Internetdienste wie E-Mail und das World Wide Web bedienen sich der Basisprotokolle TCP, UDP und ICMP und haben insofern von vornherein mit deren »Schwächen« zu leben. Jeder dieser Dienste hat jedoch zusätzlich seine eigenen Schwächen, die von Angreifern in unterschiedlichen Weisen ausgenutzt werden können. In diesem Kapitel ist von diesen Gefahren die Rede, wobei das Web und E-Mail an anderer Stelle noch einmal ausführlich behandelt werden (siehe »Sicherheit im Web«, S. 242, und »Sicherheit von E-Mail«, S. 232).

Die Sicherheitsrisiken des Web ergeben sich zum einen aus den Eigenschaften des **HTTP**-Protokolls zum Abruf von Webseiten, zum anderen sind **Web-Server** und **Web-Clients** zu betrachten. Das HTTP-Protokoll erlaubt es zwar, den Zugriff auf Webseiten von einer Authentifikation des Nutzers abhängig zu machen, jedoch werden bei der *Basic Authentication* Benutzername und Passwort unverschlüsselt übertragen.

World Wide Web

Auf Seiten des Web-Servers ergeben sich Gefahren durch auf dem Server ablaufende Skripte (zur Erzeugung »dynamischer Webseiten«), deren Ablauf durch Eingaben auf Client-Seite gesteuert werden kann. Auf Client-Seite sind vor allem die Gefahr der Einschleusung böswilliger Inhalte sowie das Hinterlassen von Datenspuren zu beachten.

E-Mail ist neben dem Web der beliebteste Dienst im Internet, der mittlerweile nicht nur den privaten Briefverkehr weitgehend abgelöst hat, sondern auch in der geschäftlichen Kommunikation eine große Rolle spielt.

E-Mail

E-Mails werden zwischen Mail-Servern ausgetauscht, wobei jeder Mail-Client (im Klartext: das E-Mail-Programm des Benutzers) mit seinem Mail-Server kommuniziert, um Mails abzuholen bzw. zu übertragen.

Die Kommunikation der Server untereinander geschieht mit dem **SMTP** (*Simple Mail Transfer Protocol*), Client und Server unterhalten sich in der Regel mit dem **POP** *(Post Office Protocol)* oder dem **IMAP** *(Internet Message Access Protocol)*.

Es ist sehr leicht, die Absenderangabe in einer E-Mail zu fälschen – siehe noch einmal das Beispiel einer gefälschten E-Mail der Bundeskanzlerin in »Der Begriff der IT-Sicherheit«, S. 2. Es hängt dann von dem verwendeten E-Mail-Programm des Empfängers, dessen Internet Service Provider sowie seinen technischen Kenntnissen ab, inwieweit er den wirklichen Absender einer E-Mail aufspüren kann. Für technisch versierte Angreifer ist es jedoch kein großes Problem, nicht rückverfolgbare E-Mails zu erzeugen.

Ein anderes Problem: POP und IMAP übertragen normalerweise alle Benutzer-Identifikationsdaten (also Benutzername und Passwort) sowie den E-Mail-Inhalt im Klartext (unverschlüsselt), wodurch ein Angreifer die E-Mail lesen und – noch schlimmer – die Benutzerdaten später missbräuchlich verwenden kann.

Auf die Schutzmöglichkeiten gegen diese Angriffsformen wird an anderer Stelle eingegangen (siehe »Sicherheit von E-Mail«, S. 232). Generell sind die durch die Nutzung des E-Mail-Dienstes entstehenden Gefahren eher niedrig einzuschätzen – wenn man nicht wichtige vertrauliche Daten unverschlüsselt per E-Mail überträgt!

Spam   Sehr lästig sind auch die *Spam*-Mails. Manche Schätzungen gehen davon aus, dass mittlerweile 90 % des Mailaufkommens im Internet aus Spam besteht. Es handelt sich um massenhaft versandte E-Mails mit meist kommerziellem Inhalt, die der Empfänger gar nicht bekommen möchte und deren Empfang störend ist. Solche E-Mails stellen in der Regel kein Sicherheitsproblem im engeren Sinne dar, da durch deren bloßen Empfang keine Ihrer Daten preisgegeben oder verändert werden. Man kann hier auch nicht von einem »Fehler« der Internetprotokolle sprechen, denn mit dem gleichen »Fehler« ist auch schon die konventionelle Briefpost behaftet: Jeder kann Ihnen einen unerwünschten Werbebrief schicken. Die besondere Qualität der Spam-Mails im Internet ergibt sich daraus, dass die massenhafte Versendung solcher E-Mails ohne großen Aufwand möglich ist und praktisch nichts kostet!

Das **FTP** *(File Transfer Protocol)* ist im Internet das Standardverfahren zum Übertragen von Dateien. Zwar können Dateien auch als E-Mail-Anhänge verschickt werden, aber in der Regel ist deren Größe dann beschränkt (je nach Gepflogenheiten des Mailservers), ferner kann man sich eine Datei nicht aktiv per E-Mail besorgen, sondern ist darauf angewiesen, dass jemand einem diese schickt. Um Zugang zu einem FTP-Server zu erlangen, meldet sich der Benutzer mithilfe eines FTP-Clients bei diesem Server an, wobei ein spezieller Login-Name verwendet werden kann. Die meisten FTP-Server erlauben jedoch auch das Einloggen als »anonymous« und legen selbst fest, auf welche Dateien solche anonymen Benutzer Zugriff haben sollen; als Passwort wird dann üblicherweise die E-Mail-Adresse des Benutzers erwartet (die allerdings nicht überprüft wird).

FTP

Sowohl die Daten der Anmeldephase (also Benutzername und Passwort) als auch die eigentlichen Nutzdaten werden unverschlüsselt übertragen – mit den üblichen Gefahren. Abhilfe schafft hier das **SSH**-Prorokoll *(Secure Shell)*, welches an anderer Stelle vorgestellt wird (siehe »Secure Shell«, S. 220).

Telnet ist im Internet der »klassische« Standard für *remote access*, d. h. den Fernzugriff auf ein Computersystem über das Internet. Auch über Telnet werden alle Informationen unverschlüsselt übertragen, so dass die Nutzung dieses Dienstes kaum noch empfohlen wird. Eine Alternative ist das bereits im Kontext von FTP erwähnte SSH (siehe oben).

Telnet

1.6 Gefahren durch Viren und aktive Inhalte *

Durch Viren, Würmer und Trojaner sowie durch aktive Inhalte können auf einem Computersystem von der Benutzerin nicht gewünschte Aktivitäten ausgelöst werden. Die Hauptgefahr geht dabei heute vom Internet aus.

Viren, **Würmer** und **Trojaner** sind »Stücke« von Software, die auf einem fremden Computersystem Aktionen ausführen, die von dessen Besitzerin nicht veranlasst bzw. nicht erwünscht sind. Sie werden auch unter den Begriffen **Softwareanomalien** oder ***Malware*** zusammengefasst.

Viren, Würmer, Trojaner

In »Viren und Co.«, S. 171, wird auf die unterschiedlichen Eigenschaften von Viren, Würmern und Trojanern näher eingegangen. Wenn auch heute Viren und ähnliche Schädlinge hauptsächlich über das Internet – zum Beispiel versteckt im Anhang einer E-Mail – verbreitet werden, so kann deren Schadenspotenzial nicht generell dem Internet »angelastet« werden. Das Problem sind vielmehr sorglose Computernutzerinnen, die bedenkenlos auf einen E-Mail-Anhang von einer unbekannten Absenderin »klicken«, aber ebenso Computer-Betriebssysteme, die fremder Software ohne Weiteres schädliche Aktivitäten erlauben. Auch dieser Aspekt wird an anderer Stelle aufgegriffen (siehe »Sicherheit von Betriebssystemen«, S. 162).

aktive Inhalte Mit dem Begriff **aktive Inhalte** bezeichnet man im Web gebräuchliche Techniken (*Java*, *JavaScript*, *ActiveX*), kleinere Programme zusammen mit einer HTML-Seite auf den Computer des Benutzers zu laden und dort auszuführen. Solche aktiven Inhalte stellen ein ähnliches Sicherheitsproblem wie Viren und deren Verwandte dar – wobei ihre *Existenz* der Benutzerin nicht einmal verborgen bleiben muss, sie hat unter Umständen nur eine andere Vorstellung von deren *Funktionalität*.

Beispiel Sie geben auf einer Webseite Ihre Kreditkartendaten in ein Formular ein, um so einen gekauften Artikel zu bezahlen. Beim Bestätigen der Daten wird ohne Ihr Wissen ein JavaApplet gestartet, welches diese Daten per E-Mail an einen Betrüger übermittelt.

Aktive Inhalte werden im Zusammenhang mit der Sicherheit der Internet-Anwendungen noch einmal näher betrachtet (siehe »Aktive Inhalte«, S. 246).

1.7 Security Awareness *

Mit der stetig wachsenden Bedeutung der Informationstechnologie setzt sich auch immer mehr die Erkenntnis durch, dass bei der Umsetzung der Sicherheitsrichtlinien eines Unternehmens Ansprache und Sensiblisierung der Mitarbeiter eine große Rolle spielen.

Für die Ansprache der Mitarbeiter eines Unternehmens hinsichtlich des Umgangs mit Fragen der Sicherheit – und insbesondere der IT-Sicherheit – hat sich der Begriff **Security Awareness** etabliert.

Hier kommen unterschiedliche Aspekte ins Spiel:

Aspekte

- Der technische Aspekt:
  Die Mitarbeiter müssen über mögliche Gefahren und technische Gegenmaßnahmen aufgeklärt werden.
- Der menschliche Aspekt:
  Eine Sensibilisierung gegenüber *Social Engineering* vermindert die Gefahren, dass Mitarbeiter auf »menschliche Tricks« möglicher Angreifer hereinfallen (Beispiel: Überreden zur Preisgabe eines Passwortes).
- Der juristische Aspekt:
  Mitarbeiter, die nicht ausreichend über mögliche Gefahren aufgeklärt wurden, können nicht für die Folgen erfolgreicher Angriffe auf das Unternehmen verantwortlich gemacht werden.

Ein Security Awareness Training in einem Unternehmen sollte insbesondere die folgenden Punkte beinhalten:

Security Awareness Training

- Übersicht der sicherheitsrelevanten Materialien und Informationen, mit denen die Mitarbeiter zu tun haben könnten
- Klarstellung von Verantwortlichkeiten beim Umgang mit sensiblen Informationen
- Formulierung von Anforderungen an den angemessenen Umgang mit sicherheitskritischen physischen Objekten
- Information zu Methoden zum Schutz von Informationen auf Computersystemen (z. B. Passwörter, Verschlüsselung)
- Aufklärung über die Gefährdung der Computersicherheit durch *Malware* wie Viren etc.
- Aufstellen von Richtlinien für die Sicherheit am Arbeitsplatz wie Schutzkleidung, Anzeige von Vorfällen, Vermeidung des Einschleusens verbotener Artikel
- Aufklärung über die Folgen von Fehlverhalten

Es dürfte klar sein, dass eine erfolgreiche Sicherheitspolitik mit dem Bewusstsein über mögliche Gefahren anfängt. Somit kann ein generelles Fazit mit den Worten aus einer Broschüre der **ENISA** gezogen werden:

Kernsatz der ENISA

▧ Awareness of the risks and available safeguards is the first line of defence for the security of information systems and networks.

1.8 Konstruktion sicherer Systeme *

Das Vorgehen bei der Konstruktion sicherer Systeme ist an die bekannten Methoden aus der Software-Technik angelehnt. Daneben herrscht Konsens über einige allgemeine Prinzipien, die bei der Konstruktion sicherer Systeme zu beachten sind.

Wie an einigen Stellen deutlich wird (siehe etwa »Die Unsicherheit des Internet: Dienste«, S. 21, oder »Gefahren durch Viren und aktive Inhalte«, S. 23), weisen die heutigen IT-Systeme z.T. beträchtliche Sicherheitslücken auf, die oft nur mit Mühe und zusätzlichen Kosten geschlossen werden können. Trotz aller Bemühungen, bei der Konstruktion neuer Systeme die Sicherheitsbelange stärker zu berücksichtigen, bleibt die »Reparatur« von Sicherheitsdefiziten eine Daueraufgabe.

Wie konstruiert man sichere Systeme?

Methoden der Software-Technik

Bei den Methoden, mit denen man sichere IT-Systeme zu konstruieren versucht, stützt man sich grundsätzlich auf das aus der Software-Technik bekannte Vorgehen. Es gibt eine Unterteilung in eine **Planungs-**, eine **Ausführungs-**, eine **Prüfungs-** und eine **Anpassungsphase**, die iterativ möglicherweise mehrfach zu durchlaufen sind – siehe die Skizze in Abb. 1.8-1.

In einer feineren Betrachtung umfasst die Planungsphase eine Reihe hinsichtlich der Sicherheitsbelange spezifischer Teilphasen: die **Bedrohungs-** und die **Risikoanalyse** sowie die Aufstellung einer **Sicherheitsstrategie** und eines **Sicherheitsmodells**.

Bedrohungs-analyse

In der Bedrohungsanalyse wird versucht, die möglichen Gefährdungen zu ermitteln und die Ursachen dieser Gefährdungen herauszufinden – dabei kann es sich um organisatorische, technische oder benutzerbedingte Ursachen handeln. Es liegt auf der Hand, dass zur Bewältigung dieser Aufgabe Kenntnisse und Erfahrungen im Bereich der Sicherheit

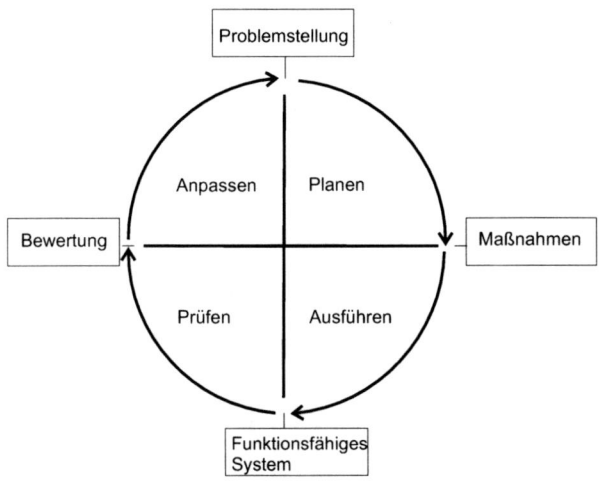

Abb. 1.8-1: Allgemeines Modell des Vorgehens.

erforderlich sind, die Schwachstellen bestehender Systeme und Dienste müssen bekannt sein.

Um bei der Erfassung der möglichen Bedrohungen methodisch vorzugehen, wir in der Regel ein Matrix- oder ein Baum-orientierter Ansatz gewählt.

Bei der Risikoanalyse sind die vorher herausgearbeiteten möglichen Bedrohungen zu bewerten. Dies beinhaltet zum einen die Abschätzung der Wahrscheinlichkeiten für das Eintreten der unterschiedlichen Bedrohungen, zum anderen ist der durch ein solches Eintreten verursachte potenzielle Schaden abzuschätzen.

Risikoanalyse

Ein zuvor aufgestellter Bedrohungsbaum kann bei der Abschätzung der relevanten Wahrscheinlichkeiten eine Hilfe sein.

Aufgrund der Bedrohungs- und der Risikoanalyse kann entschieden werden, welche Sicherheitsanforderungen an das zu konstruierende IT-System zu stellen sind. Diese Sicherheitsanforderungen werden in einer Sicherheitsstrategie zusammengefasst, die vorzugsweise in einer formalisierten Form aufgestellt wird. Zur Abdeckung der Sicherheitsbedürfnisse können möglicherweise allgemeine Si-

Sicherheits-
strategie und
-modell

cherheitsgrundfunktionen eingesetzt werden (siehe »Sicherheitsgrundfunktionen«, S. 29), die bereits von anderen Anwendungen mit ähnlichen Sicherheitsbedürfnissen verwendet werden. Hilfreich können auch **Kriterienkataloge** sein (siehe »Sicherheitskriterien«, S. 31), da die Sicherheitsanforderungen möglicherweise bereits von einer der dort definierten Funktionsklassen abgedeckt werden.

Schließlich besteht die Aufgabe, ein **Sicherheitsmodell** des Systems aufzustellen, in dem die sicherheitsbezogenen Eigenschaften abstrakt modelliert sind (siehe hierzu »Sicherheitsmodelle«, S. 33). Dies geschieht in der Hoffnung, die gewünschten Eigenschaften des zu konstruierenden Systems formal nachzuweisen und auf Vollständigkeit und Konsistenz zu überprüfen. Aufgrund der Betrachtungen des Modells sind möglicherweise Korrekturen an der Sicherheitsstrategie durchzuführen.

Im Laufe der Zeit haben sich einige allgemeine Konstruktionsprinzipien herausgebildet, die bei der Entwicklung sicherer Systeme beachtet werden sollten und über die weitgehend Konsens herrscht:

- Das **Erlaubnisprinzip** besagt, dass generell jeder Zugriff verboten ist, es sei denn, es liegt eine explizite Erlaubnis vor.
- Nach dem **Vollständigkeitsprinzip** ist *jeder* Zugriff auf seine Zulässigkeit zu prüfen.
- Das Prinzip der **minimalen Rechte** (im Englischen: *need-to-know*) besagt, dass jede Instanz nur über diejenigen Rechte verfügen sollte, die sie zur Erfüllung ihrer Aufgaben benötigt.
- Nach dem Prinzip der **Benutzerakzeptanz** müssen eingesetzte Sicherheitsmechanismen einfach zu nutzen sein, ferner sollten sie automatisch bzw. routinemäßig angewendet werden.
- Die bei der Konstruktion eines Systems verwendeten Mechanismen müssen offengelegt werden – man spricht von **offenem Entwurf**, im Englischen von *open design*. Die Sicherheit eines Systems darf nicht von der Geheimhaltung spezieller Verfahren abhängig sein – ähnlich wie in der Kryptographie, wo die Sicherheit eines Verschlüsselungsverfahrens nur auf der Geheimhaltung der rele-

vanten *Schlüssel* (nicht des *Verfahrens*) beruhen sollte (vgl. »Verschlüsselung«, S. 37).

▓ Betriebssysteme sollten so strukturiert sein, dass die sicherheitsrelevanten Dienste und Maßnahmen zusammengefasst und von den übrigen Teilen getrennt realisiert sind. Diesen separaten Teil des Systems nennt man auch Sicherheitskern (im Englischen *security kernel*).

1.8.1 Box: Sicherheitsgrundfunktionen *

Man unterscheidet sechs Sicherheitsgrundfunktionen, deren Umsetzung die Sicherheit von IT-Systemen herstellen können. Je nach den individuellen Eigenschaften des zu konstruierenden Systems müssen diese Grundfunktionen kombiniert werden.

Die folgende Aufzählung der Sicherheitsgrundfunktionen ist an [Eckert 11] angelehnt und entspricht dem heutigen Fachverständnis vieler Experten aus dem Bereich der IT-Sicherheit.

▓ **Identifikation und Authentifikation**

Subjekte und Objekte müssen eindeutig identifizierbar sein. Dies betrifft zum einen Personen, die Zugriff auf eine Ressource erlangen (z. B. als Benutzer eines Computersystems) oder auch auf eine bestimmte Datei zugreifen wollen. Damit eine Identifikation möglich ist, müssen Merkmale für eine Authentifikation festgelegt werden – dabei kann es sich z. B. um den Besitz von Passwörtern handeln, auch biometrische Merkmale wie ein Fingerabdruck sind möglich. Zu den Subjekten sind auch Prozesse zu zählen, die für den Zugriff auf Objekte identifizierbar sein müssen.

Für sicherheitsrelevante Objekte müssen ebenfalls Maßnahmen zur Authentifizierung vorgesehen werden. Beispielsweise kann die Echtheit eines Dokuments durch eine digitale Unterschrift nachgewiesen werden.

Bei der Umsetzung dieser Grundfunktion muss auch festgelegt werden, *wann* eine Authentifikation stattzufinden hat (z. B. ob nur beim ersten oder bei jedem Zugriff) und welche Konsequenzen es hat, wenn eine Authentifikation fehlschlägt.

Bei der Benutzung eines EC-Geldautomaten findet eine Authentifizierung des Kunden über die PIN-geschützte EC-Karte statt. (Eine Authentifizierung des Geldautomaten erfolgt nicht.)

▨ Rechteverwaltung

Hier geht es darum, Objekte vor unautorisierten Zugriffen zu schützen. Dazu ist zunächst zu klären, welche Rechte für die zu schützenden Objekte festzulegen sind. Beispiele sind Lese- oder Schreibrechte für Dateien oder Rechte zum Zugriff (lesend/schreibend) auf Datenbanken. Neben der Entscheidung, welchem Subjekt welches Recht zukommen soll, ist möglicherweise auch festzulegen, *unter welchen Umständen* ein Subjekt ein bestimmtes Recht in Anspruch nehmen darf.

Nur der Empfänger einer bestimmten E-Mail-Nachricht soll diese im Klartext lesen können. Als Maßnahme zur Durchsetzung dieser Festlegung der Rechteverwaltung wird der Nachrichteninhalt verschlüsselt.

▨ Rechteprüfung

Um die Festlegungen der Rechteverwaltung umzusetzen, sind die Zugriffe zu kontrollieren – dies ist die Aufgabe der Rechteprüfung. Es ist festzulegen, *wann* eine Überprüfung stattfinden und welcher Art die Kontrolle sein soll. Ferner ist zu regeln, welche Maßnahmen durch unautorisierte Zugriffsversuche ausgelöst werden sollen.

Bei einer verschlüsselten E-Mail-Nachricht erfolgt die Rechteprüfung durch den sicheren Austausch des Schlüssels zwischen authentifiziertem Sender und Empfänger.

▨ Beweissicherung

Die Beweissicherung soll verhindern, dass durchgeführte Aktionen im Nachhinein abgestritten werden können. Es muss dazu festgelegt werden, welche Ereignisse protokolliert und welche Informationen dabei erfasst werden sollen. Zudem ist zu regeln, wer auf die protokollierten Informationen zugreifen darf.

Mainframe-Betriebssysteme verfügen über umfangreiche Programmsysteme zur Beweissicherung, die beispielsweise misslungene Zugangsversuche protokollieren.

Beispiel

■ **Wiederaufbereitung**

Zur Wahrung der Informationsvertraulichkeit müssen gemeinsam genutzte Betriebsmittel bereinigt werden, bevor ein anderer Prozess auf sie zugreifen kann.

Die gemeinsam genutzten **Register des Prozessors** sind zu bereinigen, falls der Prozessor einem anderen Prozess zugeteilt wird.

Beispiel

■ **Gewährleistung der Funktionalität**

Diese Grundfunktion legt fest, welche Funktionalität welcher Systemkomponenten mit welcher Priorität gewährleistet werden muss.

Die Zugangskontrolle eines Mailservers sollte stets funktionsbereit sein, während ein erfolgreicher Denial-of-Service Angriff auf einen nur für Präsentationszwecke eingesetzten Webserver in der Regel keine ernsthaften Folgen hat.

Beispiel

1.8.2 Box: Sicherheitskriterien *

In den *Common Criteria* werden international akzepierte Kriterien für die Beurteilung der Sicherheit von IT-Systemen aufgestellt.

Das Ziel der Aufstellung nationaler und internationaler Kriterienkataloge ist es, zu einer methodischen Bewertung der Sicherheit informationstechnischer Systeme zu kommen. Das Konzept solcher Kriterienkataloge beinhaltet, dass es gewisse benannte Instanzen gibt, die Sicherheitszertifikate auf Basis eines solchen Kataloges ausgeben können – in Deutschland leistet dies beispielsweise das Bundesamt für Sicherheit in der Informationstechnik (**BSI**). Das BSI gibt auch ein IT-Grundschutzhandbuch heraus, welches als PDF-Version kostenlos zur Verfügung gestellt und ständig durch Ergänzungen aktualisiert wird.

Kriterienkataloge
Sicherheitszertifikate

Im Laufe der letzten drei Jahrzehnte sind eine Reihe solcher Kriterienkataloge erarbeitet worden. Die ältesten Kriterien (auch als *Orange Book* bezeichnet) wurden 1980 in den USA unter dem Namen *Trusted Computer System Evaluation Criteria* (TCSEC) veröffentlicht. Verbesserungen bzw. Erweiterungen erfolgten unter anderem durch die als »Grünbuch« bekannten IT-Kriterien (eine deutsche Entwicklung) sowie 1990 durch die europäischen *Information Technology Security Evaluation Criteria* (ITSEC).

Common Criteria

Von besonderer Bedeutung sind heute die unter dem Namen **Common Criteria** (CC) veröffentlichten Kriterien, die in Zusammenarbeit einiger europäischer Länder mit den USA erarbeitet wurden. Die offizielle deutsche Bezeichnung lautet »Gemeinsame Kriterien für die Prüfung und Bewertung der Sicherheit von Informationstechnik«, sie sind erstmals im April 1999 als Version 2.1 offiziell veröffentlicht worden. Mittlerweile sind die CC unter dem Namen ISO/IEC 15408 allgemeiner internationaler Standard, die aktuelle Version stammt von November 2007.

Funktionsklassen Evaluationsstufen Wirksamkeit

Alle erwähnten Kriterienkataloge legen zunächst Funktionsklassen mit Sicherheitsanforderungen für spezifische Anwendungsklassen fest. Die Bewertung der Qualität der erbrachten Funktionen erfolgt dann durch die Zuordnung zu einer von sieben Evaluationsstufen E0 bis E6 sowie einer Einstufung der Wirksamkeit der verwendeten Mechanismen durch niedrig, mittel oder hoch.

Die Evaluationsstufe drückt den Grad an Vertrauen aus, der in die Korrektheit der Funktionalität des Evaluierungsgegenstandes gesetzt wird. Dabei sind diese Stufen hierarchisch strukturiert und orientieren sich daran, in welcher Phase der Systementwicklung semiformale bzw. formale Techniken zur Beschreibung von Anforderungen eingesetzt wurden. Durch die (recht hohe) Zertifizierungsstufe (E4, mittel) wird beispielsweise ausgedrückt, dass ein formales Sicherheitsmodell zur Beschreibung der Sicherheitseigenschaften existiert und dass für die Beschreibung der sicherheitsspezifischen Funktionen eine semiformale Notation verwendet wird (beispielsweise SDL-Diagramme); die Stärke der eingesetzten Realisierungsmechanismen wird mit mittel bewertet.

Derzeit wird an der Entwicklung bzw. Erweiterung einer allgemein gültigen Evaluationsmethodologie zu den CC gearbeitet. Aktuelle Informationen rund um die Common Criteria finden Sie auf den BSI-Seiten (BSI (http://www.bsi.de)) oder »aus erster Hand « bei Common Criteria (http://www.commoncriteriaportal.org).

1.8.3 Box: Sicherheitsmodelle *

Wie an den Kriterienkatalogen deutlich wird (vgl. »Sicherheitskriterien«, S. 31), kann ein hoher Sicherheitsstandard bei der Konstruktion von Systemen nur erreicht werden, wenn man auf einer abstrakten Ebene zu einer zumindest im Ansatz *formalen* Beschreibung der Sicherheitseigenschaften des zu entwickelnden Systems kommt, das heißt ein Sicherheitsmodell für das System konstruiert.

Sicherheitsmodell

Seit den 70er Jahren des vorigen Jahrhunderts sind eine Reihe von Sicherheitsmodell-Typen erarbeitet worden. Die Nützlichkeit eines bestimmten Modells für ein Anwendungsproblem bestimmt sich dabei danach, welche spezifischen Anforderungen bestehen und welche Möglichkeiten das ausgewählte Modell bietet, diese Anforderungen zu erfassen. Von Bedeutung sind dabei die zu schützenden sowie die agierenden Einheiten (Objekte und Subjekte), die zu verwaltenden Zugriffsrechte, die Möglichkeiten zur differenzierten Erfassung von Zugriffsbeschränkungen sowie das Spektrum der modellierbaren Sicherheitsstrategien.

Man unterscheidet zwei Klassen von Sicherheitsstrategien, nämlich die Zugriffskontroll- und die Informationsfluss-Strategien. Dabei werden in der Praxis meist Zugriffskontroll-Strategien angewendet. Als wichtigste Zugriffskontroll-Modelle gelten das Zugriffsmatrix-Modell als Repräsentant einer diskreten Zugriffskontrolle und auf der anderen Seite regelbasierte Modelle wie das **Chinese-Wall-Modell** und das **Bell-LaPadula-Modell** (siehe auch in »Zugriffskontrolle«, S. 156).

Sicherheitsstrategie

Bei den Informationsfluss-Modellen steht die *Informations*sicherheit (nicht die *Daten*sicherheit) im Vordergrund. Die Modelle beschreiben zulässige und unzulässige Informationsflüsse zwischen Subjekten.

Informationsfluss-Modell

Das bekannteste Informationsfluss-Modell ist das **Verbands-Modell**, welches sich der allgemeinen algebraischen Struktur eines Verbandes bedient.

Ein Verband kann auf zwei Arten definiert werden, wobei man zeigen kann, dass sich beide Arten der Definition aufeinander zurückführen lassen:

▨ Ein Verband ist eine algebraische Struktur $(V, \vee, \wedge)$, wobei V eine Grundmenge von Elementen ist und $\vee$ sowie $\wedge$ binäre Operationen auf V, die beide idempotent, kommutativ und assoziativ sowie durch die Absorptionsgesetze $v \vee (v \wedge w) = v$ und $v \wedge (v \vee w) = v$ miteinander verknüpft sind.

▨ Ist $\leq$ eine reflexive, antisymmetrische und transitive binäre Relation auf der Menge V, so nennt man $(V, \leq)$ eine geordnete Menge. Existiert in der geordneten Menge $(V, \leq)$ zu beliebigen Elementen $v, w \in V$ stets ein Supremum (kleinste gemeinsame obere Schranke) und ein Infimum (größte gemeinsame untere Schranke), so nennt man $(V, \leq)$ einen Verband.

Man kann leicht zeigen, dass man durch die Festlegung $v \leq w \; falls \; v \vee w = w$ bzw. $v \vee w = sup\{v, w\}, v \wedge w = inf\{v, w\}$ von einem Verband gemäß der ersten Definition zu einem der zweiten kommt und umgekehrt. Wie üblich, wird die zugehörige Relation $<$ erklärt durch die Festlegung »$v < w$, falls $v \leq w$ und $v \neq w$«.

Jede endliche geordnete Menge kann man durch ein **Hasse-Diagramm** zeichnerisch darstellen. Die Elemente werden durch Punkte dargestellt, und falls für zwei Elemente $x < y$ gilt, wobei zwischen x und y kein weiteres Element liegt, so wird darauf geachtet, dass y in der Zeichnung höher liegt als x, und x und y werden durch einen Strich verbunden. In Abb. 1.8-2 sind beispielsweise A und B und auch D und F durch einen Strich verbunden; zwischen A und F wird kein Strich gezeichnet, obwohl selbstverständlich $A < F$ gilt – sozusagen werden die »sich aus der Transitivität ergebenden Striche« der Übersichtlichkeit halber weggelassen.

Zurück zum Verbands-Modell.

Man geht davon aus, dass jedes Objekt mit einer **Sicherheitsklasse** markiert ist und dass diese Sicherheitsklassen in einem Verband angeordnet sind. Man fordert nun:

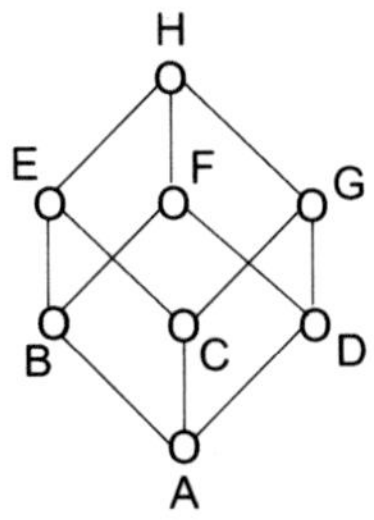

Abb. 1.8-2: Hasse-Diagramm eines Verbandes.

■ Informationen dürfen genau dann von einem Objekt, das mit einer Sicherheitsklasse X markiert ist, zu einem Objekt, das mit einer Sicherheitsklasse Y markiert ist, fließen, wenn $X \leq Y$ gilt. (»Ganz unten« angesiedelte Information darf infolgedessen unbeschränkt fließen.)

Aufgrund der Transitivität der $<$-Beziehung folgt, dass nur *direkte* Flüsse kontrolliert werden müssen, um die Zulässigkeit von Informationsflüssen zu kontrollieren. Die Existenz von Suprema und Infima hat zur Folge, dass beispielsweise die Prüfung, ob $X_1, X_2, ..., X_n$ sämtlich unterhalb von Y liegen, durch die einzelne Überprüfung der Relation $X_1 \vee X_2 \vee ... \vee X_n \leq Y$ ersetzt werden kann, wodurch der Kontrollaufwand für die Zulässigkeit von Informationsflüssen nochmals erheblich vermindert wird.

2 Kryptologische Verfahren und Protokolle *

In den einzelnen Abschnitten von »Gefahren, Angriffe, Risiken«, S. 1, werden die verschiedenartigen Bedrohungen der Sicherheit von Kommunikationssystemen betrachtet. Der Hauptteil des Buches stellt dar, auf welche Weise Gegenmaßnahmen getroffen werden können – man spricht von Sicherheitsdiensten, die es in den Systemen einzuführen gilt. Das vorliegende Kapitel zu den kryptologischen Verfahren stellt insofern eine Brücke dar, als darin die wichtigsten kryptographischen Grundelemente behandelt werden, die als »Bausteine« komplexeren Sicherheitsdiensten zugrunde liegen.

Unter dem Begriff der **Kryptographie** versteht man ursprünglich die »Wissenschaft vom Verschlüsseln«. Die heutige Verwendung der dort untersuchten Verfahren geht allerdings weit über die reine Verschlüsselung von Daten, deren Inhalt gegenüber Unbefugten verborgen werden soll, hinaus. Beispielsweise kann man die Verschlüsselungsverfahren auch für die Zwecke der **digitalen Signatur** oder generell für das Problem der **Authentifizierung** verwenden (Beispiel: Nur gewisse Personen sollen auf ein Computersystem Zugriff haben).

Ein kryptographisches Grundelement wird in »Der Begriff der IT-Sicherheit«, S. 2, bereits eingeführt: Es sind dies die **Einwegfunktionen**. Sie spielen unter anderem beim Passwortschutz eine Rolle. Auch bei der **digitalen Unterschrift** werden Einwegfunktionen verwendet – darauf wird an geeigneter Stelle eingegangen.

[Eckert 11], [Fuhrberg 00], [Lenz07], [Menezes 97], Literatur
[Schwenk 02]

2.1 Verschlüsselung *

Das Grundprinzip der Verschlüsselung von Daten besteht darin, eine Datenmenge (Bits und Bytes) so in andere Daten zu transformieren, dass nur bestimmte autorisierte Adressaten (Personen oder Computer) daraus die Originaldaten wieder herstellen können.

Die bekanntesten und wichtigsten kryptographischen Grundelemente sind die Verfahren zur **Verschlüsselung**. Generell geht es darum, Informationen bzw. Daten so zu »verschlüsseln«, d. h. in andere Daten zu transformieren, dass die beabsichtigte Kommunikationspartnerin sie wieder »entschlüsseln« und so für sich lesbar/nutzbar machen kann, eine unbefugte Dritte jedoch nicht. (Natürlich kann man auch die Daten auf der eigenen PC-Festplatte verschlüsseln, doch in diesem Kapitel steht der Kommunikationsaspekt im Vordergrund.) Das kann auf den ersten Blick nur dann funktionieren, wenn Absenderin und Empfängerin über ein gemeinsames Geheimnis – den Schlüssel – verfügen, mit dessen Hilfe Ver- und Entschlüsselung möglich sind. Wie sich aber bald zeigen wird, reicht es unter Umständen auch aus, dass nur die Datenempfängerin über ein Geheimnis verfügt. Allgemein kann gesagt werden, dass ein Verschlüsselungsverfahren aus **Algorithmus plus Schlüssel** besteht. Dies wird zunächst an einem Beispiel verdeutlicht.

Beispiel   Eines der ältesten Verschlüsselungsverfahren für Texte besteht darin, nach einem festen Schema jeden Buchstaben durch einen anderen zu ersetzen, z. B. a durch x, b durch f etc. Der Schlüssel ist hierbei die Ersetzungsregel der Buchstaben, die beispielsweise so aussehen könnte wie in Tab. 2.1-1 beschrieben. (Dabei steht a→x für "a wird ersetzt durch x" etc.)

a→ x	b→ f	c→ h	d→ g	e→ p	f→u
g→ o	h→ l	i→ k	j→ m	k→ w	l→ z
m→ b	n→ c	o→ a	p→ v	q→ r	r→ n
s→q	t→ j	u→ t	v→ d	w→ y	x→ s
y→ i	z→ e				

Tab. 2.1-1: Verschlüsselung durch Vertauschen von Buchstaben.

Der Algorithmus besteht nun darin, den zu verschlüsselnden Text Buchstabe für Buchstabe durchzugehen und die Ersetzung vorzunehmen. Aus dem Wort »klein« wird so beispielsweise »wzpkc«. Man kann eigentlich sofort einsehen, dass dieses Verschlüsselungsverfahren schlecht –

weil leicht zu »knacken« – ist. Wenn der Text nicht allzu kurz ist, braucht die Angreiferin nämlich nur den im verschlüsselten Text am häufigsten vorkommenden Buchstaben zu ermitteln und weiß, dass dieser für das »e« steht, das in der deutschen Sprache am häufigsten vorkommt – und so weiter, denn die prozentualen Häufigkeiten der Buchstaben in deutschen Texten sind bekannt. Die Buchstaben in der Reihenfolge ihrer Häufigkeit sind: enistradhugmclbofkwvzpjqyx

Wie gesagt, ist das in dem Beispiel betrachtete Verschlüsselungsverfahren *schlecht*. Es gibt – sozusagen am anderen Ende der Skala – sehr gute Verschlüsselungsverfahren, die absolut nicht zu »knacken« sind, ein solches Verfahren nennt man perfekt. Natürlich stellt sich hier sofort die Frage: Warum verwendet man für die Verschlüsselung nicht einfach ein perfektes Verfahren? Es wird sich bald zeigen, dass dies leider nicht praktikabel ist.

Beispiel

Hat man zwei Bitfolgen $a = a_1 a_2 ... a_n$ und $k = k_1 k_2 ... k_n$ der gleichen Länge n (z. B. $n{=}8$, dann wären es jeweils Bytes), so versteht man unter $a \oplus k$ die Bitfolge $b = b_1 b_2 ... b_n$, die durch bitweises »XORen« entsteht, d. h. es ist $b_i = a_i \oplus k_i$.

Wichtig ist nun folgende Beobachtung, da diese Eigenschaft bei Ver- und Entschlüsselung häufig verwendet wird:

Wird die Bitfolge $a \oplus k$ noch einmal durch $\oplus$ mit k verknüpft, so erhält man als Ergebnis a zurück, als Formel ausgedrückt: $(a \oplus k) \oplus k = a$

Nun stelle man sich das folgende Szenario vor: A möchte an B eine Nachricht a schicken, die aus einer Anzahl n von Bits besteht. Um es konkret zu machen, könnte man z. B. $n = 1000$ annehmen, die Nachricht bestünde mithin aus 125 Bytes. Es wird nun davon ausgegangen, A und B hätten sich vorher auf ein gemeinsames Geheimnis geeinigt: einen Schlüssel k aus 1000 Bits, der aus einer möglichst zufälligen Abfolge von Nullen und Einsen besteht. Statt der eigentlichen Nachricht a schickt nun A die Bitfolge $b = a \oplus k$ als verschlüsselte Nachricht über die Kommunikationsstrecke. B empfängt b und entschlüsselt, indem sie $b \oplus k$ bildet, was – wie oben deutlich wurde – wieder die ursprüngliche Nachricht a ist (vgl. Abb. 2.1-1).

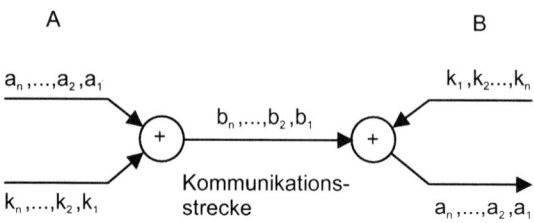

Abb. 2.1-1: Verschlüsselung durch bitweise Addition.

Sind nun die folgenden drei Bedingungen erfüllt,

- Der Schlüssel k ist *wirklich zufällig*
- k wird nur einmal verwendet
- Die Angreiferin hat nur mithörenden Zugriff auf die Kommunikationsstrecke

so hat die Mithörende *keine Chance* zur unbefugten Entschlüsselung. Dies dürfte recht plausibel sein. Das Verfahren bietet unter diesen Voraussetzungen perfekte Sicherheit. In der Literatur wird dieses Szenario meist für einen kontinuierlichen Bitstrom (d. h. ohne Obergrenze für die Länge) betrachtet. Die beiden Seiten müssen dann einen prinzipiell unendlich langen Schlüssel k besitzen, der aus einer zufälligen Bitfolge besteht und nur einmal verwendet wird: Man spricht von einem *One Time Pad*.

An dieser Szenariobeschreibung wird deutlich, dass man sich absolut sichere Verschlüsselungssysteme sehr wohl *vorstellen* kann, es hapert allerdings an der *Realisierung*: Wie sollen A und B sich vertraulich auf eine im Prinzip unendlich lange Zufallsfolge von Bits als gemeinsames Geheimnis einigen? Es stellt sich auch die Frage, warum die beiden dann nicht von vornherein vertraulich kommunizieren – ohne Verschlüsselung. Die Situation ist in Abb. 2.1-2 noch einmal illustriert:

In »Block- und Stromverschlüsselung«, S. 42, wird dargelegt, wie man die Forderung der perfekten Sicherheit abschwächt,

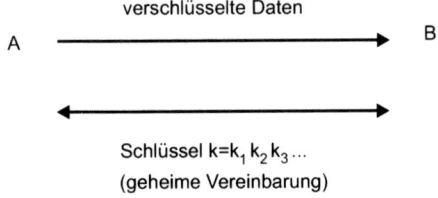

Abb. 2.1-2: Verschlüsselung mit Schlüsselaustausch.

um praktisch umsetzbare Verschlüsselungsverfahren zu erhalten.

Grundsätzlich geht die moderne Kryptologie davon aus, dass die Sicherheit eines Verschlüsselungsverfahrens *nur* auf der Geheimhaltung des betreffenden *Schlüssels* beruht. Man spricht hier vom Prinzip von Kerckhoffs (zuerst im Jahre 1883 vom Niederländer Kerckhoffs von Nieuwenhof formuliert):

■ Die Sicherheit eines Kryptosystems darf nicht von der Geheimhaltung des Algorithmus abhängen. Die Sicherheit gründet sich nur auf die Geheimhaltung des Schlüssels.

Prinzip von Kerckhoffs

Dies ist keine Selbstverständlichkeit – in militärischen Kontexten ist es z. T. noch heute üblich, die verwendeten Verfahren geheim zu halten bzw. dies zumindest zu versuchen. Die wissenschaftliche Kryptologengemeinde lehnt dies allerdings ab: Neue Verfahren sollen öffentlich diskutiert und von den »besten Köpfen« auf Schwachstellen abgeklopft werden.

2.2 Symmetrische Verschlüsselungsverfahren *

Symmetrische Verschlüsselungsverfahren haben eine lange Geschichte – bis Mitte der 70er Jahre des vorigen Jahrhunderts gab es nichts anderes.

Gegenüber den asymmetrischen Verfahren haben symmetrische Verschlüsselungsverfahren den Nachteil, dass zwei Kommunikationspartner, die ausgetauschte Nachrichten zwecks Vertraulichkeit verschlüsseln wollen, zugleich auf einem absolut sicheren Weg den von ihnen gemeinsam verwendeten geheimen Schlüssel austauschen müssen. Vorteil symmetrischer Verfahren ist, dass sie in der Regel sehr schnelle praktische Implementierungen zulassen, da sie meist aus einfachen Bit-Operationen wie XOR-Verknüpfung, Vertauschung von Bits usw. aufgebaut sind.

In den Abschnitten dieses Kapitels werden einige der bekanntesten symmetrischen Blockverschlüsselungsverfahren vorgestellt, insbesondere der inzwischen veraltete **DES**-Algorithmus sowie dessen Nachfolger, das **AES**-Verfahren. Wegen ihrer praktischen Bedeutung wird auch auf **Stromchiffren** eingegangen.

2.2.1 Block- und Stromverschlüsselung *

Ein *One Time Pad* lässt sich praktisch nicht realisieren. Bei den real verwendeten Verschlüsselungsverfahren unterscheidet man Strom- und Blockverschlüsselung.

Kann man einen **One Time Pad** praktisch realisieren?

Wie in »Verschlüsselung«, S. 37, beschrieben, würde dies bedeuten, dass zwei Kommunikationspartner einen (möglicherweise sehr langen) Schlüssel *k* aus "zufälligen" Bits (d. h. ohne erkennbares Muster) austauschen. Vorstellbar wäre natürlich, den Schlüssel *k* durch zwei identische Boxen zu ersetzen, die zufällige Bits produzieren, d. h. in jedem Zeittakt auf zufällige Weise eines der Bits 0 oder 1 »ausspucken« (siehe Abb. 2.2-1).

Wie könnte eine solche Box aussehen? Funktioniert sie nach einem strengen Algorithmus, so wird der Output nicht zufällig sein können, d. h. ein cleverer Angreifer kann möglicherweise Bits voraussagen. Will man die Zufälligkeit möglichst gut nachbilden, indem man beispielsweise einen physikalisch komplexen Prozess nutzt, dem man einzelne Bits entnimmt (etwa Rauschen in der Atmosphäre), so wird man es nicht schaffen, zwei identische solcher Boxen hinzubekommen.

Stromchiffren   Aufgrund dieser Probleme geht man so vor: Für die Boxen wird ein fester Algorithmus gewählt, der *annähernd zufällige* Bits produziert, aufgrund seiner Komplexität nur schwer

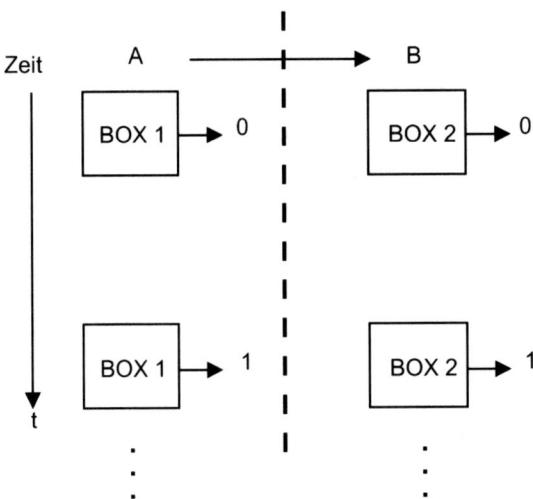

Abb. 2.2-1: Zufallsboxen für One Time Pad.

zu analysieren ist und von einem recht kurzen Schlüssel als Parameter abhängt – man nennt einen solchen Algorithmus allgemein einen **Pseudozufallszahlengenerator**. Das Geheimnis steckt dann selbstverständlich nur in diesem kurzen Schlüssel. Solche Verfahren werden für die Verschlüsselung kontinuierlicher Bitströme (Beispiel: ein digitales Telefongespräch) tatsächlich verwendet, man spricht auch von Stromverschlüsselung bzw. **Stromchiffren**.

Viele der heute real angewendeten Verschlüsselungsverfahren sind **Blockchiffren**. Damit ist gemeint, dass die zu verschlüsselnden Daten in Blöcke gleicher Länge zerteilt und diese dann separat Block für Block verschlüsselt werden. Der relevante Schlüssel wird dabei mehrfach verwendet bzw. nur in größeren Zeitabständen variiert. Das Prinzip wird an einem simplen Beispiel illustriert.

Blockchiffren

Die Bytes der zu verschlüsselnden Daten sollen einzeln verschlüsselt werden. Jedes Byte wird der ⊕-Operation (»XOR«) mit dem Byte $k = 10111001$ unterzogen. Beispielsweise wird also die Bitfolge

$$1011100011010000$$

(zwei Bytes) folgendermaßen verschlüsselt:

Beispiel

Es werden die Bytes

$$b_1 = 10111000$$
$$b_2 = 11010000$$

gebildet. Damit ergibt sich:

$$v_1 = b_1 \oplus k = 00000001$$
$$v_2 = b_2 \oplus k = 01101001$$

Die verschlüsselte Bitfolge lautet also

$$0000000101101001.$$

Was ist von dem Verschlüsselungsverfahren des Beispiels zu halten? Genauer gesagt: Wie aufwendig ist es, das Verfahren zu »knacken«? Man sieht leicht: Repräsentieren die zu verschlüsselnden Bytes Buchstaben eines Textes (z. B. ASCII-codiert), so ist das Verfahren ein Spezialfall der Buchstabenersetzung. Aber auch darüber hinaus hat das Verfahren eine große Schwäche: Da $b_1 \oplus v_1 = k$ gilt, braucht der Angreifer nur *ein* Byte und dessen Verschlüsselung zu kennen, um den Schlüssel herauszubekommen!

Um sichere Verfahren zur Blockverschlüsselung zu bauen, muss man sich also mehr einfallen lassen! In weiteren Abschnitten wird auf einige wichtige Verfahren zur Blockverschlüsselung eingegangen, insbesondere auf den Data Encryption Standard (**DES**) (siehe »Das DES-Verfahren«, S. 45) und den Advanced Encryption Standard (**AES**) (siehe »Das AES-Verfahren«, S. 51).

Kryptographie
Kryptoanalyse
Kryptologie

An dieser Stelle muss noch eine Bemerkung zur Terminologie gemacht werden. Bei der »Kunst«, Verschlüsselungsverfahren zu »knacken« bzw. zu »brechen«, spricht man von **Kryptoanalyse**. **Kryptographie** und Kryptoanalyse werden schließlich zur **Kryptologie** zusammengefasst. Wissenschaftlich beschäftigen sich mit diesen Themen die Kryptologen. Neben einigen Kryptologen an Universitäten und in Firmen arbeiten in Deutschland die meisten Kryptologen beim Bundesamt für Sicherheit in der Informationstechnik – **BSI**, welches dem Bundesinnenminister unterstellt ist. Eine Vorgängerbehörde war die Zentralstelle für das Chiffrierwesen – ZfCH, die noch dem Verteidigungsministerium unterstand. Dieser Wandel spiegelt die heutige Situation wider, wo sich die Kryptologie bzw. Sicherheitsfragen aus dem rein militärischen Kontext gelöst und große Bedeutung in der kommerziellen Welt erlangt haben.

2.2.2 Das DES-Verfahren *

Das DES-Verfahren (für: *Data Encryption Standard*) ist das in der Vergangenheit am meisten praktisch eingesetzte Verschlüsselungsverfahren.

Das **DES**-Verfahren (steht für: *Data Encryption Standard*) ist das bekannteste und bereits mehrere Jahrzehnte alte Blockverschlüsselungsverfahren, welches auch heute noch im kommerziellen Umfeld am häufigsten verwendet wird (z. B. bei der Kommunikation von Banken). Das Verfahren wurde im Jahre 1977 amerikanischer Standard.

Es werden aus den zu verschlüsselnden Daten Blöcke von 64 Bits (bzw. 8 Bytes) gebildet und unter Zuhilfenahme eines Schlüssels, der ebenfalls aus 64 Bits besteht, umgewandelt. Dieser eine Schlüssel wird für jeden 64-Bit-Block immer wieder verwendet und ist i. a. für die Dauer einer Kommunikationsverbindung gültig bzw. wird nur in größeren Abständen gewechselt. Der Empfänger muss diesen Schlüssel kennen, um die Daten zurückverwandeln – also entschlüsseln – zu können. Somit ist klar, dass es für die Vereinbarung dieses Schlüssels einen sicheren Kanal geben muss, sonst könnte man sich die ganze Verschlüsselung sparen. In Abb. 2.2-2 ist zunächst die grobe Funktionsweise von DES als Verschlüsselungsverfahren dargestellt. Es wird die Bezeichnung $DES(m, k)$ für die DES-Verschlüsselung des Blocks m unter Nutzung des Schlüssels k verwendet.

Das eigentlich Interessante passiert nun natürlich innerhalb der DES-Ver- bzw. Entschlüsselungsbox. Folgendes wird jedoch an dieser Stelle schon einmal festgehalten:

- Das Verfahren ist nicht geheim, man kann es ohne Weiteres nachlesen und auch selbst programmieren! Die Sicherheit basiert immer nur auf der Geheimhaltung des 64-Bit-Schlüssels.

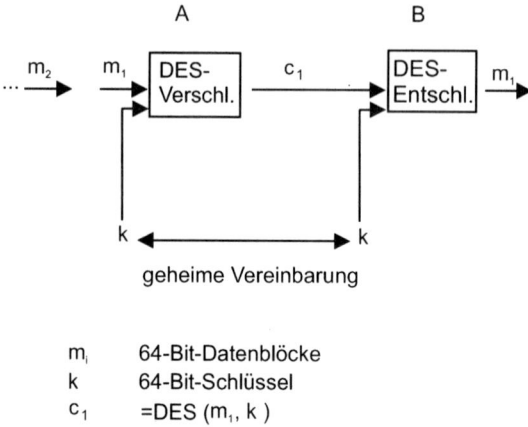

m$_i$ 64-Bit-Datenblöcke
k   64-Bit-Schlüssel
c$_1$ =DES (m$_1$, k)

Abb. 2.2-2: Funktionsweise von DES.

Wie genau funktioniert das DES-Verfahren? Der prinzipielle Aufbau des DES-Algorithmus ist in Abb. 2.2-3 schematisch dargestellt.

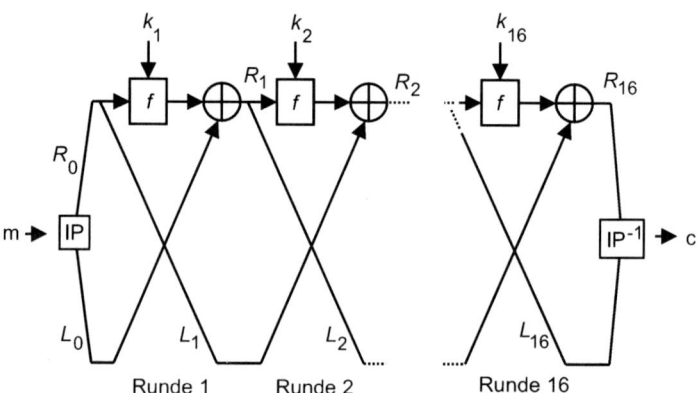

Abb. 2.2-3: Ablauf des DES in 16 Runden.

Der aus 64 Bits bestehende Block $m = m_1m_2...m_{64}$ wird mithilfe des 56-Bit-Schlüssels k_0 chiffriert. k_0 wird aus dem gegebenen 64-Bit-Schlüssel k gewonnen, indem jedes achte Bit als Paritätsbit interpretiert und entsprechend weggelassen wird (siehe das Prinzip in Abb. 2.2-4), die übrigen Bits werden permutiert.

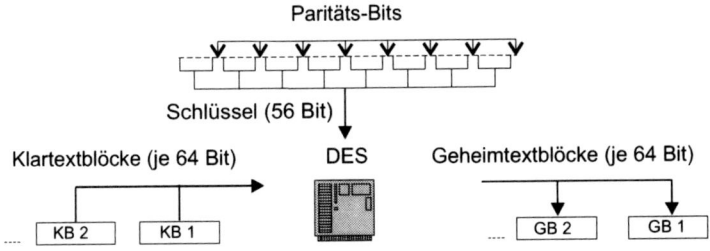

Abb. 2.2-4: Verwendung der Schlüsselbits bei DES.

Im ersten Schritt wird m einer initialen Permutation IP unterworfen. IP ist in Tab. 2.2-1 dargestellt.

58	50	42	34	26	18	10	2
60	52	44	36	28	20	12	4
62	54	46	38	30	22	14	6
64	56	48	40	32	24	16	8
57	49	41	33	25	17	9	1
59	51	43	35	27	19	11	3
61	53	45	37	29	21	13	5
63	55	47	39	31	23	15	7

Tab. 2.2-1: Permutation IP.

Die Tabelle ist so zu interpretieren, dass das erste Bit an die Position 58 rutscht, das zweite an die 50. Stelle usw. Der danach erhaltene neue m-Block wird dann in eine linke Hälfte $L_0 = m_1 m_2 ... m_{32}$ und einen rechten Block $R_0 = m_{33} m_{34} ... m_{64}$ aufgeteilt. L_0 und R_0 bilden gewissermaßen den »Auftakt« für nun folgende 16 Runden, in denen sich jeweils (für $i = 1,2,...,16$) ein neues L_i und R_i nach folgender Regel ergeben:

$$L_i = R_{i-1}$$
$$R_i = L_{i-1} \oplus f(R_{i-1}, k_i)$$

Mit anderen Worten wird in den 16 Runden jeweils der gegenwärtig rechte Block nach links geschoben, und der neue rechte Block ergibt sich als modulo-2-Summe des letzten linken Blocks mit dem Wert einer Funktion f, die vom rechten

Block der Vorrunde und einem aus k_0 abgeleiteten 48-Bit-Schlüssel k_i abhängt. Die Funktion f ist in Abb. 2.2-5 dargestellt.

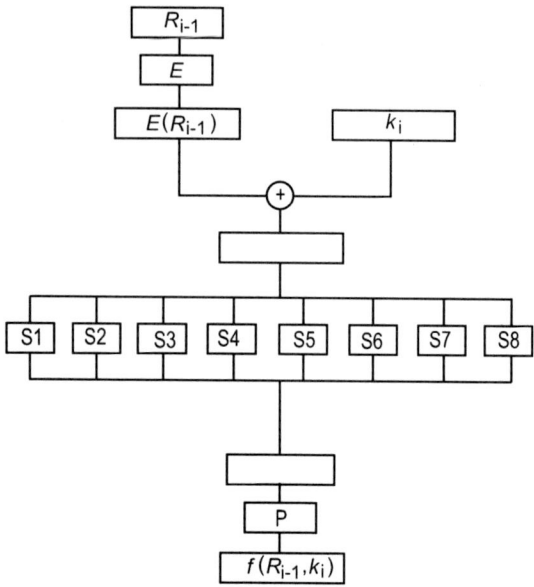

Abb. 2.2-5: Die Funktion f im Diagramm.

Expansion
S-Boxen
P-Box

Wie in der Abbildung angedeutet, wird aus R_{i-1} durch Anwendung einer linearen **Expansionsfunktion** E ein 48-Bit-Block $E(R_{i-1})$ gebildet, welcher anschließend (modulo 2) bitweise mit dem 48-Bit-Schlüssel k_i addiert wird. Danach ersetzen Funktionen S1 bis S8 (auch die **S-Boxen** genannt) jeweils 6 Bits durch 4 Bits. Nach dem Durchlauf durch die Substitutionsboxen werden die acht 4-Bit-Blöcke wieder zu einem 32-Bit-Block zusammengefasst, aus dem durch Anwendung einer festen **Permutation** P dann $f(R_{i-1}, k_i)$ entsteht.

Bei dieser Beschreibung sind eine Reihe von Fragen offen geblieben:

- Wie werden die Schlüssel $k_1, k_2, ..., k_{16}$ gebildet?
- Wie sieht die Expansionsfunktion E aus?
- Wie genau sind die Funktionen S1 bis S8 definiert, die jeweils 6 Bits durch 4 Bits ersetzen?
- Wie sieht die P-Box-Permutation P aus?

Diese Details werden hier nicht weiter behandelt. Folgendes ist jedoch noch einmal festzuhalten:

Jeder kann diese Details in der Literatur nachlesen, dies ist kein Geheimnis! Das Geheimnis (die Sicherheit) steckt allein in dem Schlüssel *k*, der selbstverständlich geheim zu halten ist, wenn zwei Kommunikationspartner mithilfe von DES verschlüsselt Daten austauschen wollen.

Wer bis hierhin aufmerksam gelesen hat, wird sicher auf die folgende Frage gestoßen sein:

▨ Wie ist es möglich, dass der Empfänger DES-verschlüsselter Daten diese mit Kenntnis des geheimen Schlüssels *k* wieder im Original herstellen (also entschlüsseln) kann? Durch die S-Boxen, die jeweils 6 Bits durch 4 Bits ersetzen, müssen doch Informationen verloren gehen!

Die Antwort lautet: Es gehen keine Informationen verloren – die Expansionsfunktion *E* ist mit den S-Boxen so abgestimmt, dass die Originaldaten wieder hergestellt werden können. Genauer gesagt verhält es sich folgendermaßen: Wendet man auf den Block $x = DES(m, k)$ denselben Algorithmus noch einmal an, wobei allerdings die aus *k* abgeleiteten Schlüssel $k_1, k_2, ..., k_{16}$ in umgekehrter Reihenfolge einzusetzen sind (also zuerst k_{16} etc.), so ist das Ergebnis wieder *m*.

Mit anderen Worten kann *derselbe Algorithmus* auch zum *Entschlüsseln* eingesetzt werden – dies ist wichtig für praktische Implementationen, in denen zum Ver- und Entschlüsseln dieselben Funktionen verwendbar sind und nur in unterschiedlicher Weise mit den Schlüsseln umzugehen ist.

2.2.3   3DES: Der verbesserte DES **

Um die für heutige Maßstäbe kurze DES-Schlüssellänge von 64 Bits auszugleichen, wurde als sicherere Variante die »DES-Kaskade« 3DES eingeführt.

Wie sicher ist der **DES**-Algorithmus?

Das Sicherheitsmaß ist definiert als Größe des Aufwandes, den ein Unbefugter (ohne Kenntnis des Schlüssels) betreiben muss, um einen Datenblock entschlüsseln zu können. Da wegen der endlichen Schlüssellänge der Angreifer theo-

Sicherheit von DES

retisch alle Schlüssel ausprobieren kann, ist dieser Aufwand stets endlich, d. h. »im Prinzip« ist jede Verschlüsselung mit endlich langen Schlüsseln unsicher – siehe dazu auch »Kryptographische Angriffe«, S. 120.

Da ein DES-Schlüssel aus 64 Bits besteht, von denen allerdings nur 56 unabhängig gewählt sind, muss ein Angreifer im schlechtesten Fall 2^{56} und im Mittel $2^{55} \approx 3,6 \cdot 10^{16}$ viele Schlüssel ausprobieren. Mithilfe der von den Kryptologen E. Biham und A. Shamir 1990 vorgestellten differentiellen Kryptoanalyse kann im Rahmen eines **Chosen-plaintext-Angriffs** ein DES-Schlüssel aus 2^{47} vielen Paaren von Klartext-Chiffretext ermittelt werden. Dies ist jedoch eher von theoretischer Bedeutung – woher soll ein Angreifer so viele Paare haben?

In der Praxis werden oft spezielle Schlüssel gewählt. Nimmt man z. B. an, dass es sich um 8 ASCII-codierte Zeichen mit 64 Möglichkeiten handelt, so kommt man nur auf $64^8 \approx 2,8 \cdot 10^{14}$ viele Möglichkeiten. Dies ist für sensitive Anwendungen eindeutig zu wenig.

Beispiel   Angenommen, ein Computersystem könnte pro Sekunde 1 Milliarde DES-Schlüssel ausprobieren, die aus 8 ASCII-codierten Zeichen mit 64 Möglichkeiten gebildet sind. Dann wird im schlechtesten Fall ca. ein Tag gebraucht, um den richtigen Schlüssel zu finden.

DES-Kaskade   Bevor man sich auf den offiziellen »DES-Nachfolger« **AES** geeinigt hat (siehe »Das AES-Verfahren«, S. 51), hat man zur Erhöhung der Sicherheit DES-Kaskaden eingesetzt. Die Grundidee ist einfach: Man wählt zwei oder mehr DES-Schlüssel aus 64 Bits und verschlüsselt die Nachricht hintereinander mit allen diesen Schlüsseln. (Es liegt auf der Hand, dass man dies bei jedem Verschlüsselungsverfahren machen könnte.)

3DES   Man kann zeigen, dass eine Kaskade von zwei DES-Verschlüsselungen kaum Sicherheitsgewinn bringt, da mit genügend Speicherplatz ein sogenannter »Meet-in-the-middle-Angriff« möglich ist. Anders verhält es sich bei der Kaskade mit drei Verschlüsselungen, die unter dem Namen **Triple-DES** oder *3DES* bekannt wurde und bis heute vielfach eingesetzt wird.

3DES gibt es in zwei Varianten, nämlich mit zwei oder mit drei 64-Bit-Schlüsseln, meist werden zwei Schlüssel eingesetzt. In jedem Fall wird zunächst eine *Ver*schlüsselung mit Schlüssel 1, dann eine *Ent*schlüsselung mit Schlüssel 2 und schließlich eine *Ver*schlüsselung mit Schlüssel 3 (oder wieder mit Schlüssel 1) durchgeführt – dies ist in Abb. 2.2-6 dargestellt. (In den DES-Boxen steht wie üblich »E« für Verschlüsselung – *encryption* – und »D« für Entschlüsselung – *decryption*.)

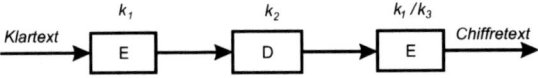

Abb. 2.2-6: Verschlüsselung mit 3DES.

Durch den Trick, nicht einfach dreifach zu verschlüsseln, sondern in der mittleren Box zu *ent*schlüsseln, hat man eine Kompatibilität zum normalen DES, der sich ergibt, wenn man $K_1 = K_2$ bzw. $K_1 = K_2 = K_3$ setzt. Dies ist für die Praxis wichtig: Ein für 3DES gebauter Mikroprozessor »kann« so auch den einfachen DES.

2.2.4   Das AES-Verfahren *

Der belgische Algorithmus *Rijndael* wurde im Jahre 2000 in den USA zum *Advanced Encryption Standard* (AES) und somit zum Nachfolger des *Data Encryption Standard* (DES) erklärt.

Der **AES**-Algorithmus ist ein Verfahren zur Blockverschlüsselung, das wahlweise mit einer Schlüssellänge von 128, 192 oder 256 Bits arbeitet, wobei die zu verschlüsselnden Blöcke ebenfalls (jedoch unabhängig von der Schlüssellänge) aus 128, 192 oder 256 Bits bestehen.

Im folgenden wird die Funktionsweise des AES für die Block- und Schlüsselgröße von 128 Bits skizziert. Ein zu verschlüsselnder Block besteht mithin aus 16 Bytes. Diese 16 Bytes werden durchnummeriert als $B_{00}, B_{10}, B_{20}, B_{30}, B_{01}, ..., B_{33}$ und in Form einer 4x4-Matrix B angeordnet:

AES mit 128 Bits

$$B = \begin{pmatrix} B_{00} & B_{01} & B_{02} & B_{03} \\ B_{10} & B_{11} & B_{12} & B_{13} \\ B_{20} & B_{21} & B_{22} & B_{23} \\ B_{30} & B_{31} & B_{32} & B_{33} \end{pmatrix}$$

Die Matrix B wird nun in mehreren »Runden« immer wieder verändert, das Resultat ist am Schluss der aus ebenfalls 16 Bytes bestehende verschlüsselte Block. In den Runden werden jeweils Teile des 128-Bit-Schlüssels verwendet – wie diese Teilschüssel aus dem Schlüssel gebildet werden, ist für den ganzen Algorithmus von zentraler Bedeutung. Natürlich sind alle in den Runden ausgeführten Veränderungen des Blocks wieder umkehrbar, denn das Resultat soll ja auch wieder *entschlüsselt* werden können!

Der allgemeine Aufbau des AES-Algorithmus ist in Abb. 2.2-7 dargestellt. In dem hier betrachteten Fall (128 Bits für Block und Schlüssel) ist $r = 10$, d. h. es finden 9 Standardrunden und eine Finalrunde statt.

Wie man sieht, sind die Runden aus vier unterschiedlichen Grundtransformationen aufgebaut, wobei in der Finalrunde nur drei dieser Transformationen angewendet werden:

- ByteSub
- ShiftRow
- MixColumn
- AddRoundKey

Die Funktionsweisen dieser Transformationen werden nun kurz erklärt, ohne auf jedes Detail einzugehen.

ByteSub Hier wird nach einem festen Verfahren jedes der 16 Bytes durch ein anderes ersetzt. Die Ersetzung könnte man durch eine S-Box (steht für: Substitutions-Box) beschreiben, ähnlich wie beim **DES**-Verfahren (siehe »Das DES-Verfahren«, S. 45), jedoch folgt die Ersetzungsregel hier einer algebraischen Operation (Inversenbildung und affin lineare Transformation), wenn man die Bytes als Elemente eines **Körpers** mit 256 vielen Elementen auffasst. Dies ist deshalb von Belang, weil dadurch die Ersetzung leicht zu implementieren ist.

ShiftRow In diesem Schritt werden die Zeilen der aktuellen Matrix B um unterschiedlich viele Stellen nach links zyklisch »geshifted«, und zwar

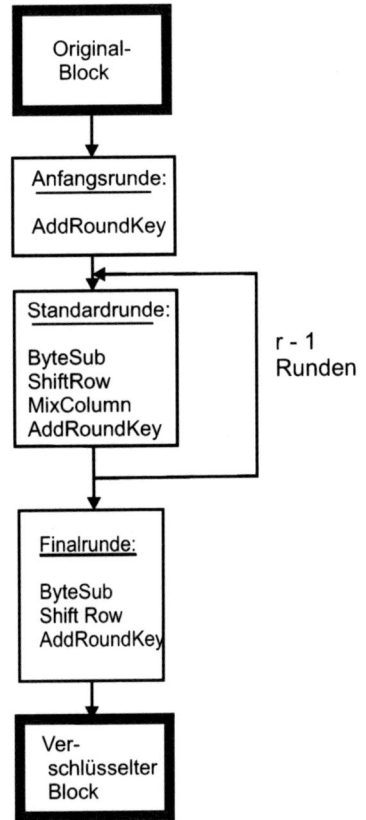

Abb. 2.2-7: Der grobe Ablauf von AES.

☐ Zeile 2 um eine Stelle,
☐ Zeile 3 um zwei Stellen,
☐ Zeile 4 um drei Stellen.

Im Bild kann man dies so beschreiben:

$$\begin{pmatrix} a & b & c & d \\ e & f & g & h \\ i & j & k & l \\ m & n & o & p \end{pmatrix} \rightarrow \begin{pmatrix} a & b & c & d \\ f & g & h & e \\ k & l & i & j \\ p & m & n & o \end{pmatrix}$$

Bei diesem Transformationsschritt wird jede Spalte der aktuellen Matrix durch eine andere Spalte ersetzt. Die Erset-

MixColumn

zungsregel folgt wieder einer algebraischen Operation: Die vier Bytes der Spalte werden als Koeffizienten eines Polynoms dritten Grades über dem Körper mit 256 Elementen aufgefasst, dieses Polynom wird mit einem festen Polynom $c(x)$ multipliziert und modulo $x^4 + 1$ reduziert, so dass sich wieder ein Polynom dritten Grades ergibt – dessen Koeffizienten bilden die neue (transformierte) Spalte. Das Polynom $c(x)$ ist selbstverständlich so gewählt, dass dieser Schritt auch umkehrbar ist.

AddRoundKey Bei der Transformation AddRoundKey wird die aktuelle Matrix (bzw. der aktuelle 128-Bit-Vektor) bitweise mit einem aus dem ursprünglichen Schlüssel abgeleiteten 128-Bit-Rundenschlüssel XOR-verknüpft.

Es dürfte klar sein, dass der Regel für die Erzeugung der 11 benötigten Rundenschlüssel aus dem ursprünglich gegebenen Schlüssel besondere Bedeutung zukommt. Grob umschrieben sieht der Erzeugungsprozess folgendermaßen aus:

Zunächst wird der ursprüngliche 128-Bit-Schlüssel in vier »Wörter« W_0, W_1, W_2, W_3 von je 32 Bits eingeteilt. Sodann werden rekursiv weitere Wörter $W_4, ...; W_{43}$ berechnet, wobei im Wesentlichen W_i durch die XOR-Verknüpfung von W_{i-1} und W_{i-4} entsteht; eine Ausnahme bilden die Wörter $W_4, W_8, ...$ (also W_i mit durch 4 teilbarem i), in deren Berechnung statt W_{i-1} eine Abwandlung dieses Wortes verwendet wird, bei der eine zyklische Rotation und wiederum die S-Box (siehe oben) eine Rolle spielen.

Die 11 Rundenschlüssel ergeben sich nun jeweils als Vierer-blöcke der auf diese Weise erzeugten Wörter – siehe Abb. 2.2-8.

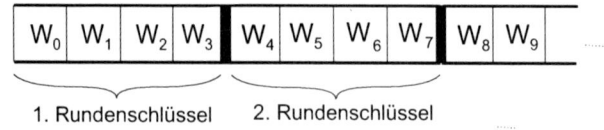

Abb. 2.2-8: Jeweils vier Wörter a 32 Bits dienen als Rundenschlüssel.

Der AES-Algorithmus wurde aufgrund eines im Jahre 1997 ausgerufenen offenen Wettbewerbs im Jahre 2000 in den USA vom *National Institute of Standards and Technology*

(NIST) als Nachfolger des DES-Algorithmus festgelegt. Es wurde hierfür der Vorschlag der belgischen Wissenschaftler J. Daemen und V. Rijmen ausgewählt – daher auch die gebräuchliche Bezeichnung »Rijndael« für den Algorithmus. Der Algorithmus basiert nicht mehr – wie DES – auf einer sogenannten Feistel-Struktur, sondern auf algebraischen Operationen und einfachen zyklischen Rotationen. Der AES ist immun gegenüber allen bekannten Attacken auf symmetrische Verschlüsselungsverfahren. Für die Auswahl war auch entscheidend, dass sich der Algorithmus leicht in Hard- und Software implementieren lässt und wenig Speicherplatz braucht – letzteres ist besonders für Anwendungen auf Chipkarten relevant.

2.2.5 Box: Betriebsmodi von Blockchiffren **

Zur Steigerung der Sicherheit können symmetrische Verschlüsselungsverfahren in unterschiedlichen Betriebsmodi angewendet werden. Der Einfachheit halber ist in diesem Abschnitt nur vom **DES**-Verfahren die Rede, jedoch lässt sich alles auf eine beliebige Blockchiffre übertragen.

Die bisherige Beschreibung des DES-Verfahrens (siehe »Das DES-Verfahren«, S. 45) bezog sich nur auf die Berechnung von $DES(m, k)$, also die Verschlüsselung *eines* Blocks m mit dem Schlüssel k. In der Regel wird man jedoch das Bedürfnis haben, *mehrere* solcher Blöcke (wie z. B. ein ganzes Textdokument) zu verschlüsseln. Betrachtet man mehrere 64-Bit-Blöcke $m^1, m^2, ..$, die nacheinander verschlüsselt werden sollen, wobei der Schlüssel k jedoch eine gewisse Weile Bestand haben soll, so haben sich dazu verschiedene Verfahren etabliert.

Das einfachste Verfahren besteht darin, hintereinander jeweils $DES(m^1, k), DES(m^2, k)$ etc. separat zu bilden. Man spricht hierbei vom *Electronic Code Book Mode* (ECB-Modus). Durch die mehrfache direkte Verwendung desselben Schlüssels auf unabhängige Blöcke bietet der Modus allerdings einige Angriffsmöglichkeiten. So könnte beispielsweise eine Angreiferin, die chiffrierte Blöcke abfängt, diese in veränderter Reihenfolge an die Empfängerin weiterleiten – diese könnte die Blöcke trotzdem entschlüsseln und wür-

ECB-Modus

de die Veränderung der Reihenfolge u. U. nicht bemerken. Auch kann ein abgefangener chiffrierter Block von der Angreiferin noch einmal eingespielt werden. Schließlich führen bei diesem Modus gleiche Ursprungsblöcke stets auch zu gleichen chiffrierten Blöcken; gelingt es nun einer Angreiferin, in den Besitz eines zusammengehörenden Paares Block/Chiffreblock zu kommen, dann kann sie den Chiffreblock später wiedererkennen, falls der Block noch einmal gesendet werden sollte.

CBC-Modus   Alle diese Nachteile gibt es beim CBC-Modus (für: *Cipher Block Chaining Mode*) nicht. Hierbei wird das Ergebnis $c_i = DES(m^i, k)$ stets bitweise modulo 2 zum nächsten Block m^{i+1} addiert, bevor dieser dann verschlüsselt wird (siehe Abb. 2.2-9). Hiermit erreicht man eine Abhängigkeit von den vorherigen Blöcken, d. h. gleiche Blöcke werden in der Regel *nicht* zu gleichen Chiffreblöcken führen. Bei der Verschlüsselung des ersten Blocks wird ein Initialisierungsvektor (IV) verwendet, der ohne Weiteres allgemein bekannt sein darf.

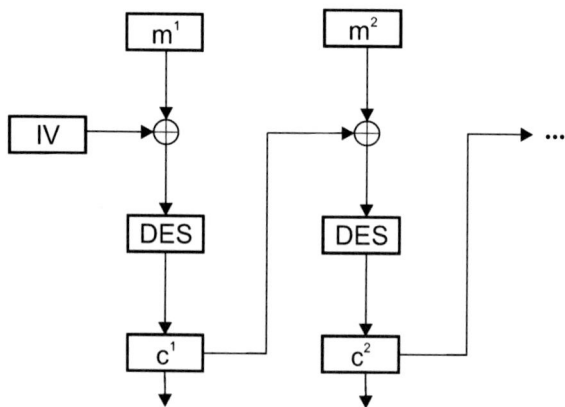

Abb. 2.2-9: CBC-Modus von DES.

Nachteil des CBC-Modus gegenüber dem ECB-Modus ist allerdings die Fehlerfortpflanzung: Tritt bei einem Chiffreblock ein Übertragungsfehler auf (d. h. es wird ein falsches Bit empfangen), so kann ab diesem Punkt kein Block mehr korrekt entschlüsselt werden. (Beim ECB-Modus bleibt nur ein Block betroffen.) Ein weiterer Nachteil ist, dass man nicht wahlfrei einen beliebigen Block entschlüsseln kann, alle vorherigen müssen dazu schon entschlüsselt sein. Wegen dieser Eigenschaft wird der CBC-Modus vor allem zum Verschlüsseln von Dateien verwendet, die man ohnehin als Ganzes ver- und entschlüsselt.

Schließlich wird das DES-Verfahren auch für Stromverschlüsselungen eingesetzt, indem der DES-Output auf beiden Seiten zur Realisierung eines **Pseudozufallszahlengenerators** verwendet wird. In Abb. 2.2-10 ist die Funktionsweise des CFB-Modus (für: *Cipher Feedback Mode*) dargestellt: Die ersten acht Bits eines DES-Outputs werden jeweils im Stile einer Stromverschlüsselung modulo 2 zu acht Klartextbits addiert, die erhaltenen acht Chiffrebits werden zusätzlich rückgekoppelt, indem sie von rechts in den 64-Bit-Speicher geschoben werden, der bei der nächsten DES-Ausführung chiffriert wird.

OFB- und CFB-Modus

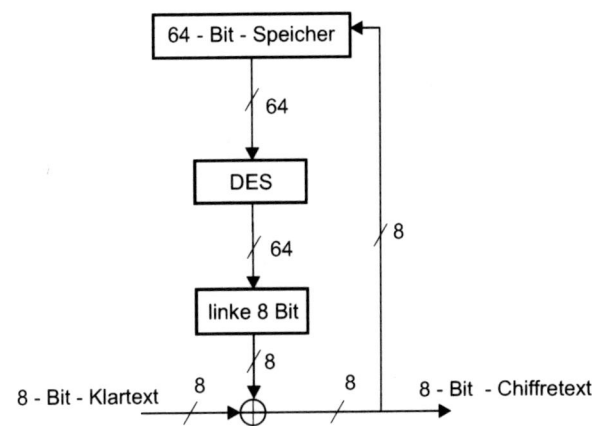

Abb. 2.2-10: CFB-Modus von DES.

Der OFB-Modus (für: *Output Feedback Mode*) unterscheidet sich nur wenig vom CFB-Modus: Hierbei wird schon der DES-Output (bzw. einige Bits davon) rückgekoppelt, ohne Einfluss des Klartextes. Dies hat Vorteile hinsichtlich der Fehlerfortpflanzung.

Im OFB- und CFB-Modus wird wieder ein Initialisierungsvektor benötigt, der beim Start im 64-Bit-Speicher enthalten ist. In jedem Schritt können auch weniger oder mehr als 8 Bits des DES-Outputs für die Ver- und Entschlüsselung verwendet werden – wird hier nur ein Bit gewählt, so hat man eine »reine« Stromverschlüsselung (vgl. »Block- und Stromverschlüsselung«, S. 42).

2.2.6 Stromchiffren mit linearen Schieberegistern *

Lineare Schieberegister mit Rückkopplung sind die am häufigsten verwendete Technik, um lange pseudo-zufällige Bitfolgen zu erzeugen, die für die Stromverschlüsselung verwendet werden können.

Schieberegisterfolgen sind Bitfolgen, die schrittweise mithilfe von **Schieberegistern** hergestellt werden. Dies kann in der Kodierungstheorie verwendet werden, wo man auf ein Datenpaket eine lineare Funktion anwendet, um zusätzliche Redundanzbits zu erzeugen. Bei der Anwendung in der Kryptographie ist es das Ziel, möglichst lange pseudozufällige Bitfolgen zu erzeugen, die zur Stromverschlüsselung eingesetzt werden können (siehe hierzu »Block- und Stromverschlüsselung«, S. 42). Diese Art der Verschlüsselung hat insbesondere im militärischen Bereich eine lange Tradition.

Schieberegister mit Rückkopplung — Der generelle Aufbau eines Schieberegisters mit Rückkopplung ist in Abb. 2.2-11 dargestellt: Es gibt das Schieberegister selbst (oberer Teil) und die Rückkopplungsfunktion (unterer Teil).

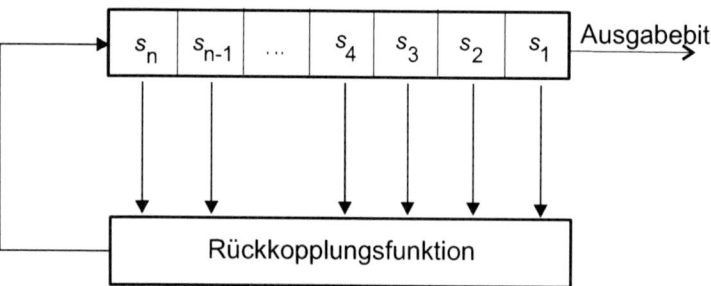

Abb. 2.2-11: Aufbau eines rückgekoppelten Schieberegisters.

Das Schieberegister muss man sich als eine dynamische Vorrichtung vorstellen, bei der (bei einem n-Bit-Schieberegister) stets n viele Bits $s_1, s_2, ..., s_n$ in den Bitpositionen stehen. In jedem Zeittakt werden alle Bits im Schieberegister um ein Bit nach rechts verschoben, d. h. das Bit s_n wandert nach s_{n-1} usw.; gleichzeitig wird mit der Rückkopplungsfunktion aus den »alten« Bits der neue Wert für s_n bestimmt, und das »alte« s_1 verlässt als Ausgabebit die Vorrichtung.

In Abb. 2.2-12 ist ein 4-Bit-Schieberegister dargestellt, bei dem die Rückkopplungsfunktion aus der XOR-Verknüpfung von s_1 und s_4 besteht. Damit es losgehen kann, muss man das Schieberegister offenbar initialisieren (»Zeitpunkt Null«). Initialisiert man beispielsweise mit der Folge 0000, so würde hier nichts passieren: In jedem Zeittakt bleiben alle Werte des Registers und auch das Ausgangsbit 0.

Anders bei Initialisierung mit 1111, jetzt ergibt sich der in Tab. 2.2-2 gezeigte Ablauf. Wie man sieht, enthält das Schieberegister nach 15 Takten wieder die Ausgangsfolge 1111.

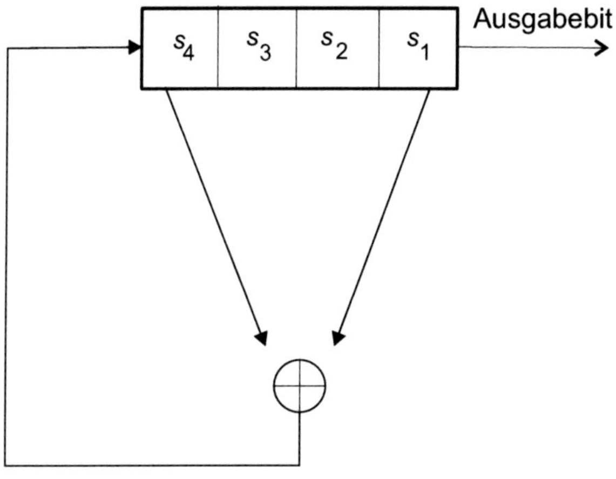

Beispiel

Abb. 2.2-12: Beispiel eines linear rückgekoppelten Schieberegisters.

Die Länge der Ausgabefolge eines Schieberegisters vor der ersten Wiederholung wird Periode genannt. Das in dem obigen Beispiel behandelte rückgekoppelte Schieberegister besitzt offenbar – bei Initialisierung mit 1111 – die Periode 15.

Periode

Die einfachsten Schieberegister mit Rückkopplung sind diejenigen mit linearer Rückkopplung: Ein solches liegt vor,

lineare Schieberegister

Takt	Schieberegister	Ausgabe
0	1111	-
1	0111	1
2	1011	1
3	0101	1
4	1010	1
5	1101	0
6	0110	1
7	0011	0
8	1001	1
9	0100	1
10	0010	0
11	0001	0
12	1000	1
13	1100	0
14	1110	0
15	1111	0

Tab. 2.2-2: Initialisierung mit 1111 führt zu Periode 15.

wenn die Rückkopplungsfunktion einfach aus der XOR-Ver-knüpfung bestimmter Bits des Registers besteht. (In obigem Beispiel ist dies der Fall.) Man spricht von einem linearen Schieberegister mit Rückkopplung, in Englischen *linear feedback shift register* (LFSR). In Abb. 2.2-13 ist der allgemeine Aufbau eines solchen LFSR dargestellt.

Um auszusortieren, welche der Bits für die lineare Rück-kopplung verwendet werden, wird die folgende Notation verwendet:

Zu jedem s_i hat man einen Koeffizienten c_{n+1-i}, der ausdrückt, ob s_i an der Rückkopplung beteiligt ist ($c_{n+1-i} = 1$) oder nicht ($c_{n+1-i} = 0$). In Abb. 2.2-14 ist dies illustriert.

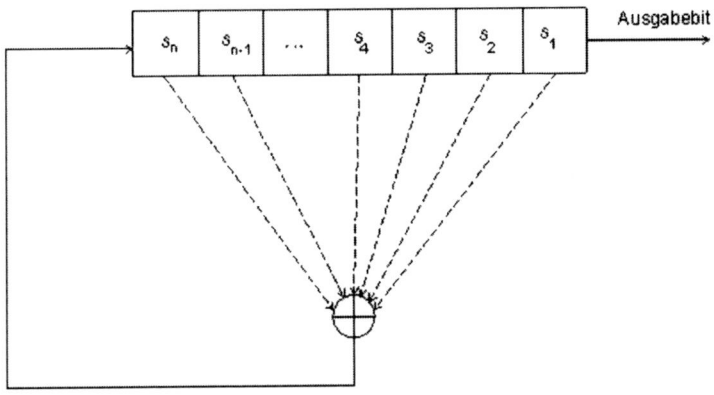

Abb. 2.2-13: Linear rückgekoppeltes Schieberegister.

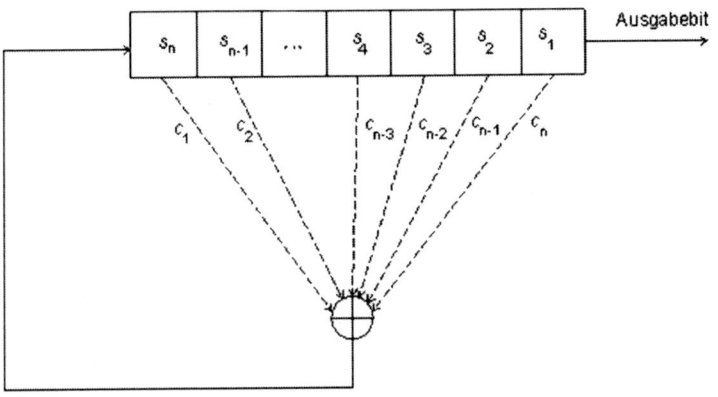

Abb. 2.2-14: Steuerung der Rückkopplung durch Koeffizienten.

Man hat nun offenbar die folgende Situation:

Sind $s_1, s_2, ..., s_n$ die Initialwerte eines linearen rückgekoppelten Schieberegisters mit Auswahlkoeffizienten $c_1, c_2, ..., c_n$, so ergibt sich die Folge der Ausgabebits als:

$$s_j = (c_1 s_{j-1} + c_2 s_{j-2} + ... + c_n s_{j-n}) \bmod 2 \text{ für } j \geq n+1$$

Das aus den Koeffizienten c_i formal gebildete Polynom

$$p(x) = 1 + c_1 x + c_2 x^2 + ... + c_n x^n \in \mathbb{Z}_2[x]$$

nennt man das **Rückkopplungspolynom** des linearen Schieberegisters. Wie sich herausstellt, kann man inter-

Rückkopplungs-
polynom

essante Eigenschaften des linear rückgekoppelten Schiebe-registers an diesem Polynom ablesen.

Beispiel   Für das oben im Beispiel behandelte linear rückgekoppel-te 4-Bit-Schieberegister ist $c_1 = 1, c_2 = 0, c_3 = 0, c_4 = 1$. Das Rückkopplungspolynom lautet

$$p(x) = 1 + x + x^4.$$

Ein LFSR ist offenbar durch n und das Rückkopplungspo-lynom $p(x)$ eindeutig festgelegt. Zur Vereinfachung spricht man von dem LFSR $(n, p(x))$. Im obigen Beispiel geht es folg-lich um das LFSR $(4, 1 + x + x^4)$.

Ohne Beweis werden nun einige wichtige Fakten aufgelistet, die interessante Eigenschaften von LFSRs mit algebraischen Eigenschaften der zugehörigen Polynome $p(x)$ verknüpfen. (Die vorkommenden Begriffe aus der Algebra können Sie bei-spielsweise in dem Buch »Basiswissen Angewandte Mathe-matik« nachschlagen.)

▪ Die Output-Folge (also die Folge der Ausgangsbits) eines LFSR ist stets **ultimativ periodisch**, d.h. bis auf einige zu vernachlässigende Anfangsbits periodisch. (Dies ist leicht zu sehen, da es für die Speicherinhalte nur endlich viele Möglichkeiten gibt.)

▪ Ist der Grad von $p(x)$ gleich n (das LFSR heißt dann **nicht-singulär**), so ist jede Output-Folge bei beliebiger Initia-lisierung periodisch.

▪ Ist das Polynom $p(x)$ von Grad n und über $\mathbb{Z}_2$ irreduzibel, so führt jeder der $2^n - 1$ vielen von Null verschiedenen Initialzustände zu einer Output-Folge mit einer Periode N, welche die kleinste natürliche Zahl ist, so dass $p(x)$ in $\mathbb{Z}_2[x]$ ein Teiler von $1 + x^N$ ist.

▪ Ist $p(x)$ ein primitives Polynom von Grad n, so führt jeder der $2^n - 1$ vielen von Null verschiedenen Initialzustände zu einer Output-Folge mit der größtmöglichen Periode $2^n - 1$.

Beispiel   Das Polynom

$$p(x) = 1 + x + x^4$$

aus dem obigen Beispiel ist primitiv in $\mathbb{Z}_2[x]$.

Aufgrund der aufgezählten Fakten folgt: Bei *jeder* Initialisierung der vier Speicherbits (außer mit 0000) ergibt sich eine Output-Folge mit Periode 15.

Um LFSRs für kryptographische Zwecke einsetzen zu können, sind selbstverständlich lange Perioden der Output-Folgen von Interesse. Wie soeben erwähnt, sollte dazu das Rückkopplungspolynom primitiv in $\mathbb{Z}_2[x]$ sein.

Es sind keine einfachen Verfahren zur Erzeugung primitiver Polynome vorgegebenen Grades bekannt – man kann jedoch ein vorgegebenes Polynom in endlich vielen Schritten auf Primitivität testen. In [Menezes 97] sind solche Testalgorithmen beschrieben, ferner gibt es dort eine Aufstellung mit jeweils einem primitiven Polynom über $\mathbb{Z}_2$ für jeden Grad m mit $1 \leq m \leq 229$. primitive Polynome

Man kann mathematisch nachweisen, dass die Output-Folgen von LFSRs »hinreichend zufällig« aussehen, um als pseudo-zufällige Folgen für die Stromverschlüsselung einsetzbar zu sein. Allerdings haben sie einen anderen Nachteil:

Mit dem **Berlekamp-Massey-Algorithmus** lässt sich auf effiziente Weise aus einer endlichen Bitfolge das kürzeste LFSR bestimmen, welches diese Bitfolge als Output-Folge produziert. Dies bedeutet unter anderem: Würde ein Angreifer in den Besitz nur eines genügend langen Teils der Output-Folge eines zur Stromverschlüsselung eingesetzten LFSR gelangen, so könnte er schnell das LFSR rekonstruieren und weitere Bits voraussagen – die Verschlüsselung wäre vollständig »geknackt«. Berlekamp-Massey-Algorithmus

Aus diesem Grunde werden LFSRs nicht direkt zur Stromverschlüsselung verwendet, sondern man benutzt sie nur als »schnelle Bausteine« in komplexeren Konstruktionen. Man wendet dabei unterschiedliche Methoden an, um die Linearität zu zerstören.

Bei den **nichtlinearen Kombinationsgeneratoren** werden mehrere LFSRs parallel geschaltet, und auf den Vektor der Ausgabebits aller LFSRs wird eine nichtlineare Funktion f angewendet (siehe Abb. 2.2-15). Welche Art von Funktionen f hierfür kryptographisch geeignet sind (ohne neue An- nichtlineare Generatoren griffsmöglichkeiten zu bieten), muss natürlich separat untersucht werden.

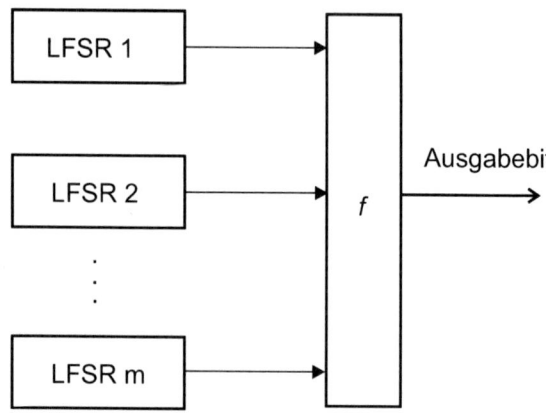

Abb. 2.2-15: Aufbau eines nichtlinearen Kombinationsgenerators.

Die **nichtlinearen Filtergeneratoren** basieren auf nur einem LFSR, jedoch wird als Ausgabebit in jedem Zeittakt nicht einfach s_1 ausgewählt, sondern es wird eine nichtlineare Funktion f auf die Inhalte aller n Speicherplätze angewandt (siehe Abb. 2.2-16). Bei Interesse können Sie Details in dem bereits zitierten Buch [Menezes 97] nachschlagen.

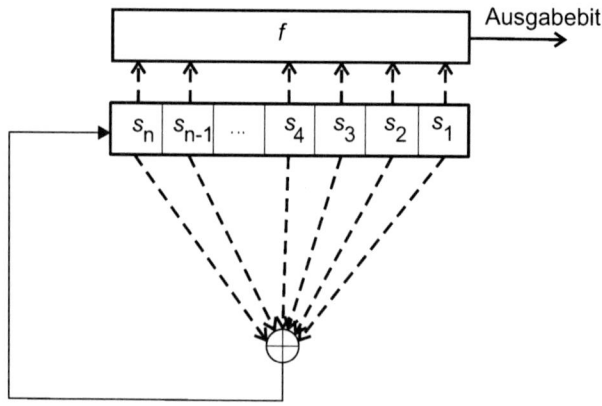

Abb. 2.2-16: Funktionsweise eines nichtlinearen Filtergenerators.

2.2.6.1 Box: Der Algorithmus A5 ***

Um den in den **GSM-Netzen** auf der Funkstrecke eingesetzten Verschlüsselungsalgorithmus **A5** wurde zunächst ein Geheimnis gemacht, bis heute wurden Informationen dazu nicht offiziell veröffentlicht. Diese Haltung wird in der wissenschaftlichen Kryptographie heute ironisch mit den Worten »security by obscurity« charakterisiert – demgegenüber ist der moderne Ansatz, die Algorithmen offen zu diskutieren, so dass die Sicherheit nur auf der Sicherheit der Schlüssel basiert.

Aufgrund einer Reihe von Untersuchungen durch bekannte Kryptologen gilt heute als sicher, dass die Hauptvariante A5/1 so funktioniert, wie in diesem Abschnitt beschrieben wird. Auf die schwächere Variante A5/2 wird hier nicht eingegangen, ebenso nicht auf den Blockverschlüsselungsalgorithmus A5/3, der für die UMTS-Netze konzipiert wurde.

A5 basiert auf drei linear rückgekoppelten Schieberegistern, deren Ausgangsbits per XOR-Operation zum Gesamt-Ausgangsbit zusammengesetzt werden (siehe Abb. 2.2-17).

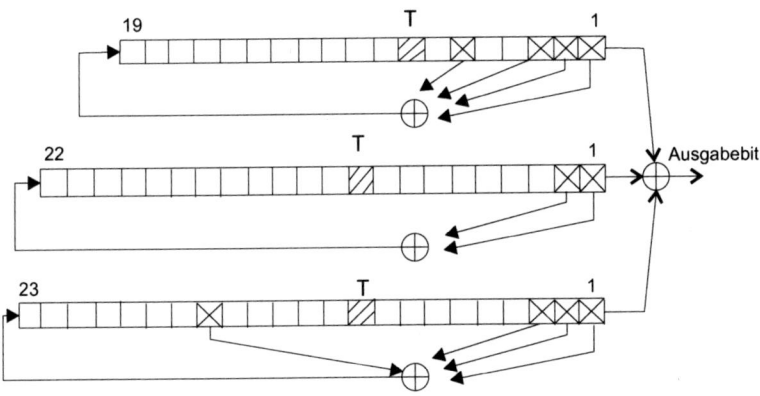

Abb. 2.2-17: Funktionsweise des Algorithmus A5.

Um die Linearität zu zerstören (dies ist aus kryptographischer Sicht notwendig, vgl. dazu »Stromchiffren mit linearen Schieberegistern«, S. 58), gibt es in jedem der drei Schieberegister eine mit »T« (für: Takt) bezeichnete Bitposition, wobei jeweils die Inhalte der drei T-Bits entscheiden, welche der drei Schieberegister im nächsten Takt aktiv sind (d. h.

Nichtlinearität

ihre Bits um eine Position nach rechts verschieben) und welche einfach »stehen bleiben«. Die Regel dabei ist:

▨ Es werden diejenigen Schieberegister getaktet, deren T-Bit-Wert zur Mehrheit der drei T-Bit-Werte gehört. Also: Haben zwei oder drei T-Bits den Wert 0, so werden *diese* Schieberegister getaktet, entsprechend für den Wert 1.

Initialisierung   Der für die Verschlüsselung eingesetzte Schlüssel k_C (siehe dazu »Sicherheit in GSM-Netzen«, S. 259) wird bei der Initialisierung der drei Schieberegister verwendet. Die Taktkontrolle wird in der Initialisierungsphase noch nicht angewendet. Der Ablauf sieht im Einzelnen folgendermaßen aus:

▨ Alle drei Register werden mit dem Nullvektor geladen.

▨ Dann wird der Sitzungsschlüssel k_C in jedes der Register geladen. Jedes Register wird dazu 64 mal getaktet, wobei jeweils ein Bit eingespeist wird. »Einspeisung« bedeutet dabei, dass das eingespeiste Bit zusätzlich mit dem neu einzufügenden Bit (an Position 19 bzw. 22 bzw. 23) XOR-verknüpft wird. Die Ausgabebits werden dabei nicht genutzt, es geht nur um die Initialisierung der Registerzellen.

▨ Anschließend wird in gleicher Weise die aktuelle Rahmennummer in jedes Register geladen.

▨ Zum Schluss werden alle Register noch 100 mal getaktet (ohne Benutzung des Outputs).

Damit ist die Initialisierung abgeschlossen.

Verschlüsselung   Ein Rahmen besteht bei GSM aus zwei mal 114 Bits, je 114
eines Rahmens   Bits für jede der beiden Übertragungsrichtungen. Zur Verschlüsselung dieser 228 Bits werden – nach der soeben beschriebenen Initialisierung – die nächsten 228 Zeittakte zur Produktion von 228 pseudozufälligen Bits verwendet.

Man beachte: Vor der Verschlüsselung des nächsten Rahmens findet wieder eine Initialisierung statt.

Sicherheit   A5 wurde Ende der 80er Jahre für die GSM-Netze konstru-
von A5   iert. Nach heutigen Maßstäben kann man A5 – ähnlich wie **DES** – nicht mehr als sicher genug ansehen. (Da Handys jedoch in der Regel für nicht-kritische Privatgespräche benutzt werden, wird dies nicht als ernsthaftes Problem gesehen.) Problematisch ist bereits die Schlüssellänge von nur 64 Bits, zudem verwenden manche Implementierungen nur

einen Teil dieser Bits, was eine vollständige Schlüsselsuche möglich macht. Eine Reihe von Kryptologen haben noch effizientere Angriffe gefunden – beispielsweise kann (nach J. D. Golic) mit Kenntnis nur weniger Bitpaare aus Klartext/Schlüsseltext und einer längeren Chiffretext-Passage durch Absuchen eines Suchbaums aus »nur« 2^{40} Elementen der Schlüssel bestimmt werden.

2.2.7 Box: Der Algorithmus RC4 **

RC4 ist der heute in Softwareprodukten am häufigsten verwendete Algorithmus zur Stromverschlüsselung. Er kommt in der Web-Sicherheitstechnik **SSL** zum Einsatz (vgl. »Secure Socket Layer«, S. 223) wie auch bei der unter dem Namen **WEP** in WLANs vorgenommenen Verschlüsselung (siehe auch »WLAN, Bluetooth und VoIP«, S. 278), ferner ist er integriert in Microsoft Windows, Lotus Notes, Oracle Secure SQL und andere Software.

Der Algorithmus RC4 wurde von dem bekannten Kryptologen Ron Rivest im Jahre 1987 entworfen, der auch schon einer der Urheber des RSA-Verfahrens war (siehe »Das RSA-Verfahren«, S. 75). Zuerst wurde die interne Funktionsweise des Algorithmus geheim gehalten, jedoch wurde im Jahre 1994 der Ablauf komplett bekannt.

RC4 basiert nicht – wie viele Stromverschlüsselungsverfahren – auf rückgekoppelten Schieberegistern, sondern auf einfachen Additions- und Vertauschungsperationen auf Byte-Ebene. Dies hat den Vorteil, dass auch Software-Implementierungen von RC4 sehr schnell arbeiten können, während auf LFSRs basierende Verfahren zwar sehr schnelle Hardware-Realisierungen, aber nur relativ langsame Software-Realisierungen zulassen.

RC4 lässt Schlüssellängen von 40 bis 256 Bits zu. Grundprinzip ist, dass eine Folge von pseudozufälligen n-Wörtern produziert wird, die zur Verschlüsselung dann per XOR-Operation über den Klartext gelegt werden können. In Anwendungen wird meist $n = 8$ genommen (also jeweils ein Byte produziert), daher wird nur dieser Fall im Folgenden beschrieben.

Kern des Algorithmus ist, dass alle 256 möglichen Bytes (also die Dualzahlen von 0 bis 255) in Speichern $S_0, ..., S_{255}$ gehalten und nach einem vorgeschriebenen Verfahren stets Inhalte dieser Speicher vertauscht werden und dann *ein* Speicherinhalt als auszugebendes Byte ausgewählt wird.

Der Algorithmus besteht aus zwei Teilen – dem *Key Scheduling Algorithm* (KSA), in dessen Ablauf der geheime Schlüssel zur Initialisierung der Speicherinhalte $S_0, ..., S_{255}$ verwendet wird, und dem *Pseudo Random Generation Algorithm* (PRGA), der die Vertauschungen und die Ausgabe des jeweiligen Bytes vornimmt.

KSA   Der Ablauf von KSA sieht so aus:

lade $0, 1, ..., 255$ in $S_0, S_1, ..., S_{255}$;

lade die Schlüsselbytes in $K_0, K_1, ..., K_{255}$;

initialisiere $j := 0$;

für $i = 0$ bis $255 : j = (j + S_i + K_i) \bmod 256$;

vertausche S_i und S_j

Die Anweisung » lade die Schlüsselbytes in $K_0, K_1, ..., K_{255}$« ist so zu verstehen, dass die (stets weniger als 256 vielen) Schlüsselbytes so lange wiederholt in K_i geladen werden, bis alle 256 K-Speicher gefüllt sind. Bei der Addition $j + S_i + K_i$ werden die Dezimalwerte der Bytes S_i und K_i genommen.

PRGA   Der Ablauf von PRGA, in dem bei jedem Ende eines Schleifendurchlaufs *ein* Byte K ausgegeben wird, ist hier skizziert:

$i := 0$;

$j := 0$;

Schleife:

$i = (i + 1) \bmod 256$;

$j = (j + S_i) \bmod 256$;

vertausche S_i und S_j;

$t = (S_i + S_j) \bmod 256$;

$K = S_t$

Sicherheit von RC4   Trotz seines einfachen Aufbaus wird RC4 als recht sicher angesehen. Nach Untersuchungen von Kryptologen sind (im Falle $n = 8$) bei genügend langen Schlüsseln für eine Attacke mehr als 2^{700} Schritte nötig, um die Initialisierung zu finden.

Schwächen zeigen sich dann, wenn »schwache Schlüssel« verwendet werden. Beispielsweise wird die Umsetzung von

RC4 in WEP deshalb als unsicher angesehen, weil bei der Initialisierung neben dem geheimen (und recht kurzen) Schlüssel weitere Daten wie Paketnummern in die Speicher K_i geladen werden, die offen bekannt sind – dies kann für Angriffe ausgenutzt werden.

Bei der Erzeugung von pseudozufälligen Bits (oder wie hier: Bytes) für die Stromverschlüsselung geht es darum, eine durch den geheimen Schlüssel gesteuerte und »zufällig aussehende« Abfolge von Bits zu produzieren. Die interne Struktur eines solchen Algorithmus muss dabei so komplex sein, dass es nur mit unvertretbar hohem Aufwand gelingt, ohne Kenntnis des geheimen Schlüssels Bits vorauszusagen. Auf der anderen Seite ist man bestrebt, *einfache* bzw. *sehr effizient zu realisierende* Algorithmen zu haben. Hier stellt sich naturgemäß die folgende Frage:

Einfachheit von RC4

▪ Wie »einfach« kann ein sicheres Verschlüsselungsverfahren sein?

Wie RC4 zeigt, lautet die Antwort: Sehr einfach.

2.3 Asymmetrische Kryptosysteme *

Die Besonderheit der asymmetrischen Verschlüsselung ist, dass Sender und Empfänger einer verschlüsselten Nachricht *nicht* über ein gemeinsames Geheimnis (den Schlüssel) verfügen müssen.

DES und **AES** sind typische Vertreter **symmetrischer Verschlüsselungsverfahren.** Charakteristisch ist hierbei, dass für die *Ent*schlüsselung derselbe Schlüssel verwendet werden muss wie bei der *Ver*schlüsselung. Dies bedeutet natürlich, dass – falls es sich um eine zwischen einem Sender und einem Empfänger übertragene verschlüsselte Nachricht handelt – die beiden Kommunikationspartner den verwendeten Schlüssel auf einem sicheren Weg austauschen müssen, so dass niemand Unbefugtes diesen »abfangen« kann.

symmetrisch

Dieses Problem des Schlüsselaustausches ist nicht zu unterschätzen. Wenn hierbei eine Panne passiert, hätte man sich die ganze Verschlüsselung sparen können!

Die heute verwendeten symmetrischen Verschlüsselungsverfahren – wie DES und AES – verwenden einfache Rechenoperationen für Bits und Bytes, die Schlüssel haben Längen zwischen 64 und 256 Bits. Hieraus ergibt sich für diese Verfahren:

+ Geringer Rechenaufwand und daher schnelles Verfahren.
− Vor der Übertragung der verschlüsselten Daten muss der gemeinsame Schlüssel ausgetauscht werden. Der gleiche Schlüssel darf nicht über einen längeren Zeitraum verwendet werden, da man heute mit leistungsfähigen Computern einen 64-Bit-Schlüssel durch Ausprobieren in einigen Stunden heraus finden kann.

Beispiel Wenn 100 Personen untereinander (jeder mit jedem) verschlüsselte Nachrichten austauschen wollen, müssen insgesamt 4950 (nämlich 100 mal 99 geteilt durch 2) Schlüssel ausgetauscht werden. Bei 1000 Personen braucht man sogar 495000 Schlüssel!

asymmetrisch Mit einem wegweisenden Artikel »New Directions in Cryptography« der Autoren W. Diffie und M. Hellman wurde im Jahre 1976 alles anders: Hier wurden die ersten **asymmetrischen Verfahren** vorgestellt, die auch **Public-Key-Verfahren** genannt werden. Charakteristisch für ein Public-Key-Verfahren ist, dass jedem Teilnehmer (z. B. jedem Mitglied einer Gruppe, die miteinander verschlüsselt per E-Mail kommunizieren will, oder einfach jedem Benutzer des Internet) *ein für allemal* ein Schlüsselpaar aus öffentlichem und privatem Schlüssel zugeordnet wird. Der öffentliche Schlüssel *(public key)* wird allgemein bekannt gemacht – im Prinzip wie in einem Telefonbuch, wobei dies heute in der Regel über eine allgemein zugängliche Datenbank geregelt ist; den privaten Schlüssel muss jeder Teilnehmer sicher aufbewahren, so dass niemand anderes darauf zugreifen kann – am besten PIN-geschützt auf einer Chipkarte.

Wie wird mit einem solchen asymmetrischen Verfahren verschlüsselt?

Bei einem **asymmetrischen Verschlüsselungsverfahren** wird der öffentliche Schlüssel des Adressaten der Nachricht zur Verschlüsselung verwendet, nur dieser Empfänger kann mit seinem dazu passenden privaten Schlüssel die Nachricht entschlüsseln, d. h. die Originalnachricht wieder herstellen (siehe Abb. 2.3-1). Dies bedeutet natürlich: Wenn Sie Ihre eigenen Dateien auf Ihrer Festplatte verschlüsseln wollen, müssen Sie auch Ihren eigenen öffentlichen Schlüssel nehmen, denn Sie sind in diesem Fall ja selbst der Adressat!

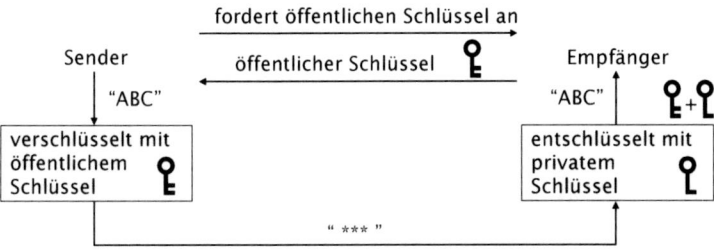

Abb. 2.3-1: Die Daten werden vom Sender mit dem öffentlichen Schlüssel des Empfängers verschlüsselt und können vom Empfänger nur mit seinem eigenen privaten Schlüssel gelesen werden.

Die mathematischen Operationen bei der Ver- und Entschlüsselung sind bei asymmetrischen Verfahren in der Regel komplexer als bei den symmetrischen Verfahren, d. h. sie benötigen mehr Rechenzeit.

Damit alles wie beabsichtigt funktioniert, muss natürlich folgendes sichergestellt sein:

▨ Öffentlicher und privater Schlüssel müssen so aufeinander abgestimmt sein, dass der private Schlüssel die mit dem öffentlichen hergestellte Verschlüsselung wieder aufheben kann.

▨ Es darf nicht möglich sein, aus einem öffentlichen (d. h. eben auch: öffentlich zugänglichen) Schlüssel den zugehörigen privaten Schlüssel zu berechnen.

Auf den ersten Blick scheinen sich diese beiden Anforderungen zu widersprechen: Wenn die beiden Schlüssel sich so ergänzen, wie Punkt 1 dies erfordert, muss es auch möglich sein (zur Not durch Ausprobieren), zu einem öffentlichen Schlüssel den privaten zu ermitteln. In der Tat ist dies möglich – nur ist bei einem guten Verfahren der Aufwand so hoch, dass es sozusagen »praktisch unmöglich« bleibt.

Die hier vorliegende Situation ist typisch für die gesamte Kryptologie: *Prinzipiell* kann man alles »knacken«, weil es für das herauszufindende Geheimnis stets nur eine beschränkte (endliche) Anzahl von Möglichkeiten gibt – zur Not durch stures Ausprobieren. Die Verfahren müssen also so entworfen werden, dass die Anzahl der auszutestenden Möglichkeiten derart gigantisch hoch ist, dass stures Ausprobieren auch mit dem Einsatz vieler Computer auf jeden Fall zu lange dauern würde.

Es besteht an dieser Stelle ein enger Zusammenhang mit dem Thema **Einwegfunktionen** bzw. **Einwegfunktionen mit Falltür**, mit welchem Sie sich im nächsten Schritt beschäftigen sollten (siehe »Einwegfunktionen«, S. 73). In »Das RSA-Verfahren«, S. 75, können Sie sich ansehen, wie das bekannteste asymmetrische Verschlüsselungsverfahren funktioniert.

Oben wurde gesagt, dass jeder *ein für allemal* ein Schlüsselpaar bekommt. Dies ist nicht ganz wörtlich zu nehmen. Man geht vielmehr davon aus, dass bei einem guten Public-Key-Verfahren die vergebenen Schlüssel einige Jahre halten sollten – z. B. nimmt man heute beim RSA-Verfahren Schlüssel aus mindestens 2048 Bits. Man beachte: Im Gegensatz dazu kann man beim DES-Verfahren mit 64 Bits Schlüssellänge, von denen nur 56 Bits relevant sind, die 2^{56} vielen Möglichkeiten mit einem normalen PC in wenigen Stunden alle ausprobieren.

Zusammengefasst ergibt sich für asymmetrische Verschlüsselung:

+ Es werden weniger Schlüssel benötigt, die nur einmal (allerdings von einer vertrauenswürdigen Instanz) erzeugt und verteilt werden müssen.
+ Kein weiterer Schlüsselaustausch nötig, da die öffentlichen Schlüssel allgemein zugänglich sind.
− Hoher Rechenaufwand, der diese Verfahren relativ langsam macht, so dass sie nicht für alle Zwecke einsetzbar sind (z. B. zur Verschlüsselung eines Fernsehfilms in Realzeit).

Beispiel Wenn 100 Personen untereinander (jeder mit jedem) verschlüsselte Nachrichten austauschen und dazu ein asymmetrisches Verfahren verwenden wollen, müssen insgesamt 200 Schlüssel erzeugt und verteilt werden, je ein öffentlicher und ein privater für jede Person. Die 100 öffentlichen Schlüssel werden in eine öffentlich zugängliche Datenbank eingetragen.

Hinweis zur Terminologie

Ein kryptologisches Verfahren, welches auf der Verwendung öffentlicher und privater Schlüssel basiert, nennt man ein **asymmetrisches Verfahren**. Wie in anderen Kapiteln gezeigt, können solche Verfahren für die Verschlüsselung, für die Authentifizierung oder für die digitale Unterschrift eingesetzt werden. Ist ein solches Verfahren für die Verschlüsselung einsetzbar, so spricht man auch von einem **asymmetrischen Verschlüsselungsverfahren**. Ein Beispiel hierfür ist das bereits erwähnte **RSA**-Verfahren (siehe »Das RSA-Verfahren«, S. 75).

Man verwendet auch die Terminologie **symmetrisches** bzw. **asymmetrisches Kryptosystem**, wenn die Art der verwendeten Schlüssel im Vordergrund steht und nicht der Einsatzzweck – also Verschlüsselung, Authentifikation usw.

2.3.1 Einwegfunktionen *

Einwegfunktionen spielen in der Kryptographie an vielen Stellen eine Rolle. Die grundlegende Eigenschaft einer Einwegfunktion $f(x)$ ist, dass Funktionswerte $f(x)$ zu gegebenen x-Werten leicht berechnet werden können, es aber umgekehrt sehr aufwendig ist, zu einem gegebenen Funktionswert y ein zugehöriges x mit $f(x)=y$ zu bestimmen.

Einwegfunktionen sind jedem aus dem täglichen Leben bekannt: Es ist einfach, einen Porzellanteller auf den Boden fallen und in 1000 Stücke zersplittern zu lassen, aber wesentlich schwieriger (bzw. fast unmöglich), aus den 1000 Stücken den Teller wieder richtig zusammenzukleben. "Teller fallen lassen" ist sozusagen eine Einwegfunktion.

In der Kryptographie nennt man eine Funktion $f : X \to Y$ mit Definitionsbereich X und Wertebereich Y eine **Einwegfunktion**, wenn es zu gegebenem x aus X einfach ist (d. h. ohne großen zeitlichen oder sonstigen Aufwand), $f(x)$ zu berechnen, aber sehr aufwendig, zu $y \in Y$ ein Urbild x mit $f(x) = y$ zu finden. (In der Literatur wird eine Einwegfunktion f mitunter als injektiv vorausgesetzt.)

Beispiel

In »Der Begriff der IT-Sicherheit«, S. 2 wird geschildert, wie man sich Funktionen der Form

$$f(x) = x^2 \text{ modulo } n$$

mit großer natürlicher Zahl *n* für die Speicherung von Passwörtern zunutze machen kann: Statt des zu einem Benutzer gehörenden Passwortes oder der PIN *x* ist in dem Rechner, gegenüber dem sich der Benutzer authentifizieren will, der Wert *f(x)* gespeichert – gibt der Benutzer nun seinen Wert *x* ein, so ermittelt der Rechner den Wert *f(x)* und vergleicht das Ergebnis mit dem gespeicherten Wert. Jedoch – das ist der Sinn des Ganzen – kann jemand, der aus dem Rechner die Liste der *f(x)*-Werte entwendet, daraus nicht ohne weiteres die zugehörigen PINs errechnen.

Funktionen der Form

$$f(x) = x^k \text{ modulo } n$$

mit großer natürlicher Zahl *n* (im obigen Beispiel ist $k = 2$) gelten als Einwegfunktionen: Es ist leicht, die *k*-te Potenz von *x* modulo *n* zu berechnen, aber für den umgekehrten Weg gibt es kein einfaches Rechenverfahren. Es ist aber nicht bewiesen, dass man ein einfaches Rechenverfahren niemals finden kann!

Dies ist die typische Situation: Man nennt eine Funktion Einwegfunktion, wenn $f(x)$ leicht zu berechnen ist, man aber für die Umkehrung (noch) kein leichtes Rechenverfahren gefunden hat. Eine solche Funktion, für die man sogar *beweisen* kann, dass es für die Umkehrung kein einfaches Rechenverfahren gibt, hat man bisher nicht gefunden!

Auch der **diskrete Logarithmus** ist schwer zu berechnen.

Beispiel Wie man leicht nachrechnet, gilt 123^7 modulo $187 = 183$.

Man sagt, 7 sei der diskrete Logarithmus (modulo 187) von 183 zur Basis 123. Auch die Bildung diskreter Logarithmen gilt als (der schwierige Teil einer) Einwegfunktion.

Einwegfunktionen werden in der Kryptographie als Bausteine zu vielen Zwecken eingesetzt. Besondere Einwegfunktionen – nämlich die **Hashfunktionen** – werden bei der digitalen Unterschrift benötigt (siehe »Hashfunktionen«, S. 91, und »Die Digitale Unterschrift«, S. 82).

Einwegfunktionen mit Hintertür Kann man Einwegfunktionen auch zur Verschlüsselung von Daten verwenden? Offenbar ergibt dies zunächst keinen

Sinn, denn *verschlüsselte* Daten sollen ja von den berechtigten Personen (oder allgemeiner: Instanzen, denn es könnte auch ein Computersystem sein) wieder *entschlüsselt* werden können – unter Ausnutzung der Kenntnis eines bestimmten Schlüssels. Das Ergebnis einer Einwegfunktion ist aber ein Funktionswert, aus dem *niemand* ohne Weiteres den Ursprungswert wiederherstellen kann. Anders bei sogenannten Einwegfunktionen mit Hintertür, die man auch **Falltürfunktionen** nennt: Hier geht man davon aus, dass es eine geheime Information *G* (die »Hintertür«) gibt, mit deren Kenntnis bzw. Einsatz man *doch* in der Lage ist, die Einwegfunktion umzukehren. Es liegt auf der Hand, dass man sich die Verschlüsselung mit einem asymmetrischen Verschlüsselungsverfahren auch als Anwendung einer Einwegfunktion vorstellen kann, für die es eine Hintertür gibt (nämlich den geheimen Schlüssel).

2.3.2 Das RSA-Verfahren *

Das RSA-Verfahren ist nach den Wissenschaftlern Rivest, Shamir und Adleman benannt. Es handelt sich um das bekannteste asymmetrische Verschlüsselungsverfahren, das in vielen praktischen Anwendungen verwendet wird.

Die Funktionsweise des **RSA**-Verfahrens beruht darauf, dass das Potenzieren *modulo n* für große natürliche Zahlen *n* eine **Falltürfunktion** darstellt. In diesem Zusammenhang sei an das Beispiel der Speicherung von Passwörtern in »Der Begriff der IT-Sicherheit«, S. 2, erinnert. Wie bereits an anderer Stelle angedeutet, hat für RSA auch das Faktorisierungsproblem (»Man zerlege eine gegebene natürliche Zahl *n* in ihre Primfaktoren«) eine große Bedeutung.

Um das RSA-Verfahren zu verstehen, muss man zunächst von der Eulerschen Totientenfunktion ϕ sprechen. Zu einer natürlichen Zahl *n* liefert $\phi(n)$ die Anzahl der natürlichen Zahlen *i*, die kleiner als *n* und relativ prim zu *n* sind, also:

$$\phi(n) = \{i \mid 1 \leq i \leq n \text{ und } ggT(i,n) = 1\}$$

»ggT« ist wie üblich die Abkürzung für »größter gemeinsamer Teiler«.

Entscheidend für die Funktionsweise des RSA-Verfahrens ist der folgende Satz von Euler, den dieser vor mehr als 200 Jahren mathematisch bewiesen hat:

Satz von Euler Für zwei beliebige teilerfremde natürliche Zahlen a und n gilt stets die Gleichung

$$a^{\phi(n)} = 1(\text{mod } n).$$

Grundidee ist nun, zwei natürliche Zahlen e und d auszuwählen, für die $ed - 1$ ein Vielfaches $k\phi(n)$ von $\phi(n)$ ist. Dann gilt nämlich für alle a:

$$a^{ed} = a^{k\phi(n)+1} = (a^{\phi(n)})^k a = a(\text{mod } n)$$

Man kann also a als $c = a^e(\text{mod } n)$ verschlüsseln und erhält mit $c^d(\text{mod } n)$ den Ausgangswert a zurück. Dadurch, dass man aus der Kenntnis von n und e – falls n sehr groß ist, z. B. als Dezimalzahl mindestens 200-stellig – nicht ohne Weiteres $\phi(n)$ oder d berechnen kann, hat man die Grundlage für das asymmetrische RSA-Verfahren: Potenzieren mit e stellt eine Falltürfunktion dar, das zu der Falltürfunktion gehörende Geheimnis G (die »Falltür«) ist hier die Zahl d.

Wie lässt sich dies umsetzen? Der legitime Erzeuger des asymmetrischen Schlüsselpaares muss schließlich in der Lage sein, zu n und e das passende d zu bestimmen!

Der Trick liegt darin, dass bereits mit einer speziellen Wahl von n begonnen wird. Es funktioniert folgendermaßen:

Ein Benutzer von RSA, der Empfänger verschlüsselter Nachrichten sein möchte, wählt zunächst zwei Primzahlen p und q und berechnet $n = pq$. (Für eine sichere Anwendung werden heute mindestens Größenordnungen von 2048-Bit-Zahlen empfohlen.) Man kann sich leicht überlegen, dass in einer solchen Konstellation $\phi(n) = (p-1)(q-1)$ ist. Man beachte aber: Jemand, der nur n, nicht jedoch die Faktorisierung in p und q kennt, kann $\phi(n)$ nicht ohne Weiteres berechnen!

Anschließend wählt der Benutzer als seinen *öffentlichen Schlüssel* eine Zahl e, die zu $\phi(n)$ teilerfremd ist. Ferner ist nun noch ein *privater Schlüssel* d mit der Eigenschaft $ed = 1(\text{mod } \phi(n))$ auszuwählen. Dies ist mit der Kenntnis von $\phi(n)$ einfach – man bedient sich dazu des bekannten **Euklidschen Algorithmus**. (Die interessierte Leserin muss an dieser Stelle die Literatur zu Rate ziehen.)

Der genannte Benutzer kann nun die Zahlen n und e öffentlich bekanntgeben, und jeder kann ihm eine Nachricht m verschlüsselt in Form von $c = m^e$ (mod n) schicken, die nur er vermöge $c^d = m^{ed} = m$ (mod n) wieder entschlüsseln kann. Da die Faktorisierung von n in p und q nicht veröffentlicht wird und es für das Faktorisieren natürlicher Zahlen bis heute keinen schnellen (öffentlich bekannten) Algorithmus gibt, kann ein Angreifer nicht ohne weiteres $\phi(n)$ bzw. d herausbekommen, obwohl er n und e kennt.

In der soeben dargestellten Situation ist vorausgesetzt, dass die zu verschlüsselnde Nachricht m eine natürliche Zahl ist – und dass sogar $m < n$ gilt, damit beim Entschlüsseln tatsächlich wieder m herauskommt und nicht nur eine zu m modulo n kongruente Zahl. Alle diese Beschränkungen stellen aber kein Problem dar, denn die zu verschlüsselnden Daten können immer in entsprechend große Blöcke aufgeteilt und als natürliche Zahlen interpretiert werden (z. B. über den Dezimalwert von ASCII-Zeichen).

Die Funktionsweise von RSA wird nun zusätzlich an einem Beispiel illustriert.

Beispiel

Begonnen wird mit den zwei Primzahlen $p = 47$ und $q = 71$. Es ist dann $n = pq = 3337$.

(Da es umgekehrt nicht schwierig ist, von 3337 auf die beiden Primfaktoren 47 und 71 zu schließen, ist das Beispiel für den praktischen Einsatz natürlich nicht zu gebrauchen!)

Die Zahl e muss nun als teilerfremd zu $(p-1)(q-1)$, also 46·70 bzw. 3220 gewählt werden. Hier wird die Primzahl 79 gewählt. Nun ist d mit der Eigenschaft $ed = 1$ (mod 3220) zu wählen. Hier liefert der Euklidsche Algorithmus $d = 1019$. Nun, da alle Zahlen festgelegt sind, können von dem betreffenden Benutzer e und n veröffentlicht werden, d behält er für sich. (Die Informationen über p und q sollten vorsichtshalber vernichtet werden.)

Angenommen, es soll nun die Nachricht m = 6882326879666683 verschlüsselt werden. m muss zuerst in kleinere Blöcke zerlegt werden, damit man »unter n landet«. Eine Einteilung in 6 Blöcke liefert:

$m_1 = 688, m_2 = 232, m_3 = 687, m_4 = 966, m_5 = 668, m_6 = 3$ Die Verschlüsselung des ersten Blocks liefert beispielsweise: $c_1 = 688^{79}$ (mod 3337) = 1570 Die Verschlüsselung der übrigen Blöcke sei der Leserin überlassen. Man überzeuge sich auch, dass die Entschlüsselung funktioniert: 1570^{1019} ergibt modulo 3337 wieder 688.

Soll das RSA-Verfahren in einem Kommunikationsnetz angewendet werden, so muss jedem Teilnehmer ein öffentlicher und ein privater Schlüssel zugeordnet werden. Solche Schlüssel gibt es zur Genüge, nur ist klar, dass nicht jeder die Möglichkeit oder die Lust hat, seine eigenen Schlüssel zu erzeugen! Auch muss natürlich sichergestellt werden, dass private Schlüssel privat bleiben! Hier kommen die sogenannten **Trust Center** ins Spiel, die das Schlüsselmanagement unterstützen – also Schlüsselerzeugung, -verteilung, und -verwaltung (siehe »Schlüsselmanagement«, S. 105).

Was das RSA-Verfahren von anderen asymmetrischen Verfahren abhebt, ist die Tatsache, dass auch – umgekehrt – zuerst der geheime Schlüssel d und anschließend e angewendet werden kann, um ebenfalls die Originalzahl bzw. -daten zurück zu erhalten. Diese Funktionalität kann für **Digitale Unterschriften** verwendet werden (siehe »Die Digitale Unterschrift«, S. 82).

2.3.3   Elliptische Kurven ***

Mithilfe elliptischer Kurven können asymmetrische Verschlüsselungsverfahren konstruiert werden, die bei hoher Sicherheit mit vergleichsweise kurzen Schlüsseln und moderatem Rechenaufwand auskommen.

Jedes **asymmetrische Verschlüsselungsverfahren** basiert auf einer »Einwegfunktion mit Hintertür«, die man auch **Falltürfunktion** nennt. Dabei findet die Verschlüsselung stets mit einer durch einen öffentlich bekannten Schlüssel gesteuerten Einwegfunktion statt, die nicht ohne weiteres umgekehrt werden kann und somit keine Entschlüsselung zulässt – es sei denn, man ist im Besitz des dazu passenden privaten Schlüssels, der als »Hintertür« fungiert und somit *doch* die Umkehrung der Funktion erlaubt (siehe auch »Einwegfunktionen«, S. 73).

In diesem Kapitel wird skizziert, wie mithilfe elliptischer Kurven asymmetrische Verschlüsselungsverfahren »gebaut« werden können.

Was ist eine elliptische Kurve?

Am einfachsten ist es, mit einem Beispiel einer elliptischen Kurve über den reellen Zahlen $\mathbb{R}$ zu beginnen. Dazu wird die folgende Gleichung betrachtet:

elliptische Kurve über $\mathbb{R}$

$$y^2 = x^3 - 7x + 9$$

Die Punkte $(x;y)$ der reellen $x-y-$Ebene, für die diese Gleichung richtig ist, sind in Abb. 2.3-2 dargestellt. Man beachte: Es handelt sich hier nicht um eine *Funktion*, denn in diesem Fall dürfte es zu jedem $x-$Wert des Definitionsbereichs stets nur *einen* zugehörigen $y-$Wert geben, hier gibt es jedoch (fast) immer zwei Werte. Dies sieht man auch an der obigen Formel: Würde man durch Wurzelziehen nach y auflösen versuchen, so könnte man auf der rechten Seite sowohl $\sqrt{x^3 - 7x + 9}$ als auch $-\sqrt{x^3 - 7x + 9}$ wählen.

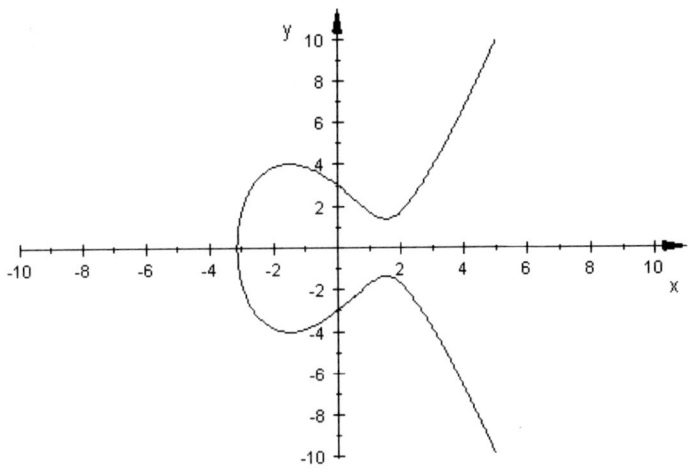

Abb. 2.3-2: Eine zusammenhängende elliptische Kurve.

Nicht immer besteht eine elliptische Kurve aus *einem* Stück, wie man am nächsten Beispiel sieht: Zu der Gleichung

$$y^2 = x^3 - 6x + 4$$

gehört die in Abb. 2.3-3 dargestellte Kurve. Dass es beispielsweise keinen Kurvenpunkt mit x–Koordinate 1 geben kann, sieht man leicht ein: Für $x = 1$ ergibt die rechte Seite der Gleichung den Wert -1, und dies kann nicht gleich y^2 sein!

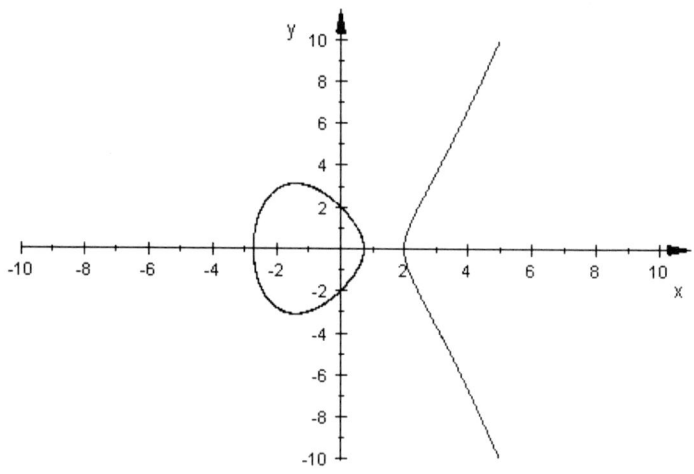

Abb. 2.3-3: Eine zweiteilige elliptische Kurve.

Allgemein wird eine solche elliptische Kurve über den reellen Zahlen durch eine Gleichung der Form

$$y^2 = x^3 + ax + b$$

beschrieben, wobei a und b beliebige feste reelle Zahlen sind, für die allerdings aus gewissen technischen Gründen $4a^3 + 27b^2 \neq 0$ vorausgesetzt werden muss.

elliptische Kurve als abelsche Gruppe

Entscheidend ist nun, dass man den Punkten auf einer solchen elliptischen Kurve die Struktur einer **abelschen Gruppe** geben kann. Anders gesagt: Man kann zwei beliebige solcher Punkte »addieren« und erhält als Ergebnis einen weiteren Punkt der Kurve. (Damit alles klappt, muss man noch künstlich einen »unendlich fernen Punkt« $\mathcal{O}$ hinzunehmen, der als neutrales Element der Gruppe fungiert.)

In Abb. 2.3-4 ist illustriert, wie man sich die »Summe« zweier Kurvenpunkte im einfachsten Fall geometrisch vorstellen kann: Die Punkte P und Q werden durch eine Gerade verbunden, deren dritter Schnittpunkt mit der Kurve wird an der x–Achse gespiegelt mit dem Ergebnis $R = P + Q$.

Die Koordinaten des Punktes R lassen sich auch rechnerisch aus denen der Punkte P und Q bestimmen, doch diese Details werden hier nicht weiter betrachtet.

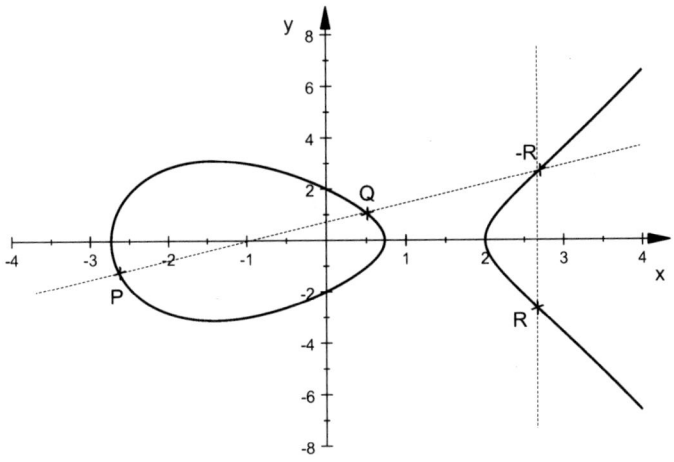

Abb. 2.3-4: Summe zweier Punkte einer elliptischen Kurve.

Wie kann man mithilfe elliptischer Kurven Einwegfunktionen finden, die für kryptographische Zwecke zu gebrauchen sind?

Einwegfunktionen mit elliptischen Kurven

Entscheidend ist die folgende Beobachtung:

▧ Zu gegebener elliptischer Kurve und gegebenem Punkt P auf dieser Kurve ist es einfach, den Punkt $k \cdot P = P + P + \dots + P$ (k *mal*) zu bilden, jedoch sehr schwierig, bei gegebenem P und $Q = k \cdot P$ auf k zu schließen.

Statt über den rellen Zahlen $\mathbb{R}$ kann man elliptische Kurven auch über beliebigen **endlichen Körpern** betrachten, d. h. sowohl die Koeffizienten a und b als auch die Koordinaten

endliche elliptische Kurven

x und y der Kurvenpunkte werden aus einem endlichen Körper F entnommen. Für Anwendungen sind dabei besonders Körper der Form $\mathbb{F}_{2^n}$ interessant, da hier die Elemente direkt zu Bitfolgen korrespondieren und in diesen Körpern schnell gerechnet werden kann.

ECDLP   Das angesprochene Problem der Bestimmung von k bei gegebenem $k \cdot P$ ist für endliche Körper unter dem Namen ECDLP (steht für: *Elliptic Curve Discrete Logarithm Problem*) bekannt. Hierauf beruhen mehrere bekannte asymmetrische Verschlüsselungsverfahren, Beispiele sind das *ElGamal EC Cryptosystem* und das *Menezes-Vanstone EC Cryptosystem*. Auf weitere Details wird hier nicht eingegangen.

Es sind eine Reihe kommerzieller Anwendungen von EC-Kryptosystemen verfügbar. Interessanterweise kommt man dabei – verglichen z. B. mit dem **RSA**-Verfahren – mit vergleichsweise kurzen Schlüsseln aus: Während für RSA heute eine Schlüssellänge von mindestens 2048 Bits für notwendig gehalten wird, bietet ein EC-Kryptosystem mit nur ca. 160 Bits eine vergleichbare Sicherheit.

2.3.4 Die Digitale Unterschrift *

Die digitale Unterschrift basiert auf asymmetrischen Verfahren, bei denen jedem Teilnehmer zwei unterschiedliche Schlüssel zugeordnet sind: ein öffentlicher und ein privater Schlüssel. Beim Unterschreiben bedient man sich des eigenen privaten Schlüssels.

Bei der **digitalen Unterschrift** geht es darum, dass eine Person einem Datensatz weitere Daten (also eine Folge von Bits und Bytes) hinzufügt, die als persönliche Unterschrift aufgefasst werden können.

Beispiel   Herr E. Mustermann möchte eine von ihm verfasste Winword-Datei per E-Mail-Anhang verschicken. Dabei soll der Empfänger sicher sein können, dass die Datei wirklich von Herrn Mustermann stammt – er möchte die Datei *unterschreiben.*

Wie könnte in dem Beispiel eine Unterschrift aussehen?

Eine Möglichkeit wäre es sicher, aus der handschriftlichen Unterschrift per Scanner ein Bild (z. B. im GIF-Format) zu er-

zeugen (siehe Abb. 2.3-5) und diese Datei am Ende des Win-
word-Dokuments einzufügen.

Abb. 2.3-5: Eine gescannte handschriftliche Unterschrift .

Das Problem hierbei: Jeder, der in den Besitz dieser Winword-Datei gerät, kann das GIF-Bild daraus extrahieren und
als »Unterschrift« von Herrn Mustermann unter eine beliebige andere Datei setzen. Diese Lösung muss also verworfen
werden.

An digitale Unterschriften sind offenbar die folgenden Anforderungen zu stellen:

Anforderungen

- Nur der Unterschreibende sollte die Unterschrift (also
  die betreffenden Bits und Bytes) herstellen können.
- Jeder soll feststellen können, ob die behauptete Unterschrift wirklich von demjenigen stammt, von dem dies
  behauptet wird.
- Es soll nicht möglich sein, eine echte digitale Unterschrift als Bitfolge zu kopieren und unter einen anderen
  Datensatz zu setzen, so dass dieser dann fälschlich auch
  als unterschrieben gilt.

Auf den ersten Blick macht besonders die dritte Forderung
Sorgen: Wenn die digitale Unterschrift nichts als eine weitere Bitfolge ist, dann können diese Bits doch sicher kopiert
und in böser Absicht unter ein anderes Dokument gesetzt
werden – oder nicht? Die Lösung liegt darin, dass die digitale Unterschrift keine *feste* Bitfolge ist, sondern je nach
unterschriebenem Datensatz variiert.

Wenn Sie sich nun die ersten beiden Anforderungen noch
einmal vergegenwärtigen und auf der anderen Seite bereits
»Asymmetrische Kryptosysteme«, S. 69 bearbeitet haben,
wird Ihnen die entscheidende Idee für die Umsetzung digitaler Unterschriften sicher bereits gekommen sein:

die Idee   ▨ Der Unterschreibende verwendet seinen eigenen privaten Schlüssel, um aus dem zu unterschreibenden Datensatz die Unterschrift zu erzeugen – mit dem öffentlichen
Schlüssel, der dazu passt, kann jeder die Unterschrift auf
Echtheit überprüfen.

Beispiel   Wie in »Das RSA-Verfahren«, S. 75, nachzulesen, wird dieses (wie jedes asymmetrische) Verschlüsselungsverfahren angewendet, indem die Daten mit dem öffentlichen
Schlüssel des Adressaten verschlüsselt werden. Dieser
kann mit seinem geheimen Schlüssel wieder entschlüsseln. Beim RSA-Verfahren klappt dies auch umgekehrt
(dies ist nicht bei jedem asymmetrischen Verschlüsselungsverfahren der Fall): Sie können vorliegende Daten
mit Ihrem eigenen privaten Schlüssel »entschlüsseln«, obwohl sie gar nicht verschlüsselt waren – der dabei herauskommende »Datensalat« kann mit dem zugehörigen öffentlichen Schlüssel wieder in die Originaldaten verwandelt werden. Entscheidend ist: *Diesen* Datensalat können
nur *Sie* erzeugt haben, insofern kann er als Ihre Unterschrift unter den Datensatz angesehen werden.

Wenn wie im letzten Beispiel beschrieben die »Entschlüsselung mit RSA« als digitale Unterschrift fungiert, gibt es ein
grundsätzliches Problem:

▨ Die Unterschrift ist genauso lang wie die Originaldaten
(gemeint ist: besteht als Datensatz aus der gleichen Anzahl von Bytes).

Hashfunktion   Für ein Winword-Dokument aus 100 Seiten bestünde also
die Unterschrift aus noch einmal derselben Datenmenge! Da
dies nicht wünschenswert ist, wendet man *vor dem Unterschreiben* auf die zu unterschreibenden Daten erst einmal
eine Komprimierungsfunktion an, die man in diesem Kontext **Hashfunktion** nennt. Eine solche Hashfunktion muss
selbstverständlich wiederum gewisse Anforderungen erfüllen, damit diese nicht einen Schwachpunkt bei den digitalen Unterschriften darstellt – dazu gibt es einen eigenen Abschnitt: »Hashfunktionen«, S. 91.

Die Erstellung einer digitalen Unterschrift ist nun in Abb.
2.3-6 beschrieben. Wie Sie sehen, nennt man das Ergebnis der Komprimierung der Originaldaten auch *Message Di-*

gest. Dieser Datensatz ergibt, durch Anwendung des jeweils eingesetzten asymmetrischen Verfahrens mit dem privaten Schlüssel des Unterschreibenden, die digitale Unterschrift. Diese Unterschrift kann an die ursprünglichen Daten (z. B. die 100 Seiten Winword-Datei) angefügt werden.

Man beachte: Die Originaldaten können nicht aus der digitalen Unterschrift allein rekonstruiert werden – sie bilden vielmehr mit der Unterschrift *zusammen* den unterschriebenen Datensatz. Auch sind die Originaldaten zunächst einmal nicht verschlüsselt – es ist hier nur die Rede von der digitalen Unterschrift gewesen. Selbstverständlich kann man das unterschriebene Dokument *zusätzlich* noch verschlüsseln (mit irgendeinem Verschlüsselungsverfahren), jedoch hat dies nichts mit der Funktionalität der digitalen Unterschrift zu tun.

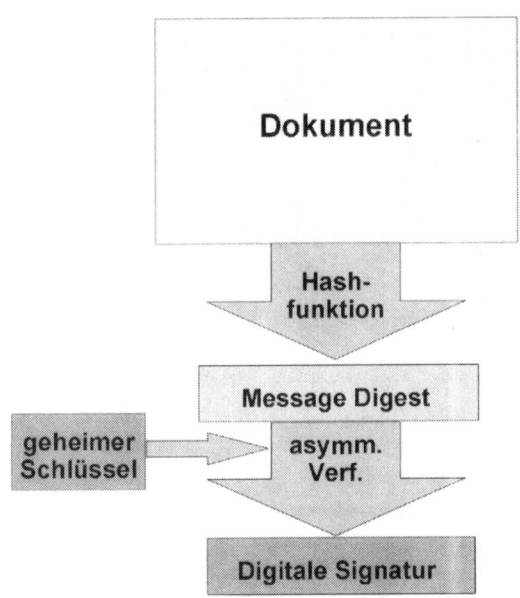

Abb. 2.3-6: So funktioniert die digitale Unterschrift.

In Abb. 2.3-7, ist der Ablauf bei der Prüfung der digitalen Unterschrift dargestellt – der Prüfende muss den öffentlichen Schlüssel derjenigen Person einsetzen, die die Unterschrift angeblich erstellt hat. Da die Hashfunktion allgemein be-

kannt (d. h. in den entsprechenden Geräten implementiert)
ist, besteht die Prüfung in dem Test, ob »Hashen« der Originaldaten und Anwendung des öffentlichen Schlüssels auf
die (angebliche) Unterschrift denselben Datensatz ergeben.

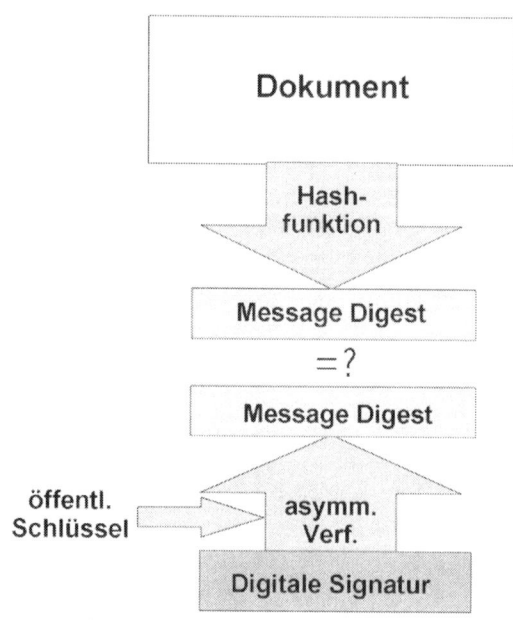

Abb. 2.3-7: Verifikation einer digitalen Unterschrift.

Zertifikate
& PKI

Damit dies alles funktioniert, muss natürlich sichergestellt
sein, dass man sich immer die *korrekten öffentlichen Schlüssel* besorgen kann – auch hier könnte einem eine Fälschung
untergeschoben werden, so dass man eine gefälschte digitale Unterschrift als echt ansieht! Für dieses Problem gibt es
die Zertifikate:

Ein **Zertifikat** ist – verkürzt ausgedrückt – eine Art »Beglaubigung« für einen öffentlichen Schlüssel. Technisch steckt
dahinter, dass eine vertrauenswürdige Instanz (z. B. der Bundesinnenminister) den öffentlichen Schlüssel einer Person *A*
digital unterschreibt – der gesamte Datensatz aus öffentlichem Schlüssel von *A*, Unterschrift des Bundesinnenminis-
ters und einigen weiteren Daten ist dann das Zertifikat dieses öffentlichen Schlüssels.

In »Zertifikate«, S. 116, sind der Aufbau und die Verwendung von Zertifikaten genauer erläutert.

Der Vollständigkeit halber sollen drei weitere Begriffe erwähnt werden, die in diesem Kontext wichtig sind:

Zertifizierungsstelle PKI Trust Center

- Instanzen, die Zertifikate ausstellen, werden Zertifizierungsstellen genannt. Wenn man die Digitale Signatur entsprechend dem deutschen Signaturgesetz (mit höchster Sicherheitsstufe) verwenden will, muss man bei einer akkreditierten Zertifizierungsstelle ein Zertifikat beantragen.

- In der Praxis gibt es eine hierarchische Struktur von Zertifizierungsstellen, so dass ein öffentlicher Schlüssel auch von einer Instanz zertifiziert sein kann, deren öffentlicher Schlüssel wiederum von einer höheren Instanz zertifiziert ist usw. Es sind aber auch andere (nicht-hierarchische) Geflechte möglich. Allgemein spricht man von einer **Public Key Infrastruktur** (kurz: PKI).

- Die privaten Schlüssel werden in der Regel auf einer Chipkarte PIN-geschützt aufbewahrt. Die Instanzen, die passende Schlüsselpaare erzeugen, die Chipkarten an die Benutzer aushändigen usw. werden *Trust Center* genannt. In der Regel agiert ein Trust Center auch als Zertifizierungsstelle.

Sollen digital unterschriebene elektronische Dokumente archiviert werden, so stellen sich einige zusätzliche Probleme – in »Archivierung digitaler Dokumente«, S. 87, ist dies kurz erläutert.

Wie bereits erwähnt, kann für digitale Unterschriften beispielsweise das **RSA**-Verfahren verwendet werden. Die USA haben einen eigenen *Digital Signature Standard* (DSS) festgelegt, der einen *Digital Signature Algorithm* (**DSA**) verwendet. DSA basiert auf dem Problem des diskreten Logarithmus und wird in einem eigenen Abschnitt vorgestellt – siehe »Der Digital Signature Algorithm«, S. 96.

2.3.4.1 Box: Archivierung digitaler Dokumente *

Zunehmend wird in der Industrie wie im öffentlichen Sektor dazu übergegangen, wichtige Dokumente in digitaler Form zu archivieren. Dies trägt der Tatsache Rechnung, dass heu-

te die meisten Dokumente ohnehin in digitaler Form vorliegen, zudem ist eine digitale Archivierung platz- und kos-
tensparend. Um Manipulationen zu verhindern bzw. zu erkennen, müssen wichtige Dokumente dazu digital signiert
werden.

Probleme
digitaler
Archivierung

Sinn einer Archivierung ist es, auch nach längerer Zeit noch
auf die entsprechenden Dokumente zugreifen zu können. So
gibt es beispielsweise im deutschen Gesundheitswesen die
Vorschrift, Dokumente 30 Jahre lang aufzubewahren.

In dieser grundsätzlichen Situation steht man nun vor zwei
Problemen:

- Gängige Computerprogramme und Dateiformate werden
  im Laufe der Zeit immer wieder verändert, so dass darauf
  geachtet werden muss, dass archivierte Dateien später
  noch gelesen werden können.

- Die Sicherheit und Unmanipulierbarkeit einer digitalen
  Unterschrift kann nicht auf Jahrzehnte im Voraus garantiert werden, da Computer immer leistungsfähiger werden (und so Systeme möglicherweise »geknackt«werden
  können) und die zugrunde liegenden kryptologischen
  Verfahren durch neue mathematische Erkenntnisse kom-
  promittiert werden können.

Beispiel-
lösung
ArchiSig

In einem unter Federführung des Fraunhofer-Instituts für Sichere Informationstechnologie – SIT – durchgeführten und
vom Bundeswirtschaftsministerium geförderten Projekt namens ArchiSig wurde ein Verfahren entwickelt, welches die
erneute Signierung digital archivierter Dokumente erlaubt
und zudem leicht in bestehende Dokumenten-Management-
Systeme integriert werden kann. Das entsprechende entwickelte Softwarepaket trägt den Namen ArchiSoft.

Die ArchiSig-Ergebnisse haben weltweit Beachtung gefunden
und wurden im Jahre 2007 von der *Internet Engineering Task
Force* (IETF) unter der Bezeichnung *Long-Term Archiving and
Notary Service/Evidence Record Syntax* als Standard verab-
schiedet. Mittlerweile sind eine Reihe ArchiSig-konformer
Produkte am Markt verfügbar.

Die Funktionsweise von ArchiSig bzw. ArchiSoft beruht im
Grunde auf zwei »Tricks«:

Abb. 2.3-8: ArchiSig-Logo.

▨ Die Aktualisierung erfolgt durch Zeitstempel, d. h.
durch digitale Unterschriften des gesamten Dokuments
einschließlich früherer Signaturen (»Übersignierung«), in
denen der Zeitpunkt ihrer Erstellung mit festgehalten ist.

▨ Damit mehrere Dokumente zusammen übersigniert werden können, werden diese in einem Baum hierarchisch
angeordnet, und es werden Hashwerte (siehe dazu auch
»Hashfunktionen«, S. 91) so gebildet, dass nur der zur
Wurzel des Baumes gehörende Datensatz mit einem Zeitstempel versehen werden muss.

2.3.4.2 Box: Blinde Signaturen **

Blinde Signaturen dienen dazu, digitale Unterschriften für
Daten zu erzeugen, ohne dass der Unterschreibende diese
Daten zur Kenntnis nimmt oder speichert. Dies kann bei di-
gitalem Geld oder bei Online-Wahlen verwendet werden.

Wenn Sie etwas unterschreiben, wollen Sie selbstverständlich wissen, *was* Sie unterschreiben. Es gibt jedoch auch An-
wendungsszenarien, bei denen von dieser Selbstverständlichkeit abgewichen wird.

Unter einem Verfahren zur Erzeugung blinder Signaturen
versteht man ein Protokokoll, in dem eine Instanz A einem
Unterzeichner B einen Datensatz so vorlegen kann, dass

*blinde
Signaturen*

▨ B diesen Datensatz nicht zu sehen bekommt und
▨ A in den Besitz der gültigen digitalen Unterschrift von B
unter diesen Datensatz gerät.

Wenn man im täglichen Leben etwas »blind« unterschreibt,
liegt dies in der Regel an einer gewissen Nachlässigkeit: Das
Dokument ist zu unwichtig, als dass sich die Mühe des sorgfältigen Lesens lohnen würde. Anders bei der digitalen blin-
den Signatur: Der Unterschreibende soll das Dokument gar
nicht lesen *können*, selbst wenn er es wollte! Da auf der anderen Seite die digitale Unterschrift immer vom zu unter-

schreibenden Datensatz abhängt (siehe dazu »Die Digitale Unterschrift«, S. 82), scheint dies auf den ersten Blick ein Widerspruch zu sein.

Eine Lösung, die auf den bekannten Kryptologen David Chaum zurück geht und sich des **RSA**-Verfahrens bedient (siehe »Das RSA-Verfahren«, S. 75), wird nun beschrieben.

blinde Signatur
mit RSA

Der Datensatz m (es kann sich etwa um ein Dokument oder eine Nachricht handeln) einer Instanz (Person) A soll von B blind signiert werden. Die RSA-Parameter von B seien n, e (öffentlicher Schlüssel) und d (geheimer Schlüssel).

A wählt zunächst eine Zufallszahl r, die teilerfremd zu n ist, und bildet die Potenz mit e modulo n. Der resultierende Wert

$$x = m \cdot r^e (\text{mod } n)$$

wird B zur Unterschrift vorgelegt. (Man beachte, dass B nicht in der Lage ist, von x auf m zu schließen.) B unterschreibt nun x mit seinem geheimen Schlüssel, d. h. durch Potenzierung mit d:

$$y = x^d (\text{mod } n)$$

Das Ergebnis y wird an A zurückgegeben. A bildet nun

$$z = y \cdot r^{-1} (\text{mod } n).$$

z ist tatsächlich das durch B unterschriebene m, wie leicht nachzurechnen ist:

$$z = y \cdot r^{-1} = x^d \cdot r^{-1} = (m \cdot r^e)^d \cdot r^{-1}$$
$$= m^d \cdot r^{ed} \cdot r^{-1} = m^d \cdot r \cdot r^{-1} = m^d (\text{mod } n)$$

Eine überzeugende Anwendung blinder Signaturen ist die Erzeugung elektronischer Münzen: Die Echtheit einer Münze wird durch die blinde Signatur der ausgebenden Bank gewährleistet; da die Inhaltsdaten von Münze zu Münze variieren und die Bank sich diese Daten nicht gemerkt hat, kann mit der elektronischen Münze – wie vom üblichen Bargeld gewohnt – anonym eingekauft werden.

elektronische
Münzen

Beim Schema für elektronische Münzen nach David Chaum besitzt die Bank für jeden Münzwert einen RSA-Schlüsselsatz (e, d, n) wie oben. Ferner muss es eine allgemeine Vereinbarung geben, nach der man eine echte elektronische 5-Euro-Münze erkennt; beispielsweise mag vereinbart sein, dass nach der Entschlüsselung mit dem öffentlichen Schlüssel e der Bank der herauskommende Datensatz aus zwei identischen Hälften besteht.

Angenommen, Kunde A möchte von der Bank B eine 5-Euro-Münze erhalten. Er wählt nun zufällig eine Zahl w (sozusagen das »Rohmaterial« der Münze), die als Bitfolge aus zwei identischen Hälften besteht und als Zahl kleiner als n ist. A lässt w von der Bank B blind signieren und erhält die Münze z. Mit dieser Münze kann A anonym einkaufen, und jeder kann mit dem öffentlichen Schlüssel von B (also der Bank) die Echtheit der Münze überprüfen.

Bei einem Münzsystem wie im Beispiel beschrieben muss es zusätzlich einen Mechanismus geben, der sicherstellt, dass eine bestimmte Münze nicht mehrmals ausgegeben werden kann. Ein solches Münzsystem ist vor einigen Jahren von der Deutschen Bank unter dem Namen **Ecash** erprobt worden, jedoch wurden die Versuche mangels genügender Akzeptanz durch die Kunden wieder eingestellt.

Blinde Signaturen können auch bei elektronischen Wahlen eingesetzt werden – sie dienen dort dazu, anonyme echte Wahlzettel zu erzeugen. Damit auch die Stimmabgabe anonym ist, können **MIXe** eingesetzt werden (siehe »Das Mix-Konzept«, S. 273).

2.3.5 Hashfunktionen *

Hashfunktionen sind besondere Einwegfunktionen. Sie werden dazu verwendet, einen »digitalen Fingerabdruck« großer Datenmengen zu erzeugen, was unter anderem bei der Bildung der digitalen Unterschrift eingesetzt werden kann.

Wie in »Die Digitale Unterschrift«, S. 82, beschrieben, ist es zweckmäßig, digitale Daten, die unterschrieben werden sollen, vorher auf eine einheitliche Länge zu komprimieren und nur das Komprimat zu unterschreiben. Da die Unterschrift im Wesentlichen durch Verschlüsselung mit dem privaten Schlüssel des Unterschreibenden erzeugt wird, kann so sichergestellt werden, dass auch die Unterschrift eine beschränkte einheitliche Länge aufweist – selbst wenn die unterschriebenen Daten aus mehreren MegaByte bestehen. Anders als bei den bekannten Kompressionsverfahren (wie z. B. ZIP) kommt es hier allerdings nicht darauf an, die ursprünglichen Daten aus dem Komprimat wieder herstellen zu können. Daher spricht man auch nicht von einer Komprimierungs-, sondern von einer **Hashfunktion**, das Ergebnis wird digitaler Fingerabdruck (der Daten), kryptografische Prüfsumme oder auch *Message Digest* genannt.

Bei Hashfunktionen ist die folgende Bezeichnung üblich:

Die Hashfunktion h bildet eine beliebig große Datenmenge M (präziser: eine beliebig lange Bitfolge) auf eine Bitfolge der einheitlichen Länge m ab. (Typischerweise ist $m = 128$, $m = 160$ oder $m = 256$. Auch größere Werte sind möglich.)

Anforderungen an Hash- funktionen Die folgenden Anforderungen müssen an eine Hashfunktion gestellt werden:

- Zu gegebenem M ist es leicht, $h(M)$ zu berechnen.
- Zu vorgegebenem Hashwert x ist es schwer (d. h. sehr aufwendig, noch besser: praktisch unmöglich), ein M mit $h(M) = x$ zu finden.
- Zu gegebenem M ist es schwer, ein davon verschiedenes M' zu finden mit $h(M) = h(M')$.

Dass diese Anforderungen nötig sind, leuchtet unmittelbar ein, wenn man sich die Funktionsweise der digitalen Unterschrift (siehe »Die Digitale Unterschrift«, S. 82) vor Augen hält. Die zweite und dritte Anforderung sorgen dafür, dass eine digitale Unterschrift nicht ohne weiteres gefälscht werden kann.

Die dritte Anforderung wird mitunter in der folgenden stärkeren Form formuliert, die man auch als Kollisionsresistenz bezeichnet:

- Es ist schwer, zwei unterschiedliche M und M' zu finden mit $h(M) = h(M')$.

Die Untersuchung geeigneter Hashfunktionen bildet einen wichtigen Zweig der Kryptologie.

Eine Reihe von Hashfunktionen befindet sich in der praktischen Anwendung. Zu den bekanntesten zählt die Hashfunktion **MD5** (MD steht dabei für *Message Digest*), die von dem bekannten Kryptologen Ron Rivest entwickelt wurde. Aufgrund einiger gefundener Schwächen wird jedoch die Verwendung von MD5 mittlerweile nicht mehr empfohlen. In dieser Frage ist man sehr streng: Bei einer Hashfunktion spricht man bereits dann von einer »Schwäche«, wenn nur *ein* Paar M, M' mit gleichem Hashwert gefunden wurde.

Als sicher galt lange die Hashfunktion *Secure Hash Algorithm* (SHA), deren Abkömmling **SHA-1** im amerikanischen *Digital Signature Standard* verwendet wird. Aktuell befindet sich SHA-3 in der Standardisierung – mehr dazu in »Secure Hash Algorithm«, S. 93, wo die Funktionsweise von SHA detailliert beschrieben ist.

2.3.5.1 Box: Secure Hash Algorithm **

Bei dem Algorithmus **SHA** samt seinen Abkömmlingen handelt es sich um die weltweit am häufigsten eingesetzte Hashfunktion.

Im Folgenden wird die Funktionsweise des ursprünglichen Algorithmus SHA, der 1993 vorgestellt wurde, detailliert beschrieben.

Ausgegangen wird von einer Nachricht M beliebiger Länge in Bits.

SHA

Zunächst wird die Nachricht so aufgefüllt, dass danach die Länge ein Vielfaches von 512 Bit beträgt. Dazu wird zuerst eine Eins angehängt, und danach so viele Nullen, dass die Länge einem Vielfachen von 512 minus 64 Bit entspricht. Am Schluss wird eine 64-Bit-Darstellung der Länge der Nachricht (vor dem Auffüllen) angehängt.

Diese Regeln für das Auffüllen führen dazu, dass ein zusätzlicher 512-Bit-Block angehängt wird, wenn der ursprünglichen Nachricht nur 65 oder weniger Bits an einem Vielfachen von 512 fehlen.

Nun werden im allerersten Schritt fünf Variablen A, B, C, D und E der Länge 32 Bit folgendermaßen initialisiert (angegeben sind HEX-Werte):

$$A = 67452301$$

$$B = efcdab89$$

$$C = 98badcfe$$

$$D = 10325476$$

$$E = c3d2e1f0$$

Der Algorithmus benutzt jetzt nacheinander jeweils einen 512-Bit-Block, um daraus jeweils fünf 32-Bit-Blöcke a, b, c, d und e zu produzieren, die zu den Variablen A bis E addiert werden. Nach der Verarbeitung des letzten 512-Bit-Blocks bildet die Verkettung der zuletzt erhaltenen Werte für A bis E das SHA-Ergebnis als Block von 160 Bits.

Bevor der Produktionsprozess für a bis e genauer beschrieben wird, werden nun einige Fuktionen und Bezeichnungen eingeführt, auf denen die weiteren Schritte beruhen. Für $t = 0$ bis 79 werden Funktionen f_t definiert, die jeweils auf drei 32-Bit-Blöcke X, Y, Z angewendet werden:

$$f_t(X, Y, Z) = (X \wedge Y) \vee ((\neg X) \wedge Z) \text{ für } t = 0 \text{ bis } 19$$

$$f_t(X, Y, Z) = X \oplus Y \oplus Z \text{ für } t = 20 \text{ bis } 39$$

$$f_t(X, Y, Z) = (X \wedge Y) \vee (X \wedge Z) \vee (Y \wedge Z) \text{ für } t = 40 \text{ bis } 59$$

$$f_t(X, Y, Z) = X \oplus Y \oplus Z \text{ für } t = 60 \text{ bis } 79$$

Ferner werden im Algorithmus vier Konstanten benutzt:

$$K_t = 5a827999 \text{ für } t = 0 \text{ bis } 19$$

$$K_t = 6ed9eba1 \text{ für } t = 20 \text{ bis } 39$$

$$K_t = 8f1bbcdc \text{ für } t = 40 \text{ bis } 59$$

$$K_t = ca62c1d6 \text{ für } t = 60 \text{ bis } 79$$

Nun zurück zum eigentlichen Ablauf.

Die Verarbeitung eines 512-Bit-Blocks beginnt damit, dass die Werte a bis e mit den aktuellen Werten von A bis E initialisiert werden. Die weitere Verarbeitung, an deren Ende neue Werte für a bis e stehen, geschieht in 80 »Runden«. Dazu wird zunächst der Nachrichtenblock M_0 bis M_{15}, wobei jedes M_i ein 32-Bit-Wort ist, gemäß der folgenden Regeln in 32-Bit-Wörter W_0 bis W_{79} umgewandelt:

$$W_t = M_t \text{ für } t = 0 \text{ bis } 15$$

$$W_t = (W_{t-3} \oplus W_{t-8} \oplus W_{t-14} \oplus W_{t-16}) <<< 1 \text{ für } t = 16 \text{ bis } 79$$

(Wie üblich steht $<<<i$ für eine zyklische Linksverschiebung um i Bits.) Die 80 eigentlichen Runden sehen nun folgendermaßen aus:

Für $t = 0$ bis 79

$$TEMP = (a <<< 5) + f_t(b, c, d) + e + W_t + K_t$$
$$e = d$$
$$d = c$$
$$c = b <<< 30$$
$$b = a$$
$$a = TEMP$$

Der Ablauf einer Runde ist in Abb. 2.3-9 illustriert. (Um die Veränderung der Werte für a bis e zu verdeutlichen, sind dabei Indizes $i - 1$ und i verwendet.)

SHA ähnelt im Ablauf sehr der Hashfunktion **MD5**, wobei MD5 in der Vergangenheit ebenfalls in zahlreichen praktischen Anwendungen benutzt wurde. Beide Algorithmen folgen dem sogenannten Damgard-Merkle-Prinzip, nach dem in mehreren Runden ein 512-Bit-Abschnitt über Bitoperationen mit einem aktuellen Registerinhalt »verwürfelt« wird.

SHA-x

Nachdem Schwächen von **MD5** entdeckt wurden, wurde auch SHA im Jahre 1995 durch den Nachfolger SHA-1 ersetzt, der z. B. im amerikanischen DSA verwendet wird (siehe »Der Digital Signature Algorithm«, S. 96). SHA-1 ist bisher das weltweit am meisten verbreitete kryptographische Hashverfahren. Später hat es weitere Varianten gegeben, die auch längere Output-Längen als 160 Bits produzieren (z. B. SHA-256 und SHA-512).

Das amerikanische *National Institute of Standards of Technology* (NIST) startete im Jahre 2007 eine weltweite Initiative zur Entwicklung eines Nachfolgers SHA-3, der nicht mehr auf dem Damgard-Merkle-Prinzip beruhen sollte. Ein ähnliches Verfahren hatte bereits zur Auswahl des *Advanced Encryption Standard* (AES) geführt – siehe »Das AES-Verfahren«, S. 51. Die Wahl fiel im Jahre 2012 auf einen Algorithmus namens Keccak, der als SHA-3 standardisiert wurde.

SHA-3

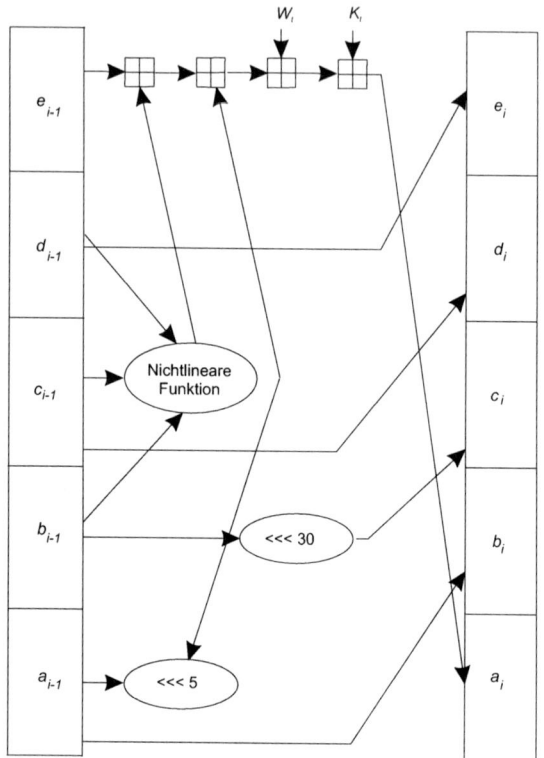

Abb. 2.3-9: Eine Runde bei SHA.

2.3.6 Der Digital Signature Algorithm **

Der *Digital Signature Algorithm* ist die Basis des in den USA verwendeten *Digital Signature Standard* zur Erstellung digitaler Unterschriften. Seine Sicherheit beruht auf der Schwierigkeit, diskrete Logarithmen effizient zu berechnen.

DSA ist eine Variante von Unterschriftsalgorithmen nach Schnorr und ElGamal, die auf der Verwendung asymmetrischer Schlüsselpaare gründen, jedoch nicht – wie beim RSA-Verfahren – auf der Idee basieren, ein **asymmetrisches Verschlüsselungsverfahren** quasi »umgekehrt anzuwenden«. Grundprinzip bleibt selbstverständlich, dass zur Erstellung einer Unterschrift der eigene private Schlüssel verwendet werden muss. (Um diese beiden Eingangssätze verstehen zu können, sollten Sie vorher »Das RSA-Verfahren«, S. 75, und »Die Digitale Unterschrift«, S. 82, gelesen haben.)

Es werden nun die Parameter und Hilfsmittel zur Erzeugung von Schlüsseln beschrieben.

Parameter und Schlüssel

Gegeben sei eine Primzahl p der Länge L Bit, wobei L ein Vielfaches von 64 ist und zwischen 512 und 1024 liegt. q sei ein 160 Bit langer Primfaktor von $p - 1$. (Da ein solcher nicht zwangsläufig existieren muss, ist p entsprechend zu wählen.)

Ferner sei nun

$$g = h^{\frac{p-1}{q}} \; mod \; p,$$

wobei h eine beliebige Zahl zwischen 1 und $p - 2$ ist, für die

$$h^{\frac{p-1}{q}} \; mod \; p,$$

größer als 1 ist.

Als privater Schlüssel wird nun ein x mit $0 < x < q$ gewählt. Als öffentlicher Schlüssel gehört dazu $y = g^x \; mod \; p$.

Die Werte p, q und g sind öffentlich bekannt und können für eine Gruppe von Benutzern gleich sein. Der öffentliche Schlüssel y ist selbstverständlich ebenfalls bekannt und variiert von Benutzer zu Benutzer.

Schließlich erfolgt noch die Festlegung auf **SHA-1** als Hashfunktion H.

Die Erstellung einer Unterschrift durch Person A mit den Schlüsseln x_A und y_A für eine Nachricht bzw. ein Dokument m verläuft nun folgendermaßen.

Erzeugung einer Unterschrift

A erzeugt zunächst eine Zufallszahl k zwischen 1 und $q - 1$. A berechnet nun die beiden Werte

$$r = (g^k \; mod \; p) \; mod \; q$$
$$s = (k^{-1}(H(m) + x_A r)) \; mod \; q.$$

r und s zusammen bilden die Signatur von m durch A.

In der obigen Formel für s ist mit k^{-1} selbstverständlich das multiplikative Inverse zu k modulo q gemeint! Das Gleiche gilt für s^{-1} in der Formel für w im nächsten Abschnitt.

Damit es sich um eine gültige Unterschrift handelt, müssen
offenbar notwendigerweise sowohl r als auch s zwischen 1
und $q-1$ liegen. Möchte jemand die Unterschrift auf Echtheit
überprüfen, so muss er sich den öffentlichen Schlüssel y_A
beschaffen und folgende Berechnungen durchführen:

$$w = s^{-1} \bmod q$$
$$u_1 = (H(m)w) \bmod q$$
$$u_2 = (rw) \bmod q$$
$$v = ((g^{u_1} y_A^{u_2}) \bmod p) \bmod q$$

Falls $v = r$ ist, so gilt die Unterschrift von A (unter m) als
verifiziert. (Dass dies Sinn ergibt, sollten Sie nachrechnen!
Sie müssen dabei den Satz von Euler benutzen – siehe »Das
RSA-Verfahren«, S. 75.)

Was die praktische Umsetzung dieses Algorithmus für digitale Unterschriften angeht, ist folgende Beobachtung interessant: Da der Wert r nur von der Zufallszahl k, nicht jedoch von der Nachricht m abhängt, können von A eine Reihe zusammengehörender Paare (k, r) im voraus berechnet
und gespeichert werden – dies kann die Erstellung der Unterschriften beschleunigen.

Ein Angreifer, der die Unterschrift von A fälschen möchte,
muss aus y_A, p, q und g den Wert x_A berechnen können. (Dass
er *nur so* die Zahl s berechnen kann, müsste allerdings separat bewiesen werden.) Es gilt offensichtlich

$$x_A = log_g y_a (\bmod p),$$

also ist der diskrete Logarithmus von y_A zur Basis g zu berechnen. Genau hierzu sind jedoch bislang keine effizienten
Verfahren bekannt. (Mehr über dieses Thema können Sie in
dem Buch [Lenz07] nachlesen.)

Ein Unbefugter sollte auch nicht die Zufallszahl k erraten
können – mit anderen Worten ist sicherzustellen, dass ein
guter Zufallszahlengenerator verwendet wird!

2.4 Box: Kryptographische Terminologie *

Unter einem **Verschlüsselungsverfahren** wird ein Algorithmus verstanden, mit dessen Hilfe eine Datemenge unter Verwendung eines **Schlüssels** in eine andere Datenmenge umgewandelt werden kann. Dabei muss es möglich sein, die ursprüngliche Datenmenge unter Ausnutzung der Kenntnis des (allgemeiner: eines dazu passenden) Schlüssels aus den verschlüsselten Daten zurückzugewinnen – ohne Schlüssel ist dies nur mit unvertretbar hohem Aufwand möglich.

Verschlüsselungsverfahren, Schlüssel

Verschlüsselung wird meist in der Form angewendet, dass eine Instanz *A* (das kann eine Person oder ein Computersystem sein) Daten für eine Instanz *B* (sozusagen der »Adressat« der verschlüsselten Daten) verschlüsselt, die ihrerseits zur Entschlüsselung in der Lage sein soll. Jedoch kann man auch die Daten auf seinem eigenen Computersystem verschlüsseln, dann ist sozusagen »*A=B*«.

Bei einem **symmetrischen Verschlüsselungsverfahren** wird für die Ver- und Entschlüsselung derselbe Schlüssel verwendet, d. h. *A* und *B* müssen diesen Schlüssel untereinander austauschen.

symmetrisch

Bei einem **asymmetrischen Verschlüsselungsverfahren** verfügen sowohl *A* als auch *B* über ein Schlüsselpaar aus öffentlichem und privatem Schlüssel, die für einen längeren Zeitraum (Jahre) den beiden Instanzen zugeordnet sein können. *A* verwendet zur Verschlüsselung den öffentlichen (d. h. allgemein bekannten) Schlüssel von *B*, und nur *B* kann die Daten mit seinem dazu passenden privaten Schlüssel entschlüsseln. Auch hier darf es nur mit unvertretbar hohem Aufwand möglich sein, aus einem öffentlichen Schlüssel den dazu passenden privaten Schlüssel zu berechnen.

asymmetrisch öffentlicher, privater Schlüssel

Unter einem **Public-Key-Verfahren** versteht man allgemein ein kryptographisches Verfahren, das auf der Verwendung öffentlicher und privater Schlüssel beruht. Asymmetrische Verschlüsselungsverfahren sind also spezielle Public-Key-Verfahren. Auch bei der **digitalen Unterschrift** werden Public-Key-Verfahren benutzt; Grundidee ist hierbei, dass der Unterschreibende seinen privaten Schlüssel für die Unterschrift einsetzt und jeder mithilfe des zugehörigen öffentlichen Schlüssels die Unterschrift auf Echtheit prüfen kann.

Public-Key-Verfahren digitale Unterschrift

Einige asymetrische Verschlüsselungsverfahren (wie z. B. das **RSA**-Verfahren) funktionieren auch »umgekehrt« in dem Sinne, dass beliebige Daten zuerst mit einem privaten Schlüssel »entschlüsselt« (obwohl sie gar nicht verschlüsselt waren) und anschließend mit dem zugehörigen öffentlichen Schlüssel wieder in die ursprüngliche Form gebracht werden können. Ein solches Verfahren kann offenbar direkt für die digitale Unterschrift eingesetzt werden.

Einwegfunktion Weitere wichtige kryptographische Grundelemente sind Einwegfunktionen. Man nennt eine Funktion $f : X \to Y$ mit Definitionsbereich X und Wertebereich Y eine **Einwegfunktion**, wenn es zu gegebenem x aus X einfach ist (d. h. ohne großen zeitlichen oder sonstigen Aufwand), $f(x)$ zu berechnen, aber sehr aufwendig, zu $y \in Y$ ein Urbild x mit $f(x) = y$ zu finden.

Die Verschlüsselung mit einem öffentlichen Schlüssel ist »fast« eine Einwegfunktion: Es ist ohne großen Aufwand unmöglich, die ursprünglichen Daten wieder herzustellen – es sei denn, man ist im Besitz des zugehörigen privaten Schlüssels, der eine Art »Hintertür« darstellt. Man spricht daher in diesem Zusammenhang auch von **Falltürfunktionen** oder Einwegfunktionen mit Hintertür bzw. Trap-Door-Funktionen.

Hashfunktion **Hashfunktionen** sind spezielle Einwegfunktionen, die bei der Bildung der digitalen Unterschrift eingesetzt werden. Charakteristisches Merkmal einer Hashfunktion ist, dass beliebig lange Bitfolgen durch die Funktion auf Folgen einer festen Länge abgebidet werden.

»schwer« und »praktisch unmöglich« Da in der Kryptographie immer nur von *endlichen* Bitfolgen, die verschlüsselt werden sollen, und von *endlich* langen Schlüsseln etc. die Rede ist, kann man im Prinzip jedes Geheimnis »knacken«, denn zur Not können ja alle Möglichkeiten ausprobiert werden! (Dies nennt man eine **Brute-Force-Attacke**.) Kurz gesagt gilt in der Kryptographie: *Nichts ist unmöglich!*

Entscheidend ist jedoch, dass bestimmte Rechenprozesse *praktisch unmöglich* sind: Beispielsweise würde selbst ein Computersystem, das in jeder Sekunde eine Milliarde Schlüssel ausprobieren kann, bei 2^{128} Schlüsseln ca. 10^{22} Jahre benötigen!

Das meint man mit »praktisch unmöglich«, manchmal sagt man auch locker, ein gewisses Problem sei »schwer«.

Es liegt auf der Hand, dass sich mit stetig schneller werdenden Computersystemen der Begriff »praktisch unmöglich« immer mehr verschiebt. Dies ist der Grund dafür, dass tendenziell die verwendeten Schlüssellängen für Verschlüsselungen immer weiter wachsen.

2.5 Zero-Knowledge-Protokolle *

Das Grundprinzip eines Zero-Knowledge-Protokolls ist, dass jemand den Besitz eines Geheimnisses nachweist, ohne irgendwelche Informationen über dieses Geheimnis preiszugeben.

Wenn man irgendwo sein Passwort oder die eigene PIN eingibt, um sich Zugang zu einem Computersystem oder den Zugriff auf das eigene Konto zu verschaffen, besteht immer die Gefahr, dass das Geheimnis (also Passwort oder PIN) von jemandem abgefangen und anschließend missbräuchlich verwendet wird. Besser sind für die Authentifizierung sogenannte **Challenge-Response-Verfahren**, bei denen das eigene Geheimnis nicht direkt preisgegeben wird, sondern nur eine mithilfe des Geheimnisses gebildete Antwort *(response)* auf eine vom Gegenpart formulierte Herausforderung *(challenge)* – siehe auch »Authentifikation durch Wissen«, S. 129; allerdings kann auch hier ein Beobachter, der *mehrmals* die Antworten auf entsprechende Herausforderungen mitbekommt, irgendwann Schlüsse über das Geheimnis ziehen.

Erstaunlicherweise gibt es praktisch einsetzbare Verfahren, bei denen das Geheimnis nicht nur nicht preisgegeben wird, sondern der Beobacher nachweisbar *keinerlei Rückschlüsse* über das Geheimnis ziehen kann – man spricht von **Zero-Knowledge-Verfahren**. Ein solches Authentifizierungsverfahren kann man mit Recht »perfekt« nennen. Die Situation ist hier besser als bei der Verschlüsselung (siehe »Verschlüsselung«, S. 37): Dort gibt es ebenfalls ein perfektes Verfahren, den **One-Time-Pad**, dies ist jedoch nicht praktisch umsetzbar.

Anhand des oft verwendeten Beispiels der magischen Tür kann man das Zero-Knowlege-Prinzip gut verdeutlichen.

die magische
Tür

In Abb. 2.5-1 ist der Grundriss eines Gebäudes dargestellt. Person A verfügt über einen geheimen Zahlencode, mit dem die magische Tür geöffnet werden kann. Das Gebäude ist so konstruiert, dass die magische Tür vom Vorraum aus nicht gesehen werden kann, d. h. Person A kann dort völlig unbeobachtet den Zahlencode eingeben.

Person A kann nun mit dem folgenden Verfahren gegenüber einer Person B beweisen, dass sie im Besitz des richtigen Zahlencodes ist:

- A betritt von außen den Vorraum und schließt die Tür hinter sich. Danach wendet A sich rein zufällig nach rechts oder links, geht durch die entsprechende Tür und schließt diese hinter sich.

- Nun darf B von außen den Vorraum betreten. B sieht links und rechts eine geschlossene Tür und weiß nicht, durch welche A vorher gegangen ist. B wählt nun eine Seite aus und ruft so laut, dass A dies auf jeden Fall hören kann, »rechts« oder »links«. B erwartet nun, dass A auf der von ihm genannten Seite herauskommt.

- Falls sich Person A sowieso schon auf der von B gewünschten Seite befindet, kann A nun an dieser Seite herauskommen. Falls nicht, muss A mithilfe des Zahlencodes die magische Tür durchschreiten und kann folglich auch dann der Aufforderung von B nachkommen.

Wenn A auf der richtigen Seite herauskommt, kann B sich zu 50 % sicher sein, dass A den Zahlencode *wirklich* kennt – zu 50 % kann davon ausgegangen werden, dass A sich schon zufällig auf der richtigen Seite befand! Der Trick besteht nun darin, das Spielchen mehrmals durchzuführen: Wird das Verfahren t mal wiederholt, und kommt A immer auf der richtigen Seite heraus, so ist die Wahrscheinlichkeit nur noch $(1/2)^t$, dass A immer »Glück hatte« und *nicht* im Besitz des geheimen Codes ist! Bei $t = 10$ ist also beispielsweise diese Wahrscheinlichkeit nur noch ca. ein Promille.

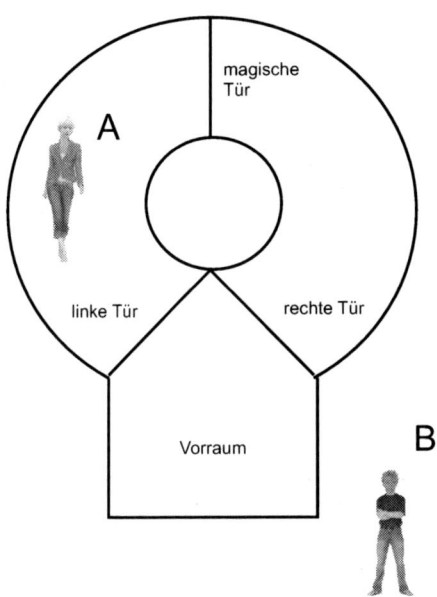

Abb. 2.5-1: Die magische Tür.

Beim Beispiel der magischen Tür liegt es auf der Hand, dass Person *B* keinerlei Informationen über den Zahlencode (das Geheimnis von *A*) erlangt. Durch Wiederholung des Verfahrens kann andererseits mit beliebig hoher Wahrscheinlichkeit sichergestellt werden, dass *A* wirklich im Besitz des Codes ist. Dies rechtfertigt zu sagen, das Verfahren habe die Zero-Knowledge-Eigenschaft.

Der Begriff der Zero-Knowledge-Eigenschaft kann allgemein präzise formuliert werden. Man muss dazu mathematische und komplexitätstheoretische Methoden vewenden, deren Behandlung dieses Buch sprengen würde.

Zero-Knowledge-Eigenschaft

Um noch einmal auf das Beispiel der magischen Tür zu kommen: Die präzise Definition beinhaltet, dass mit dem Verfahren *nur B* überzeugt werden kann, dass *A* im Besitz des Geheimnisses ist – aus Sicht eines weiteren Beobachters könnten *A* und *B* ja vorher abgesprochen haben, aus welchen Türen *A* herauskommen soll! Die formale Behandlung des Problems führt überraschenderweise auch dazu, dass die folgende Abwandlung zu einem einfacheren Verfahren, mit dem *A* den Besitz des geheimen Zahlencodes beweisen könnte, *nicht* die Zero-Knowledge-Eigenschaft hat:

▨ *A* geht einmal durch die rechte Tür und muss bei der linken herauskommen.

Insofern »hinkt« auch dieses Beispiel (wie alle Beispiele).

Das bekannteste Zero-Knowledge-Verfahren, welches in der Praxis tatsächlich verwendet wird, ist der Fiat-Shamir-Algorithmus, der in einem eigenen Abschnitt beschrieben ist (siehe »Der Fiat-Shamir-Algorithmus«, S. 104).

2.5.1 Box: Der Fiat-Shamir-Algorithmus **

Der Fiat-Shamir-Algorithmus ist ein **Zero-Knowledge-Verfahren**, das auf der Schwierigkeit beruht, Quadratwurzeln modulo *n* zu ziehen. Der Algorithmus wird in der Praxis angewandt.

Wie oft bei kryptographischen Algorithmen besteht auch dieser Algorithmus aus zwei Phasen, nämlich der Schlüsselerzeugungsphase und der Anwendungsphase. Es wird davon ausgegangen, dass Person *A* gegenüber anderen Personen die Kenntnis eines Geheimnisses nachweisen können soll, ohne dabei Informationen über dieses Geheimnis preiszugeben.

Schlüsselerzeugungsphase
In der Schlüsselerzeugungsphase bildet *A* aus niemandem sonst bekannten großen Primzahlen *p* und *q* deren Produkt $n = p \cdot q$, das öffentlich bekannt gemacht wird. Ferner wählt *A* eine Zahl *s* und bildet $v = s^2 (\mathrm{mod}\ n)$. *s* bleibt geheim, während *v* öffentlich ist. Da *s* aus *v* nicht ohne weiteres berechnet werden kann (*modulares Wurzelziehen ist schwer*), kann *s* als das Geheimnis von *A* dienen.

Anwendungsphase
A kann nun eine Person *B* davon überzeugen, eine Quadratwurzel (mod *n*) von *v* (nämlich *s*) zu kennen. Dazu führen *A* und *B* das folgende Protokoll durch:

▨ *A* wählt zufällig eine Zahl *r* zwischen 0 und $n - 1$ und quadriert diese mod *n*, bildet also $x = r^2 \bmod n$. *A* sendet den Wert *x* an *B*.

▨ *B* wählt zufällig ein Bit *b* (also 0 oder 1) und schickt dieses an *A*.

▒ Ist $b = 0$, so sendet A den Wert $y = r$ an B;
ist $b = 1$, so sendet A den Wert $y = rs \pmod{n}$ an B.

▒ B kann die Anwort von A verifizieren: Hat er vorher $b = 0$ geschickt, so muss $y^2 \pmod{n} = x$ sein; im Falle $b = 1$ muss $y^2 \pmod{n} = xv \pmod{n}$ gelten.

Wie man sieht, muss A nur im Falle $b = 1$ wirklich beweisen, s zu kennen. Ein sich als A ausgebender Betrüger könnte also mit Wahrscheinlichkeit $1/2$ – falls $b = 0$ geschickt wird – eine Runde überstehen. Durch mehrere Runden kann die Erfolgswahrscheinlichkeit eines Betrügers beliebig klein gemacht werden. Der Betrüger könnte sich auch auf $b = 1$ vorbereiten, indem er statt $x = r^2$ setzt $x = r^2/v$ und dies an B schickt – dann würde er aber bei $b = 0$ scheitern!

Zu beachten ist auch, dass A niemals eine bereits schon einmal verwendete Zufallszahl wieder benutzen darf, denn aus der Kenntnis von r und $r \cdot s$ kann s bestimmt werden.

Der Fiat-Shamir-Algorithmus wurde bereits bei den ersten Pay-TV-Systemen zur Identifizierung der echten Chipkarten gegenüber den Decodern eingesetzt. Dadurch konnte man erreichen, dass die Decoder keinerlei »Geheimnisse« enthalten mussten.

praktische Bedeutung

2.6 Schlüsselmanagement *

In den Kapiteln zur Verschlüsselung und zur digitalen Unterschrift werden sichere Verfahren vorgestellt, die ausnahmslos auf der Verwendung entsprechender Schlüssel beruhen (siehe »Verschlüsselung«, S. 37, und »Die Digitale Unterschrift«, S. 82).

Grundsätzlich gilt heute:

▒ Die Sicherheit kryptologischer Verfahren basiert ausschließlich auf der Sicherheit der eingesetzten Schlüssel – die Verfahren (Algorithmen) selbst sind öffentlich bekannt.

Somit dürfte klar sein, dass der sicheren Erzeugung, dem sicheren Austausch bzw. der sicheren Verteilung, der Speicherung, Zertifizierung, Archivierung bis hin zur Vernichtung von Schlüsseln eine große Bedeutung zukommt. Allgemein spricht man hier von **Schlüsselmanagement**.

2.6.1   Schlüsselerzeugung und -aufbewahrung *

Im Rahmen des Schlüsselmanagements kommt der sicheren Erzeugung und Aufbewahrung kryptographischer Schlüssel eine große Bedeutung zu.

In den Kapiteln zur Verschlüsselung und zur digitalen Unterschrift werden sichere Verfahren vorgestellt, die ausnahmslos auf der Verwendung entsprechender Schlüssel beruhen. Im vorliegenden Kapitel werden Schlüsselerzeugung und -aufbewahrung behandelt.

Schüsselerzeugung durch natürliche Ereignisse

Wenn man einen möglichst zufälligen (nicht erratbaren) Schlüssel braucht, kann man im Prinzip mehrfach eine Münze werfen und 0/1 statt Kopf/Zahl notieren. Dies ist jedoch nur praktikabel, wenn man selten einen neuen Schlüssel braucht und es bei der Erzeugung nicht eilig hat. Eine andere, jedoch sehr aufwendige Möglichkeit ist das Ausnutzen natürlicher (annähernd) zufälliger Ereignisse wie atmosphärisches Rauschen oder radioaktiver Zerfall etc. Schlüssel oder Passwörter werden mitunter auch durch die Analyse der Mausbewegungen einer Computerbenutzerin oder ähnliche Mechanismen erzeugt.

Für die Erzeugung von Schlüsseln in kryptographischen Systemen sind diese Verfahren jedoch ungeeignet. Hier muss man in der Regel *viele* Schlüssel *schnell* erzeugen. Mitunter möchte man auch zufällige Bitfolgen an zwei Orten synchron zur Verfügung haben (siehe dazu »Block- und Stromverschlüsselung«, S. 42).

symmetrische Verschlüsselung

Bei **symmetrischer Verschlüsselung** sollen die Schlüssel möglichst zufällig »aussehen«, damit die Schlüsselwahl für eine Angreiferin nicht vorhersagbar ist. Da »echter Zufall« schwer zu realisieren ist, werden (sich deterministisch verhaltende) **Pseudozufallszahlengeneratoren** eingesetzt. Dabei darf eine Angreiferin keine Kenntnisse über das Verhalten des Generators haben, und die erzeugten **Pseudozufallszahlen** müssen mit annähernd gleicher Wahrscheinlichkeit auftreten.

Oft ist man daran interessiert, nicht nur *einen* zufälligen Schlüssel zu vereinbaren, sondern möchte (beispielsweise für Zwecke der Stromverschlüsselung) eine Folge vieler Zufallszahlen zur Verfügung haben. Für solche Fälle berechnen Generatoren aus einem Startwert, mit dem eine Initialisierung stattfindet, in einer Iterationsschleife immer wieder eine neue Zufallszahl. Wie eine solche Funktionalität mithilfe linear rückgekoppelter Schieberegister hergestellt werden kann, ist in »Stromchiffren mit linearen Schieberegistern«, S. 58, beschrieben. Man kann sich jedoch auch eines symmetrischen Verschlüsselungsverfahrens bedienen.

Nach dem ANSI-Standard X9.17 kann mithilfe des DES-Verfahrens eine pseudozufällige Bitfolge erzeugt werden. Das Verfahren errechnet aus einem Zeitwert t_i und einem Startwert v_i (dies ist jeweils der verschlüsselte 64-Bit-Block) einen Zufallsschlüssel s_i und einen Startwert v_{i+1} für den nächsten Schritt. Start des Ganzen ist ein geheimer Schlüssel K sowie ein geheimer Initialwert v_0.

Beispiel

Der i-te Schlüssel ergibt sich aus

$$s_i = DES(DES(t_i, K) \oplus v_i, K).$$

Der nächste Startwert berechnet sich nach

$$v_{i+1} = DES(DES(t_i, K) \oplus s_i, K).$$

Das in dem Beispiel vorgestellte Verfahren kann etwa in folgenden Szenarien eingesetzt werden:

- A und B möchten zur vertraulichen Kommunikation ein Stromverschlüsselungsverfahren nutzen und benötigen daher einen pseudozufälligen Bitstrom, die Werte K und v_0 müssen sie dazu geheim vereinbaren.
- A und B möchten mit Blockverschlüsselung kommunizieren, den verwendeten Schlüssel aber in regelmäßigen Abständen wechseln.
- A möchte »stand alone« pseudozufällige Schlüssel erzeugen können, die sie dann mit der jeweiligen Kommunikationspartnerin austauscht.

Die Schlüsselerzeugung für **asymmetrische Verfahren** ist generell rechnerisch aufwendiger als bei symmetrischen Verfahren. Es kommt hier nicht nur auf den (Pseudo-)Zufall an, vielmehr gilt es, passende Schlüsselpaare aus öffentlichen und geheimen Schlüsseln herzustellen. (Diese Schlüssel sollen selbstverständlich auch »zufällig aussehen«.) Bei

asymmetrische Verschlüsselung

den meisten praktisch eingesetzten Verfahren (wie RSA, siehe »Das RSA-Verfahren«, S. 75) werden große Primzahlen benötigt, so dass aufwendige Primzahltests durchgeführt werden müssen. Unter anderem kommen dabei probabilistische Primzahltest-Algorithmen zum Einsatz wie der Rabin-Miller-Test, jedoch wird darauf hier nicht näher eingegangen.

Schlüssel-aufbewahrung

Mehrfach benutzte Schlüssel müssen sicher aufbewahrt werden – ist hier ein unbefugter Zugriff möglich, so hätte man sich die Verschlüsselung auch sparen können.

Im einfachsten Fall – etwa bei Benutzerpasswörtern – wird die Aufbewahrung der Benutzerin selbst überlassen. Diese tut gut daran, für die Speicherung ihr Gedächtnis zu benutzen oder einen Passwort-Tresor – bekanntermaßen ist es nicht ratsam, solche Schlüssel auf einem Zettel zu notieren.

Tipp

Es gibt eine Reihe von Passwort-Tresor-Programmen, mit deren Hilfe man seine persönlichen Passwörter auf dem eigenen Computersystem aufbewahren kann – geschützt durch *ein* Passwort, welches man sich selbstverständlich merken muss. Ein Beispiel ist das Open-Source-Programm PasswordSafe, welches man sich von Password-safe (http://passwordsafe.sourceforge.net) kostenlos besorgen kann.

Chipkarten

Am geeignetsten für die Schlüsselaufbewahrung sind heute persönliche Sicherheitswerkzeuge wie **Chipkarten**. Hierbei werden geheime Schlüssel im ROM-Speicher des Chips abgelegt, eine Auslesung ist nur mit speziellen Lesegeräten möglich. Der Zugriff ist dabei in der Regel PIN-geschützt. Ein unbefugter Zugriff ist zwar auch hier nicht völlig ausgeschlossen, jedoch mit sehr hohem Aufwand verbunden.

Je nach Einsatzzweck kann es sogar sinnvoll sein, einen auf einer Chipkarte gespeicherten geheimen Schlüssel *überhaupt nicht auslesbar* zu machen – auch nicht durch die autorisierte Benutzerin. Beispielsweise wird bei der Erstellung einer digitalen Unterschrift durch die Benutzerin nur die *Benutzung* des geheimen Schlüssels im Chip angestoßen, wo die Berechnungsschritte ausgeführt werden. Der Schlüssel »verlässt« also den Chip nicht.

Ein Problem hierbei ist, dass die zu signierenden Daten (etwa der Hashwert einer Datei, siehe dazu »Die Digitale Unterschrift«, S. 82) vom Computersystem, an dem die Benutzerin die Unterschrift leisten will, auf die Chipkarte übertragen werden müssen. An dieser Stelle muss die Benutzerin dem Computersystem vertrauen, dass es die korrekten Werte an den Chip übermittelt (also zur Unterschrift vorlegt). Für dieses Problem, das mit der Sicherheit von Betriebssystemen zu tun hat, gibt es bisher keine voll zufriedenstellenden Lösungen.

Darstellungsproblem

Gelangt ein Schlüssel, der eigentlich gelöscht werden sollte, in die Hände einer Angreiferin, die zudem Zugriff auf damit verschlüsselte Daten besitzt, so kann diese sozusagen »nachträglich« unbefugt entschlüsseln, was unter Umständen unerwünscht ist. Folglich gilt: Auch bei der Vernichtung von Schlüsseln ist Sorgfalt geboten. Beim Löschen ist sicherzustellen, dass auch alle angelegten Kopien gelöscht und die verwendeten Speicherbereiche (etwa Caches) bereinigt werden.

Schlüsselvernichtung

2.6.2 Schlüsselaustausch *

Der geschützte Austausch geheimer Schlüssel ist von besonderer Bedeutung, da mangelnde Sorgfalt an dieser Stelle ein ganzes Kryptosystem in Frage stellt.

Wie in »Asymmetrische Kryptosysteme«, S. 69, ausführlicher dargelegt, besteht bei der Nutzung eines **asymmetrischen Kryptosystems** nicht das Problem, zuvor irgendwelche Schlüssel austauschen zu müssen: Nach der sicheren Erzeugung und Verteilung der Schlüsselpaare muss jeder Nutzer seinen geheimen Schlüssel sicher verwahren, und die öffentlichen Schlüssel sind allgemein zugänglich.

Anders bei der Anwendung **symmetrischer Kryptosysteme**: Hier kommt dem sicheren Austausch geheimer Schlüssel eine entscheidende Bedeutung zu.

Angenommen, Nutzer *A* wollte per E-Mail-Anhang an *B* eine mit einem symmetrischen Verfahren (z. B. **DES**) verschlüsselte Datei schicken. Wie können *A* und *B* den verwendeten symmetrischen Schlüssel austauschen?

Schlüssel-
austausch
»altmodisch«

Eine Möglichkeit wäre es natürlich, dass A und B telefonieren, einen Brief schreiben oder einen »berittenen Boten« einsetzen. Dies ist jedoch weder besonders sicher noch – im Zeitalter des Internet – sonderlich praktisch. Ein Problem ist zudem, dass symmetrische Schlüssel aus möglichst zufälligen Bitfolgen bestehen (sollten), die für die menschliche Kommunikation wenig geeignet sind, weil man sich diese beispielsweise schlecht merken kann.

»beigepackter«
Schlüssel

Eine für die digitale Welt der Computersysteme und -programme geeignetere Möglichkeit besteht darin, dass A der verschlüsselten Datei den von ihm verwendeten Schlüssel sozusagen »beipackt« und dass eine zusätzliche Vorkehrung (z. B. ein zusätzliches Programm) dafür sorgt, dass auf diesen Schlüssel nur mit einem Passwort zugegriffen werden kann. A kann dann zum Beispiel den Anhang verschlüsseln und im unverschlüsselten E-Mail-Text etwas schreiben wie »Passwort ist der Geburtstag unserer gemeinsamen Großmutter Else« – dies ist zwar nicht besonders sicher, kann aber für private Zwecke durchaus ausreichen.

Ein entsprechendes Programm wird unter dem Namen *SafeGuard PrivateCrypto* von der Firma Utimaco kostenlos zur Verfügung gestellt. Dieses Programm lässt sogar zu, dass es *nur bei A* installiert ist (bei B nicht) und A ein »selbstextrahierendes Archiv« erzeugt und verschickt – dies ist eine EXE-Datei, bei deren Aufruf B zur Eingabe des Passwortes aufgefordert wird, wonach die entschlüsselte Datei hergestellt wird.

Einsatz
asymmetrischer
Verfahren

Moderne Verfahren zum Schlüsselaustausch, die heute in Kommunikationsnetzen verwendet werden und selbstständig bzw. automatisiert ablaufen, bedienen sich in der Regel **asymmetrischer Verfahren**, um symmetrische Schlüssel auszutauschen. Man spricht dann von **hybriden (Krypto) Verfahren**. Die Anwendung solcher Verfahren setzt natürlich die Verfügbarkeit asymmetrischer Schlüsselpare voraus.

Die Grundidee ist einfach:

A erzeugt den zu verwendenden symmetrischen Schlüssel und schickt diesen asymmetrisch-verschlüsselt an *B* (also unter Verwendung des öffentlichen Schlüssels von *B*). *B* kann mit seinem geheimen Schlüssel die Nachricht öffnen und den symmetrischen Schlüssel gewinnen.

Auf der Basis dieser einfachen Grundidee gründen eine Reihe praktischer Lösungen. Beispielsweise benutzen verschlüsselungsfähige ISDN-Telefone ein solches hybrides Verfahren.

Eine *direkte* praktische Umsetzung dieser Grundidee – ohne weitere Vorkehrungen – weist jedoch einige Schwächen auf. Beispielsweise findet keinerlei Authentifikation zwischen den Benutzern statt, so dass sich für einen Angreifer Möglichkeiten eröffnen, *beiden* (also A und B) einen von ihm generierten Schlüssel »unterzuschieben« und anschließend die (von A und B für vertraulich gehaltene) Kommunikation zu beobachten. Aus diesen Gründen sind ausgefeiltere Protokolle nötig, in denen unter Verwendung asymmetrischer Kryptosysteme symmetrische Schlüssel ausgetauscht werden und die keine solchen offensichtlichen Schwächen aufweisen.

Die bekanntesten und am meisten praktisch verwendeten Protokolle sind die Needham-Schroeder-Protokolle und das Diffie-Hellman-Protokoll (wird z. B. bei **SSL** verwendet), die in eigenen Abschnitten genauer beschrieben sind (siehe »Protokolle von Needham-Schroeder«, S. 111, und »Diffie-Hellman-Schlüsselaustausch«, S. 113).

2.6.2.1 Box: Protokolle von Needham-Schroeder **

Die Needham-Schroeder-Protokolle dienen dazu, zwei Kommunikationsteilnehmer gegenseitig zu authentifizieren und auf sichere Weise einen geheimen Schlüssel auszutauschen, mit dessen Hilfe die beiden anschließend vertraulich auf Basis eines symmetrischen Verfahrens kommunizieren können.

Hier wird das **Needham-Schroeder-Protokoll** mit symmetrischer Verschlüsselung im Protokollablauf erklärt. Es gibt auch eine asymmetrische Variante.

Das Protokoll basiert auf einigen Annahmen: Erstens steht ein vertrauenswürdiger Authentifizierungs- bzw. Schlüsselverteilungsserver AS zur Verfügung. Ferner wird vorausgesetzt, dass jeder Kommunikationsteilnehmer A einen geheimen Schlüssel K_A (seinen Master Key) besitzt, den er mit dem Server AS vereinbart hat. Außer A und AS kennt niemand den Schlüssel K_A.

Das Szenario ist nun das folgende: Teilnehmer A möchte mit Teilnehmer B vertraulich kommunizieren. Der Server AS hilft ihnen mit dem im folgenden beschriebenen Ablauf, sich gegenseitig zu authentifizieren und auf sichere Weise einen Schlüssel auszutauschen, mit dem A und B anschließend auf Basis eines symmetrischen Verfahrens verschlüsselt kommunizieren können.

Zuerst schickt A an AS die Kennungen (Namen) von A und B sowie eine Zufallszahl I_A. Für solche Nachrichten wird im weiteren die folgende Notation verwendet:

$$A \to AS \qquad A, B, I_A$$

Nachdem AS diese Nachricht erhalten hat, generiert er einen Sitzungsschlüssel $K_{A,B}$. AS schickt nun an A die folgende Nachricht:

$$AS \to A \qquad \{I_A, B, K_{A,B}, \{K_{A,B}, A\}^{K_B}\}^{K_A}$$

(Der Einfachheit halber ist die Verschlüsselung einer Nachricht M mit dem Schlüssel K hier mit M^K bezeichnet.)

Da die Nachricht mit K_A verschlüsselt ist, kann nur A sie öffnen und so in den Besitz des Sitzungsschlüssels $K_{A,B}$ kommen. Auch kann A sicher sein, dass die Nachricht von AS kommt, denn niemand sonst kennt den Schlüssel K_A. Dadurch, dass auch die Kennung von B und I_A in der Nachricht enthalten sind, kann A sicher sein, dass in die ursprüngliche erste Nachricht an AS keine falsche Kennung (statt B) eingefügt wurde und dass es sich auch nicht um eine Wiedereinspielung einer alten Nachricht handelt.

Im nächsten Schritt erhält B den Sitzungsschlüssel $K_{A,B}$ von A:

$$A \to B \qquad \{K_{A,B}, A\}^{K_B}$$

Man beachte, dass A diesen Teil der Nachricht, die er zuvor von AS bekommen hat, selbst nicht lesen kann (weil er K_B nicht kennt), der Teil wird hier an B »weitergereicht«. A kann die Nachricht auch nicht unbemerkt manipulieren. B kennt nach der Entschlüsselung dieser Nachricht die Identität des Kommunikationspartners A sowie den Sitzungsschlüssel $K_{A,B}$.

Nach dem bisherigen Ablauf weiß A, dass jede Nachricht, die mit $K_{A,B}$ verschlüsselt ist, von B stammen muss, und dass von A mit $K_{A,B}$ verschlüsselte Nachrichten von B verstanden werden. Was noch offen ist: B kann sich nicht sicher sein, dass die zuletzt von A erhaltene Nachricht keine Wiedereinspielung war. Deshalb geht es noch weiter.

B generiert eine Zufallszahl I_B und sendet diese an A:

$$B \to A \qquad \{I_B\}^{K_{A,B}}$$

B erwartet nun von A eine Antwort, in der I_B in einer netzweit vereinbarten Weise (mit einer Funktion f) modifiziert wird:

$$A \to B \qquad \{f(I_B)\}^{K_{A,B}}$$

Nach Erhalt dieser Antwort kann B sicher sein, dass A unter Nutzung des Schlüssels $K_{A,B}$ mit B kommunizieren möchte, denn nur A konnte die Nachricht öffnen und die Funktion f auf I_B anwenden.

Sind nun alle Schritte erfolgreich durchgeführt, sind A und B gegenseitig authentifiziert und können mittels des ausgetauschten Schlüssels vertraulich kommunizieren.

Eine Schwäche des vorgestellten Protokolls: Ist ein Unbefugter X in den Besitz des Sitzungsschlüssels $K_{A,B}$ gelangt, so kann er später anstelle von A die Nachricht

$$X \to B \qquad \{K_{A,B}, A\}^{K_B}$$

an B schicken, die Antwort von B an A abfangen und entschlüsseln und nach Versendung der Nachricht

$$A \to B \qquad \{f(I_B')\}^{K_{A,B}}$$

anstelle von A mit B kommunizieren. Dieses Problem bekommt man mit Zeitstempeln in den Griff, die in dem auf Needham-Schroeder basierenden **Kerberos** -Authentifizierungssystem verwendet werden (siehe »Kerberos«, S. 151).

2.6.2.2 Box: Diffie-Hellman-Schlüsselaustausch **

Das Diffie-Hellman-Verfahren dient der sicheren Vereinbarung eines geheimen Schlüssels zwischen zwei Kommunikationspartnern. Es wird heute vielfach eingesetzt, unter anderem bei **SSL**.

Das Verfahren wurde im Jahre 1976 vorgestellt. Es handelt sich um eines der ältesten **asymmetrischen Verfahren**, d. h. es basiert auf öffentlichen und durch die Teilnehmer gehüteten geheimen Informationen. Das Verfahren dient allerdings nicht der Verschlüsselung, sondern es wird verwendet, um eine sichere Vereinbarung eines geheimen Schlüssels zwischen zwei Kommunikationspartnern zu ermöglichen, den diese anschließend zur vertraulichen Kommunikation (in der Regel unter Verwendung eines symmetrischen Verschlüsselungsverfahrens) benutzen können.

Die Besonderheit des Diffie-Hellman-Verfahrens besteht darin, dass der zu vereinbarende geheime Schlüssel von beiden Kommunikationspartnern unabhängig voneinander erzeugt wird, so dass dieser nicht zwischen diesen beiden (unter Umständen über ein unsicheres Medium) transportiert werden muss. Der Nachteil des Verfahrens (etwa gegenüber den Needham-Schroeder-Protokollen, siehe »Protokolle von Needham-Schroeder«, S. 111) besteht allerdings darin, dass zwischen den Kommunikationspartnern keine Authentifizierung stattfindet, so dass bei einer praktischen Anwendung eine Einbettung in entsprechende Kontrollprotokolle erfolgen muss.

mathematische Grundlagen Um den Ablauf des Diffie-Hellman-Verfahrens vestehen zu können, sind einige mathematische Grundlagen nötig, die hier noch einmal zusammengestellt sind:

- Für jede Primzahl q bildet die Menge $\mathbb{Z}_q = \{0, 1, ..., q-1\}$, in der modulo q gerechnet wird, einen **endlichen Körper**, der auch mit $GF(q)$ bezeichnet wird. Dies bedeutet im Wesentlichen, dass innerhalb dieser Menge addiert, subtrahiert, multipliziert und dividiert werden kann (außer Division durch 0).

- Ein Element a des Körpers $GF(q)$ heißt **primitive Wurzel**, wenn jedes andere Element (außer der 0) als Potenz von a erhalten werden kann.

- Ist die Primzahl q sehr groß und a primitive Wurzel, so ist das Potenzieren von a eine **Einwegfunktion**. Mit anderen Worten: Es ist einfach, bei vorgegebenem x das Element a^x zu berechnen; es ist jedoch sehr aufwendig bzw. praktisch unmöglich, zu gegebenem $y \in GF(q)$ ein x mit

$a^x = y$ zu finden. Man drückt dies oft auch so aus: *Die Berechnung diskreter Logarithmen ist schwierig.*

Der präzise Ablauf des Diffie-Hellman-Verfahrens wird nun beschrieben.

präziser Ablauf

Zunächst wird eine große Primzahl q sowie eine primitive Wurzel $a \in GF(q)$ festgelegt und öffentlich bekannt gegeben, d. h. diese Werte kann jeder kennen. Jeder Teilnehmer i (dies können beliebig viele sein, insbesondere mehr als zwei) wählt ferner eine Zufallszahl x_i, die zwischen 1 und $q - 1$ liegt und sein Geheimnis bleibt! Ferner berechnet Teilnehmer i den Wert

$$y_i = a^{x_i} (\mathrm{mod}\ q)$$

und gibt diesen öffentlich bekannt. Wegen der Schwierigkeit, diskrete Logarithmen zu berechnen (siehe oben), kann niemand außer i ohne Weiteres von y_i auf x_i schließen.

Will nun Teilnehmer i mit Teilnehmer j kommunizieren, so besorgt sich i das öffentlich bekannte y_j und j das öffentlich bekannte y_i. i berechnet dann unter Benutzung seines geheimen x_i

$$y_j^{x_i} (\mathrm{mod}\ q),$$

j berechnet

$$y_i^{x_j} (\mathrm{mod}\ q).$$

Wie man leicht nachrechnet, sind diese beiden Werte gleich:

$$k = y_j^{x_i} = (a^{x_j})^{x_i} = (a^{x_i})^{x_j} = y_i^{x_j} (\mathrm{mod}\ q)$$

k ist der zwischen i und j sicher vereinbarte Schlüssel.

2.6.3 Zertifizierung von Schlüsseln *

Damit die öffentlichen Schlüssel eines asymmetrischen Kryptosystems den richtigen Benutzern zugeordnet werden können, werden sie zertifiziert.

Wie in anderen Kapiteln beschrieben, liegt der Vorteil **asymmetrischer Kryptosysteme** darin, dass Schlüsselpaare aus öffentlichem und privatem Schlüssel für längere Zeit verwendet werden können und nicht vor jeder Anwendung einer Sicherheitsfunktion zunächst ein geheimer Schlüssel auf einem sicheren Weg ausgetauscht werden muss. Freilich muss ein einem Benutzer zugeordneter öffentlicher Schlüssel authentisch sein – das heißt, man muss sicher sein können, dass der öffentliche Schlüssel wirklich zu *diesem* Benutzer gehört. Um dies sicherzustellen, wird der Schlüssel zertifiziert. Wie eine solche Schlüsselzertifizierung funktioniert, können Sie in »Zertifikate«, S. 116, nachlesen.

2.7   Zertifikate *

Ein Zertifikat ist eine »Beglaubigung« für den öffentlichen Schlüssel eines asymmetrischen Schlüsselpaares. Zertifikate werden für digitale Signaturen sowie zur Absicherung von Netzwerkprotokollen verwendet.

Bei der praktischen Verwendung eines **asymmetrischen Kryptosystems** möchte man stets sicherstellen, dass die öffentlichen Schlüssel authentisch bzw. echt sind – also denjenigen Benutzern zugeordnet sind, von denen dies behauptet wird. Durch die Tatsache, dass diese Schlüssel »öffentlich« sind, ist dies ja nicht automatisch gewährleistet! In »Die Digitale Unterschrift«, S. 82, wird dargelegt, dass hierzu **Zertifikate** verwendet werden. Da der Begriff Zertifikat in vielen unterschiedlichen Zusammenhängen verwendet wird, spricht man hier auch von einem digitalen Zertifikat oder einem Public-Key-Zertifikat.

Zertifikat =
signierter
öffentlicher
Schlüssel

Im Wesentlichen ist ein digitales Zertifikat ein signierter bzw. unterschriebener öffentlicher Schlüssel. Genauer bedeutet das: Eine allgemein akzeptierte und vertrauenswürdige Instanz (wie der Bundesinnenminister oder der Oberbürgermeister Ihrer Stadt), die über einen privaten Schlüssel verfügt, mit dem sie digitale Unterschriften leisten kann, unterschreibt einen Datensatz, der neben Ihrem öffentlichen Schlüssel Ihren Namen und einige weitere Daten enthält – alles zusammen bildet das Zertifikat für diesen öffentlichen Schlüssel; da sich jeder den öffentlichen Schlüssel der vertrauenswürdigen Instanz auf sichere Weise besorgen kann (davon wird ausgegangen), kann jeder sich mithilfe dieses Zertifikats davon überzeugen, dass es sich wirklich um Ihren öffentlichen Schlüssel handelt.

Ein digitales Zertifikat enthält typischerweise unter anderem die folgenden Daten (siehe Abb. 2.7-1):

- den Namen (oder eine andere eindeutige Bezeichnung) des Ausstellers des Zertifikates
- Informationen zu den Regeln und Verfahren, unter denen das Zertifikat ausgegeben wurde
- Informationen zu Gültigkeitsdauer des Zertifikats
- den öffentlichen Schlüssel, zu dem das Zertifikat Angaben macht
- den Namen (oder eine andere eindeutige Bezeichnung) des Eigentümers des öffentlichen Schlüssels
- weitere Informationen zum Eigentümer des öffentlichen Schlüssels
- Angaben zum zulässigen Anwendungs- und Geltungsbereich des öffentlichen Schlüssels
- eine digitale Signatur des Ausstellers über alle anderen Informationen

Zertifikat

1. Name des Schlüssel-
   inhabers
2. öffentlicher Schlüssel
3. Bezeichnung der
   Algorithmen
4. Lfd. Nummer des Zertif.
5. Gültigkeitszeitraum
6. Zertifizierungsstelle
7. Nutzungsbe-
   schränkungen
8. Angaben zur
   Vertretungsmacht
......

Abb. 2.7-1: Aufbau eines Zertifikats.

Im Kontext der **digitalen Signatur** werden Instanzen, die Zertifikate ausstellen, Zertifizierungsstellen genannt. Wenn man ein Zertifikat für seinen öffentlichen Schlüssel braucht, um eine digitale Signatur entsprechend dem deutschen Signaturgesetz (mit höchster Sicherheitsstufe) leisten zu können, muss man bei einer akkreditierten Zertifizierungsstelle ein Zertifikat beantragen.

Zertifizierungs-
stelle, PKI

In der Praxis gibt es oft eine hiearchische Struktur von Zertifizierungsstellen, so dass ein öffentlicher Schlüssel auch von einer Instanz zertifiziert sein kann, deren öffentlicher Schlüssel wiederum von einer höheren Instanz zertifiziert ist usw. Es sind aber auch andere (nicht-hierarchische) Geflechte möglich. Allgemein spricht man von einer **Public-Key-Infrastruktur** (kurz: PKI).

Außer für digitale Unterschriften werden Zertifikate auch für die Absicherung von Netzwerkprotokollen verwendet, beispielsweise bei **SSL** (siehe »Secure Socket Layer«, S. 223). Hierbei werden die Zertifikate von gewissen darauf spezialisierten Firmen herausgegeben (beispielsweise Verisign), die man als *issuer* bezeichnet. Zertifikate kommen ebenfalls für den Schutz von E-Mails zum Tragen (siehe »Sicherheit von E-Mail«, S. 232), als Zertifizierer fungieren dabei häufig die Rechenzentren von Universitäten, oder aber man lässt seinen öffentlichen Schlüssel von einem anderen Teilnehmer zertifizieren, wodurch insgesamt ein *web of trust* entsteht.

Standards   Für den präzisen Aufbau eines Zertifikats gibt es eine Reihe von Standards. Am weitesten verbreitet und häufigsten verwendet sind Zertifkate nach dem Standard **X.509**. Das Zertifikatsformat X.509v3 (Version 3) wird z. B. für die sichere Kommunikation mit Web-Seiten über **SSL** oder TLS, für sichere E-Mail über **S/MIME**, für *Virtual Private Networks* (VPN) über **IPSec**, sowie für **SSH** verwendet. Die Syntax von X.509-Zertifikaten basiert auf **ASN.1**.

Die Software **PGP** arbeitet mit eigenen Zertifikaten, die in RFC 2440 definiert sind.

2.8   Kryptoanalyse *

Wie aufwendig ist es, ein Verschlüsselungsverfahren zu »knacken«? Mit dieser Frage beschäftigt sich die Kryptoanalyse.

Kryptoanalyse =
unbefugtes
Entschlüsseln

Unter **Kryptoanalyse** versteht man die Tätigkeit – man kann auch sagen »Wissenschaft« – des unbefugten Entschlüsselns. Es geht also um die Frage:

▪ Wie schwierig ist es, verschlüsselte Daten zu entschlüsseln, wenn man zwar das verwendete Verschlüsselungs*verfahren* kennt, *nicht* jedoch den verwendeten *Schlüssel?*

Der Sinn der Verschlüsselung besteht selbstverständlich darin, die *unbefugte* Entschlüsselung möglichst schwierig zu machen. »Schwierig« ist hier im algorithmischen Sinne zu verstehen – das heißt man fragt nach der Anzahl auszuführender Operationen oder der Laufzeit auf einem Computersystem. Das Ziel des Angreifers kann hierbei darin bestehen, den Schlüssel herauszufinden oder aber die Daten – ohne den Umweg über den Schlüssel – direkt zu entschlüsseln.

In diesem Kapitel und in »Kryptographische Angriffe«, S. 120, werden einige Begriffe erklärt, die bei der Beurteilung der Güte von Verschlüsselungsverfahren immer wieder auftauchen – auf detaillierte kryptoanalytische Verfahren wird nicht eingegangen.

exhaustive search oder *brute force*

Da die verwendeten Schlüssel stets eine endlichen Länge haben (beispielsweise 64, 128 oder 256 Bits) und auch der Umfang der verschlüsselten Daten endlich ist, besteht für den unbefugten Angreifer eine Möglichkeit darin, die verschlüsselten Daten mit allen *möglichen* Schlüsseln zu entschlüsseln und zu prüfen, ob das Resultat die ursprünglichen Daten sein können. Letzteres ist nicht immer ohne weiteres möglich, aber sicher dann erfolgreich, wenn die Ursprungsdaten aus einem Text (beispielsweise ASCII-codiert) bestehen – die Wahrscheinlichkeit, dass zwei *unterschiedliche* Texte zu *demselben* Kryptotext führen, ist nämlich verschwindend gering!

Man nennt diese Art des Angriffs »erschöpfendes Suchen« oder *exhaustive search*. Da der Angriff recht einfallslos auf pure (Rechen-)Gewalt setzt, spricht man auch von einer **Brute-Force-Attacke.** Jedes andere Verfahren kann selbstverständlich nur besser sein als erschöpfendes Suchen. Die Qualität eines kryptoanalytischen Angriffs wird daher häufig daran gemessen, *inwieweit* der Angriff vom Aufwand her besser abschneidet als eine Brute-Force-Attacke.

Beispiel

Da das **DES**-Verfahren mit 64-Bit-Schlüsseln arbeitet, müssen bei erschöpfendem Suchen bis zu 2^{64} viele Schlüssel ausprobiert werden. Dies reduziert sich allerdings zu 2^{56}, weil nur 56 Schlüsselbits relevant sind und die restlichen acht als Paritätsbits fungieren (siehe »Das DES-Verfahren«, S. 45). Ein Angreifer, der mit »brute force« einen Text zu entschlüsseln versucht, wird somit im Mittel nach 2^{55} Versuchen erfolgreich sein. Verfügt er über einen Computer, der pro Sekunde eine Milliarde Schlüssel ausprobieren kann, so braucht er dazu ca. 417 Tage (bitte nachrechnen!). Bereits an diesen Zahlen wird deutlich, dass das DES-Verfahren für heutige Verhältnisse nicht mehr als sicher genug angesehen werden kann – schon die parallele Anwendung einiger schneller Computer kann die »Knackzeit« auf wenige Tage reduzieren. Noch schneller kommt der Angreifer mit der linearen Kryptoanalyse (siehe weiter unten) ans Ziel.

Es ist üblich, die unterschiedlichen Angriffsarten danach zu klassifizieren, über welche Möglichkeiten der Angreifer verfügt – dies ist in einem eigenen Abschnitt dargestellt (siehe »Kryptographische Angriffe«, S. 120).

differentielle und lineare Kryptoanalyse

In neuerer Zeit sind zwei moderne Techniken der Kryptoanalyse aufgekommen, die seitdem erfolgreich auf einige Verfahren angewendet wurden und diese insofern »geschwächt« haben.

Die differentielle Kryptoanalyse basiert auf einer **Chosen-Plaintext-Attacke**, indem versucht wird, durch Änderung einiger weniger Bits des Klartextes und Beobachtung der jeweiligen Änderungen in den Chiffretexten Rückschlüsse auf den verwendeten Schlüssel zu ziehen. Die lineare Kryptoanalyse basiert auf statistischen linearen Relationen zwischen Klartext, Kryptotext und Schlüssel und versucht, das Verschlüsselungsergebnis durch lineare Approximationen zu beschreiben; bei der Anwendung auf das DES-Verfahren benötigt man so im Mittel »nur« 2^{43} viele Klartext/Kryptotext-Paare zur Ermittlung des verwendeten Schlüssels.

2.8.1 Box: Kryptographische Angriffe *

Angriffe auf ein kryptologisches Verfahren werden oft danach klassifiziert, welche Informationen dem Angreifer zur Verfügung stehen, der den verwendeten Schlüssel ermitteln will. Dabei werden die folgenden vier Fälle unterschieden:

- **Ciphertext-Only-Attacke**
  Hier wird davon ausgegangen, dass dem Kryptoanalytiker ein oder mehrere Kryptotexte zur Verfügung stehen, die alle mit demselben Schlüssel verschlüsselt sind.
- **Known-Plaintext-Attacke**
  Diese Angriffsform geht davon aus, dass der Angreifer über einige Klartext/Kryptotext-Paare verfügt, die mit dem gleichen Schlüssel chiffriert wurden.
- **Chosen-Plaintext-Attacke**
  Bei dieser Angriffsform verfügt der Kryptoanalytiker nicht nur über einige Klartext/Kryptotext-Paare, sondern er kann sogar auswählen, welche Klartexte er sich (unter Benutzung des gesuchten Schlüssels) verschlüsseln lässt.
- **Chosen-Ciphertext-Attacke**
  Hier kann sich der Angreifer zu von ihm ausgewählten Kryptotexten den zugehörigen Klartext angeben lassen.

Nicht jede dieser Angriffsformen ist bei jedem Verschlüsselungsverfahren mit Aussicht auf Erfolg anwendbar.

Die Ciphertext-Only-Attacke verspricht vor allem dann Erfolg, wenn die ursprünglichen Daten gewisse statistische Eigenschaften aufweisen und die Verschlüsselung dies beibehält – Beispiel ist die Anwendung einer Buchstaben-Substitution auf einen deutschen Text, in dem (sofern er lang genug ist) die unterschiedlichen Buchstaben mit bekannten Wahrscheinlichkeiten vorkommen.

Eine Known-Plaintext-Attacke tritt häufig in Form des folgenden oder eines ähnlichen Szenarios auf: Der Angreifer verfügt über einige verschlüsselte Datensätze und weiß außerdem, dass jeder der ursprünglichen Datensätze ein Text ist, der mit »Sehr geehrte...« beginnt.

Die Chosen-Plaintext-Attacke ist die typische Angriffsform beim »Knacken« eines Passwortes: Der Angreifer hat Zugriff auf die verschlüsselte Passwortdatei und verfügt auch über das Verfahren zur Passwortverschlüsselung (beispielsweise die `crypt(3)`-Funktion in UNIX) – er kann folglich von ihm geratene Passwörter verschlüsseln lassen und die Ergebnisse mit den Einträgen in der Datei vergleichen.

Chosen-Ciphertext-Attacken ergeben nur bei asymmetrischen Verfahren einen Sinn – für weitere Details sei auf die Literatur verwiesen, siehe etwa [Eckert 11].

2.9 Steganographie *

Die Steganographie beschäftigt sich damit, bereits die *Existenz* einer Nachricht zu verbergen, statt nur den Informationsgehalt durch Verschüsselung zu verheimlichen.

Das klassische Beispiel für **Steganographie** ist die Verwendung von Geheimtinte: Es soll nicht einmal sichtbar sein, dass *überhaupt etwas* geschrieben wurde. In diesem Kapitel geht es um steganographische Anwendungen in der modernen digitalen Informationstechnik.

Strenggenommen hat Steganographie zunächst einmal nichts mit Kryptographie zu tun – eine Nachricht, die ohnehin verborgen ist, braucht nicht verschlüsselt zu werden. Allerdings kommen bei der heute wichtigsten Anwendung der Steganographie – den **digitalen Wasserzeichen** (siehe »Digitale Wasserzeichen«, S. 123) – die beiden Bereiche zusammen.

digitale Bilder als Verstecke Zum Verstecken von Informationen eignen sich digitale Bilder besonders gut. Bekanntlich werden digitale Bilder durch Punkte (sogenannte Pixel) dargestellt, von denen jedes durch ein oder mehrere Bytes beschrieben wird: Bei einem Graustufen-Bild mag ein Byte pro Pixel genügen (dies ergibt 256 mögliche Graustufen), während bei einem Farbbild oft drei Bytes pro Pixel verwendet werden, um drei Grundwerte für rot, grün und blau jeweils durch ein Byte anzugeben.

Das steganographische Grundprinzip besteht nun darin, das »unwichtigste« Bit (im Englischen als *least significant bit* oder LSB bezeichnet) der einzelnen Bytes als Versteck der geheimen Information zu nutzen; die resultierenden Veränderungen werden vom menschlichen Auge, welches ein solches manipuliertes Bild betrachtet, in der Regel nicht wahrgenommen. (Eine genügend ausgeklügelte Steganographie-Software wird besonders wichtige Bildpunkte – z. B. solche, die eine Grenzlinie markieren – nicht manipulieren.)

Beispiel

In Abb. 2.9-1 ist dargestellt, wie acht aufeinanderfolgen-
de Pixel eines Graustufen-Bildes manipuliert werden können, damit anschließend die acht LSBs der Bytes hintereinander die ASCII-Codierung des Buchstabens »i « ergeben. Die kleinen Veränderungen dürften mit dem menschlichen Auge nicht wahrgenommen werden. Man beachte:
Nicht jedes Pixelbyte wird verändert, sondern nur jene
Bytes, deren LSB-Bit nicht mit dem gewünschten übereinstimmt.

8 Bytes (Pixel) eines Graustufenbildes:

148	157	158	164	162	155	149	148

Zu versteckendes ASCII-Zeichen „i":

0	1	1	0	1	0	0	1

8 Pixel-Bytes mit versteckter Information:

148	157	159	164	163	154	148	149

Abb. 2.9-1: Verstecken eines Bytes in acht Pixeln.

Ein steganographisch manipuliertes Bild darf natürlich nicht
mit einem Verfahren komprimiert werden, unter dem es
einen Datenverlust erleidet – dies ist beispielsweise beim
jpeg-Format der Fall. In diesem Fall könnte die mühsam ver-
steckte Information verloren gehen. Die Formate gif und bmp
sind hier kein Problem, ebenso wenig das bekannte »zip-
pen«.

Problem Daten-
kompression

Selbstverständlich können Nachrichten nicht nur in digitalen Bildern versteckt werden. Beispielsweise kann man auch
die Codiersoftware eines ISDN-Telefons dazu nutzen, in den
LSBs der übertragenen Sprachbytes ASCII-Zeichen oder andere Daten verdeckt zu übertragen.

2.10   Digitale Wasserzeichen *

Unter *Digital Watermarking* versteht man Verfahren, mit
denen man nicht-wahrnehmbare Veränderungen an Multi-
media-Daten vornehmen kann und die es erlauben, Missbrauch der Daten zu erkennen oder zu verfolgen.

Digital Rights
Management Die Themen Urheberrecht und Copyright-Schutz für digitale Daten haben eine technische und eine juristische Dimension. Insgesamt spricht man heute vom *Digital Rights Management*.

Beim technischen Schutz digitalisierter Inhalte kommen kryptographische und auch steganographische Methoden zum Einsatz: Durch eingebettete Zusatzinformationen, die nicht »störend« sind, sollen die Nutzdaten vor unbefugter Verwendung geschützt werden. Einfach ausgedrückt: Die zusätzlichen Bits und Bytes soll man nicht sehen (in einer Videodatei) oder hören können (in einer Audiodatei).

digitale
Wasserzeichen Man spricht von **digitalen Wasserzeichen**.

Man versteht darunter also nicht-wahrnehmbare, gezielte Veränderungen an Multimediadaten, um zusätzliche Informationen einzubetten. Dabei wird der Zugriff auf die eingebettete Information durch den Einsatz eines geheimen Schlüssels kontrolliert, wobei **symmetrische** wie auch **asymmetrische Verfahren** zum Einsatz kommen. Die Wasserzeichen können so konstruiert werden, dass sie durch Veränderungen des Mediums wie Formatänderungen, Analog-Digital-Wandlungen, Skalierungen oder Ausschnittsbildung nicht zerstört werden.

Es gibt zahlreiche technische Verfahren zur Erzeugung digitaler Wasserzeichen, die sich sowohl hinsichtlich der Zielrichtung wie auch der eingesetzten kryptographischen Verfahren unterscheiden.

Copyright-
Wasserzeichen
Fingerprint-
Wasserzeichen
Integritäts-
wasserzeichen Es gibt Verfahren, die den Urheber einer Datei identifizieren (Copyright-Wasserzeichen) oder Verfahren, die den Erwerber eines Produkts identifizieren (Fingerprint-Wasserzeichen); schließlich sind Integritätswasserzeichen möglich, die dem Nachweis der Unversehrtheit eines Mediendokuments dienen können.

Es liegt auf der Hand, dass bei der Umsetzung unterschiedliche kryptographische Verfahren angewendet werden können, sowohl symmetrische wie auch asymmetrische (siehe »Kryptographische Terminologie«, S. 99, und »Verschlüsselung«, S. 37, bzw. »Asymmetrische Kryptosysteme«, S. 69, und »Die Digitale Unterschrift«, S. 82).

Generell sollen digitale Wasserzeichen den folgenden Anforderungen genügen:

- Transparenz
  Das Wasserzeichen darf nicht wahrnehmbar sein, d. h. es darf die Bild- oder Tonqualität des Originals nicht beeinflussen.

- Robustheit
  Das Wasserzeichen soll auch durch Manipulationen des Trägermediums nicht zerstört werden.

- Kapazität
  Der Algorithmus zur Erzeugung des Wasserzeichens sollte genügend viele Informationen in das Trägermedium einbetten können.

- Sicherheit
  Ohne Kenntnis des korrekten Schlüssels soll das Wasserzeichen nicht auslesbar sein, eine Zerstörung des Wasserzeichens soll die Zerstörung der ganzen Datei nach sich ziehen.

- Performance
  Der Einbettungs- und Auslesevorgang des Wasserzeichens soll so schnell vonstatten gehen, dass die Nutzung der Datei (z. B. Abspielen eines Videos) nicht gestört wird.

Ein bekannter Anbieter digitaler Wasserzeichen ist die Firma Digimarc. Deren Wasserzeichen-Technik ist in viele bekannte Programme (wie z. B. Adobe Photoshop) bereits integriert, so dass man nach einer notwendigen Registrierung damit (bis zu einer gewissen Anzahl markierter Dateien kostenlos) arbeiten kann. Zum Leistungsumfang von Digimarc gehört auch, dass im Internet gezielt nach Dateien gesucht werden kann, die von einer bestimmten Person markiert wurden.

Digimarc

Das Fraunhofer-Institut für Integrierte Publikations- und Informationssysteme betreibt im Web ein Watermarking-Portal, wo über diese Technik informiert wird und man auch probeweise eigene Bilder mit unterschiedlichen Wasserzeichen versehen lassen kann. Abb. 2.10-1 zeigt ein JPEG-Bild (links), das mit dem SegMark-Verfahren markiert wurde (rechts). Wie man sieht, »sieht man nichts«.

Watermarking-Portal

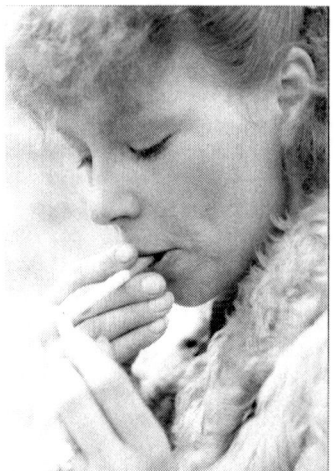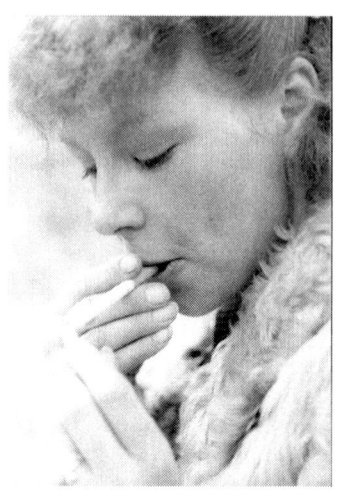

Abb. 2.10-1: Ein JPG-Bild ohne und mit SegMark-Wasserzeichen.

3 Computersicherheit *

Die Abschnitte dieses Kapitels behandeln die wichtigsten Aspekte der Sicherheit von Computersystemen, nämlich die Zugangskontrolle, die Zugriffskontrolle und die mit Betriebssystemen und anderer Software zusammenhängenden Probleme. Dabei stehen die auf Hard- und Software von Computersystemen basierenden Sicherheitsmaßnahmen im Vordergrund. Konventionelle Maßnahmen wie durch verschlossene Türen gesicherte Computerräume, Berechtigungsausweise von Mitarbeitern usw. kommen allenfalls am Rande zur Sprache.

Die Einbindung in Kommunikationsnetze – insbesondere das Internet – bleibt zunächst weitgehend unberücksichtigt, da dies das Thema von »Sicherheit in Netzen«, S. 189, ist. Eine Ausnahme bildet das Thema von »Authentifikation in verteilten Systemen«, S. 149, welches im Überschneidungsbereich beider Themengruppen liegt.

Wie sich zeigt, kommen an zahlreichen Stellen die in »Kryptologische Verfahren und Protokolle«, S. 37, vorgestellten Verfahren zum Einsatz.

3.1 Zugangskontrolle: Ansätze *

Die Zugangskontrolle basiert in der Regel auf Wissen des Zugang Suchenden (Beispiel: Passwort), auf Besitz (z. B. einer Chipkarte) oder auf biometrischen Merkmalen.

Die Zugangskontrolle eines IT-Systems hat die Identität eines Benutzers festzustellen und zu entscheiden, ob dieser einen Zugang erhält. Die Verifikation der Identität der Subjekte und Objekte nennt man **Authentifikation**, für den Verifikationsvorgang wird auch der Begriff **Authentifizierung** verwendet. Zugangskontrolle Authentifikation

Werden die Zugangskontrollen für einen Verbund von IT-Systemen durch eine einzelne Authentifikation durchgeführt, nach deren erfolgreichem Verlauf der Benutzer auf alle diese Systeme Zugriff hat, so spricht man von einem *Single Sign-On*.

Ist ein Benutzer authentifiziert, so ist auch zu entscheiden, ob und in welchem Umfang er Zugriff auf bestimmte Be- Zugriffskontrolle

triebsmittel erhält – dies ist Aufgabe der Zugriffskontrolle, die in einem eigenen Kapitel behandelt wird (siehe dazu
»Zugriffskontrolle«, S. 156).

Für die Authentifikation gibt es im Wesentlichen drei allgemeine Ansätze:

- Authentifikation durch Wissen
  Hier wird ein zugangsberechtigter Benutzer durch vorge-
  tragenes Wissen authentifiziert. Beispiele sind ein Passwort oder eine persönliche Identifikationsnummer (PIN).
  Auch »prozedurales Wissen« zählt dazu, dabei authentifiziert sich der Benutzer durch bestimmte Reaktionen
  (etwa in einem Frage-Antwort-Ablauf). Details zu dieser
  Art der Authentifikation sind in »Authentifikation durch
  Wissen«, S. 129, dargelegt.

- Authentifikation durch Besitz
  Diese Art der Authentifikation basiert auf dem Besitz einer fälschungssicheren Marke, die Informationen in me-
  chanischer, magnetischer oder elektronischer Form enthält. Beispiele sind konventionelle Schlüssel oder Aus-
  weise sowie Präge-, Magnet- und Chipkarten – zu diesem
  Thema siehe ausführlicher »Authentifikation durch Besitz«, S. 137.

- Authentifikation durch biometrische Merkmale
  Bei dieser Variante der Authentifikation wird eine zu-
  gangsberechtigte Person anhand individueller Merkmale
  (z. B. Fingerabdruck) identifiziert – siehe hierzu »Biometrie«, S. 146.

Die Ansätze können auch kombiniert werden – das bekannteste Beispiel ist die Magnetkarte für Bargeldautomaten, die
zusätzlich PIN-geschützt ist. Mit anderen Worten ist eine
scharfe Trennung von Authentifikation durch Wissen bzw.
Besitz praktisch nicht möglich, so dass sich auch die Kapitel
dieses Buches hier überschneiden.

Generell gibt es bei auf Wissen basierenden Zugangskontrollen das Problem, dass die relevante Information bewusst
oder unbewusst an Unbefugte weitergegeben und später
missbraucht werden kann. Dies ist besonders bedrohlich,
wenn die Weitergabe der Information unbemerkt erfolgt ist.
Eine weitere Schwäche besteht darin, dass ein Unbefugter
auch durch »Ausprobieren« (etwa einer PIN) erfolgreich sein

kann, sofern er die Möglichkeit zu genügend vielen Versuchen bekommt.

Bei dem auf Besitz einer Marke basierenden Ansatz besteht immer die Gefahr des Diebstahls oder der Fälschung. Die Ausstellung einer neuen Marke ist stets mit Unannehmlichkeiten und Kosten verbunden.

Zugangskontrollen, die auf biometrischen Merkmalen basieren, haben sich bisher nicht breit durchsetzen können. Neben den bislang zu hohen Kosten spielt hierbei sicher die noch zu hohe Fehlerrate eine Rolle (Berechtigte werden abgewiesen oder Unberechtigte zugelassen), so dass die Techniken (etwa der Gesichtserkennung) noch nicht als genügend ausgereift gelten. Zusätzlich gibt es das generelle Problem des Einsatzes in Netzen: Wenn lokal ermittelte Merkmalswerte für einen Vergleich zu einem Server übertragen werden müssen, müssen diese hochsensiblen Daten für den Transport unter Umständen aufwendig geschützt werden.

3.1.1 Authentifikation durch Wissen *

Die Authentifikation von Subjekten und Objekten geschieht in der Praxis meist auf der Basis von spezifischem Wissen wie Passwort, PIN oder Ähnliches.

Authentifikation durch Wissen findet am häufigsten mit dem Gebrauch eines **Passwortes** statt. Dabei hat das betreffende System, zu dem der Zugang verlangt wird, die Passwörter sicher zu verwahren, so dass keine unberechtigten Zugriffe darauf möglich sind. In der Regel werden dazu kryptographische Verfahren eingesetzt, um die Passwörter (zusammen mit benötigten Informationen über die Benutzerin) verschlüsselt abzulegen. Dadurch ist gewährleistet, dass auch eine Unbefugte, die in den Besitz der gespeicherten Informationen kommt, nicht ohne weiteres ein gültiges Passwort daraus ableiten kann. Es wird in diesem Zusammenhang meist von *Verschlüsselung* gesprochen, wobei jedoch in der Regel eine **Einwegfunktion** zum Einsatz kommt (siehe dazu »Einwegfunktionen«, S. 73).

Zugriffe auf die gespeicherte Passwortdatei müssen selbstverständlich restriktiv gehandhabt werden – auch wenn die Passwörter hier nur verschlüsselt abgelegt sind. Ist die Da-

Passwort

Passwort-Knackprogramm

tei nämlich öffentlich für lesende Zugriffe zugänglich, so kann eine Angreiferin ein Passwort-Knackprogramm einsetzen. Dieses probiert mögliche Passwörter der Benutzerin aus, indem es diese von der Zugangskontrolle des Systems verschlüsseln lässt oder aber selbst verschlüsselt (die Einwegfunktion ist in der Regel öffentlich bekannt) und das Ergebnis mit dem Eintrag in der Passwortdatei vergleicht – bei Übereinstimmung ist das Passwort gefunden.

Um solche Angriffe zu erschweren, ist zweierlei anzuraten:

- Die Passwortdatei sollte gegen unbefugte Zugriffe geschützt sein.
- Die Passwörter sollten so gewählt werden, dass sie nur schwer erraten werden können.

Zur Auswahl von Passwörtern wird auf »Wie sicher ist mein Passwort?«, S. 133, verwiesen.

systemgesteuerte Passwörter

Manche Systeme zwingen die Benutzerin, ein systemgeneriertes Passwort zu verwenden. Ein solches Passwort, das möglichst zufällig gewählt sein oder zumindest ein pseudozufälliges Aussehen haben soll, ist zwar schwer zu erraten – der Nachteil ist aber: Die Benutzerin kann es sich unter Umständen auch nur schwer merken und ist daher versucht, es irgendwo zu notieren (Zettel am PC oder ähnlich), wo wiederum ein unbefugter Zugriff droht.

Beispiel EC-PIN

Die PIN für EC-Karten ist systemgeneriert. Zur Erzeugung der PIN werden die zehnstellige Kontonummer, die letzten fünf Ziffern der Bankleitzahl und eine einstellige Kartensequenznummer hintereinander geschrieben und mittels der BCD-Codierung (d. h. jede Ziffer wird durch vier Bits ersetzt) in einen 64-Bit-Wert umgewandelt. Dieser dient dann als Eingabeblock für den **3DES**-Algorithmus (siehe »3DES: Der verbesserte DES«, S. 49), wobei als einer der Schlüssel der 56-Bit-Schlüssel der Bank gewählt wird, die die EC-Karte ausgestellt hat. Die 64-Bit-Ausgabe wird zunächst in 16 Hex-Zeichen umgewandelt. Die PIN ergibt sich dann aus dem dritten bis sechsten Zeichen, wobei die bei Hex vorkommenden Buchstaben A bis F durch die Ziffern von 0 bis 5 ersetzt werden.

Dieser PIN-Erzeugungsprozess wird heute recht kritisch gesehen, weil das Resultat nicht »zufällig genug« ist und das **DES**-Verfahren mit seinen recht kurzen Schlüsseln verwendet wird.

Ein verbessertes Passwort-Verfahren ergibt sich mit der Verwendung von Einmal-Passwörtern. Generell gibt es dazu zwei Möglichkeiten: Es wird eine Passwortliste verwendet (wie bei den TANs), oder es wird ein Passwortgenerator eingesetzt. Grundidee bei letzterem ist, jeweils ein Einwegfunktion-Urbild des beim vorigen Login verwendeten Passworts als neues Passwort zu nehmen. Die Benutzerin muss sich zur Initialisierung durch fortgesetzte Anwendung der Einwegfunktion eine solche »Einweg-Kette« erzeugt haben, wobei nur der Startwert sicher an das System, bei dem der Zugang erfolgen soll, übergeben werden muss. Die Benutzerin arbeitet dann bei den Logins die Kette »von hinten« ab.

Einmal-Passwörter

Ein solches Verfahren wird unter dem Namen *S/Key* in der Praxis angewendet – auf Details wird hier nicht eingegangen.

Die Authentifikation in UNIX basiert ebenfalls auf der Verwendung von Passwörtern – mehr dazu ist in »Authentifikation in UNIX«, S. 136, zu finden.

Bei **Challenge-Response-Verfahren**, die als Verallgemeinerung von Passwortverfahren angesehen werden können, wird das »Wissen« der Benutzerin nicht direkt eingegeben bzw. übertragen, vielmehr stellt das System der Benutzerin Fragen, zu deren Beantwortung diese ihr Wissen anwenden muss. Dadurch wird die bei der Benutzung von Passwörtern aus eventuellem Abhören resultierende Gefahr gemindert – zumindest dann, wenn die an die Benutzerin gestellten Fragen stets variieren.

Challenge-Response-Verfahren

Das Grundprinzip kann am besten anhand eines Beispiels illustriert werden.

Das geheime Wissen der Benutzerin *B*, die Zugang zum System *S* verlangt, bestehe in der Kenntnis eines spezifischen DES-Schlüssels k_B. Das System hat diesen Schlüssel in einer Datenbank gespeichert. Nachdem die Benutzerin ihren Namen »*B*« eingegeben hat, erzeugt das System eine Zufallszahl *rand* und überträgt diese an *B*. *B* verschlüsselt *rand* mit ihrem Schlüssel k_B und überträgt das Ergebnis *C* an das System. Dieses hat inzwischen die gleiche

Beispiel

Verschlüsselung angewendet mit Ergebnis C'. Ist $C = C'$, so gilt die Benutzerin als authentifiziert (siehe auch Abb. 3.1-1)

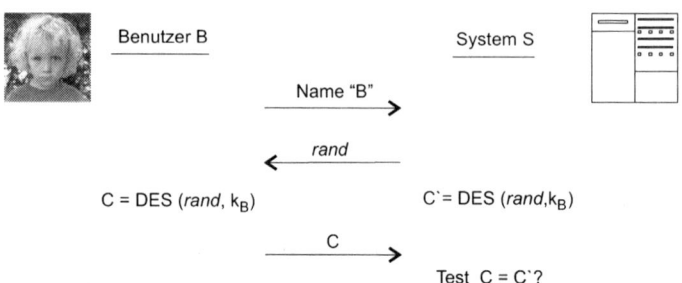

Abb. 3.1-1: Challange-Response-Authentifikation mit DES.

Es liegt auf der Hand, dass statt – wie in dem Beispiel – DES ein beliebiges **symmetrisches Verschlüsselungsverfahren** eingesetzt werden kann. Möglich ist auch die Verwendung einer **Einwegfunktion**, die von den Inputs k_B und $rand$ gesteuert wird. Auch **asymmetrische Verfahren** können benutzt werden; hierbei ist es das Grundprinzip, eine vom System bereitgestellte Zufallszahl von der Benutzerin digital unterschreiben zu lassen, d. h. diese setzt ihren geheimen Schlüssel ein.

Da bei einem Challenge-Response-Verfahren so gut wie jedes Mal eine andere Zufallszahl $rand$ verwendet wird (natürlich braucht das System einen guten Zufallszahlengenerator!), kann eine Angreiferin mit einer abgehörten erfolgreichen Authentifikation nichts anfangen – es sei denn, sie hätte das verwendete Verschlüsselungsverfahren gebrochen. Problematisch bleibt die Tatsache, dass bei der Verwendung eines symmetrischen Verfahrens oder einer Einwegfunktion das System das geheime Wissen der Benutzerin gespeichert haben muss – bei einem asymmetrischen Verfahren existiert dieser Nachteil nicht, hier müssen allerdings die öffentlichen Schlüssel authentisch sein, wozu eine **Public-Key-Infrastruktur** benötigt wird (vgl. dazu »Zertifikate«, S. 116).

Ein bekanntes Beispiel für Challenge-Response-Verfahren ist die Authentifikation in den **GSM-Netzen**. Man hat hier ein zweistufiges Verfahren (Zwei-Faktoren-Authentisierung): Beim Anschalten des Handys authentifiziert sich die Benutzerin gegenüber dem Gerät (genauer: der darin enthaltenen SIM-Karte) mit einer PIN, anschließend läuft zwischen SIM-Karte und Netz ein Challenge-Response-Verfahren ab. Genauer ist dies in »Authentifikation bei GSM«, S. 144, beschrieben.

Authentifikation bei GSM

Eine Spezialisierung von Challenge-Response-Verfahren sind noch einmal die **Zero-Knowledge-Verfahren**. Die Grundidee hierbei ist folgende: Bei dem Frage-Antwort-Spiel der Benutzerin B mit dem System S soll aus den Antworten von B *keinerlei* Rückschluss auf das geheime Wissen von B möglich sein. Man beachte: In dem obigen Beispiel (Verwendung von DES oder einer anderen Verschlüsselung) ist dies nicht der Fall, denn die Mithörerin bekommt ja immerhin mit, dass *diese* Zufallszahl *rand* zu *dieser* Antwort C führt, was zweifellos eine Information über das Geheimnis k_B beinhaltet.

Zero-Knowledge-Verfahren

So unglaublich es auf den ersten Blick klingt – Zero-Knowledge-Verfahren sind möglich. Ausführlicher wird darauf in »Zero-Knowledge-Protokolle«, S. 101, und »Der Fiat-Shamir-Algorithmus«, S. 104, eingegangen.

3.1.1.1 Box: Wie sicher ist mein Passwort? *

Passwörter sind nach wie vor das am meisten gebrauchte Mittel zur Zugangs- und Zugriffskontrolle. Dabei sollte ein gutes (d. h. möglichst sicheres) Passwort sorgfältig ausgewählt werden.

Mitarbeiter, die sich im Computersystem ihrer Firma anmelden *(einloggen)*, benötigen hierfür ein persönliches **Passwort**. Sogenannte **Hacker** haben ein großes Interesse daran, an diese Passwörter zu gelangen, um von außen Zugang zum Firmennetz zu erhalten. So ist es Aufgabe des Systemadministrators, die Passwort-Aufbewahrung und -Übertragung zu sichern. Andererseits ist es aber auch Ihre Aufgabe als Mitarbeiter einer solchen Firma, sich ein sicheres und gutes Passwort auszuwählen. Eine der größten Gefahren für Firmen-Systeme ist, dass Benutzer häufig leicht zu erratende Pass-

Motivation

wörter auswählen, sie eventuell sogar aufschreiben oder an Kollegen mailen. Sie erfahren hier, was Sie bei der Passwort-Auswahl vermeiden sollten und wie Sie ein sicheres Passwort finden können.

Passwort-Knacker sind kleine Programme, mit deren Hilfe Passwörter relativ leicht ermittelt werden können. Sie enthalten zum Beispiel umfangreiche Wortlisten, anhand derer Passwörter ausprobiert werden. Mit sehr hoher Geschwindigkeit wird Wort für Wort, Zeichenkette für Zeichenkette getestet, bis das richtige Wort, das mit einem Passwort übereinstimmt, gefunden wird. Zusätzlich gibt es noch spezielle Regeln, die von diesen Programmen angewandt werden, zum Beispiel:

- eine Kombination von Groß- und Kleinschreibung,
- jedes Wort auch rückwärts lesen,
- Wörter zusammensetzen, die vorwärts und rückwärts gelesen identisch sind, z. B. bassab, rentner,
- Zahlen einsetzen, jeweils am Anfang, in der Mitte und am Ende eines Wortes (Abwechseln von Buchstaben und Zahlen) usw.

Diese Liste von Regeln ist beliebig erweiterbar, und es gibt immer umfassendere Regeln und Wortlisten. Um ein sicheres und gutes Passwort auszuwählen, braucht es also Geschick.

Da Passwort-Knacker mit Wortlisten arbeiten, sind alle Wörter zu vermeiden, die in Wörterbüchern auffindbar sind. Das Gleiche gilt für:

- ausländische Wörter,
- alle Arten von Namen (Personen, Städte, Gebäude, Comic-Figuren etc.),
- Computernamen und Benutzerkennungen,
- Geburtsdaten und Telefonnummern,
- Abkürzungen,
- Tastaturfolgen (qwertz, asdf),
- Anfangsbuchstaben von bekannten Sprichwörtern (wrssdnuw = wer reitet so spät durch nacht und wind).

Wort-Modifikationen sollten vermieden werden, da sie genau den Regeln entsprechen, nach denen Passwort-Knacker arbeiten (peter09, retep, %peter).

Passwort-Knacker *(Randnotiz)*

schlechte Passwörter *(Randnotiz)*

Tipp

Erfinden Sie ein Passwort, an das Sie sich leicht erinnern, das aber niemand so leicht erraten kann.

gute Passwörter

Ein gutes und sicheres Passwort können Sie sich leicht merken und müssen es deshalb nirgends aufschreiben. Sie sollten in der Lage sein, es so schnell zu tippen, dass es niemand mit einem Blick über Ihre Schulter erhaschen kann. Zusätzlich sollte ein Passwort – wenn möglich – aus mehreren Zeichen bestehen.

Methode 1:
Der »Pass-Satz«

Sie sollten sich einen Satz suchen, der für Sie eine besondere Bedeutung hat und deshalb bei der Passwort-Auswahl von Nutzen sein wird. Der Satz kann aus einem beliebten Buch oder einem Lied stammen, an das Sie sich mit Leichtigkeit erinnern. Es könnte sich auch um eine Tatsache handeln wie zum Beispiel ein Geburtstag, den sonst niemand kennt. Insgesamt sollten Sie sich leicht an Ihren »Pass-Satz« erinnern können, und niemand sollte in der Lage sein, ihn mit Ihnen in Verbindung zu bringen. Sie erhalten dann Ihr Passwort durch die Aneinanderreihung der ersten Buchstaben der jeweiligen Wörter dieses persönlichen Satzes. Bei einer Erneuerung des Passwortes können Sie zum Beispiel die zweiten Buchstaben der jeweiligen Wörter benutzen.

Beispiel

Der »Pass-Satz« lautet:
My Grandfather's Birthday Is July (7th month), Twenty Fifth, Nineteen Twenty one (1).

Das Passwort würde so aussehen:
mgbi7tfnt1

Wenn Sie nach einiger Zeit das Passwort ändern, können Sie die zweiten Buchstaben der Wörter Ihres Satzes einsetzen:
yris7wiiw1

Methode 2:
Kombination

Sie suchen sich zwei kurze Wörter und kombinieren sie mit einem Sonderzeichen oder einer Zahl (z. B. robot4my, eye-con, kein_wort).

Vorsicht bei Zeichenketten wie all4one oder tea4two. Aufgrund ihrer Bedeutung sind sie leichter zu erraten.

Passwort-Tresor

Sichere Passwörter behält man oft schlecht im Gedächtnis. Außerdem muss man sich heute eine Menge von Passwörtern für die verschiedenen Zwecke merken. Hilfreich ist daher ein **Passwort-Tresor**, der die Passwörter verschlüsselt auf der Festplatte speichert, so dass man sich nur noch ein Passwort merken muss.

Ein Beispiel für ein solches kostenloses Programm ist PasswordSafe (Passwordsafe (`http://passwordsafe.sourceforge.net`), siehe auch Abb. 3.1-2).

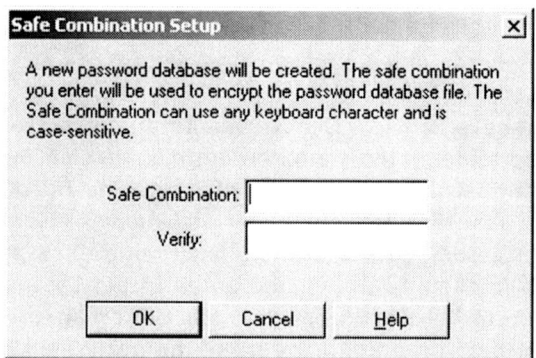

Abb. 3.1-2: So sieht der Startbildschirm des Password Safes aus.

3.1.1.2 Box: Authentifikation in UNIX ***

In einem UNIX-System wird ein Benutzer über eine Benutzer-ID (UID) und Gruppenkennung (GID) identifiziert, die Authentifikation erfolgt über ein persönliches Passwort, welches bei der Login-Prozedur einzugeben ist. Die Benutzerkennsätze befinden sich standardmäßig in der Datei /etc/passwd, wobei ein Kennsatz den folgenden Aufbau hat:

Aufbau eines Kennsatzes

      ID:pwd:UID:GID:info:home:shell

ID steht für den Benutzernamen, der aus bis zu acht Zeichen bestehen kann. pwd ist das mit einer **Einwegfunktion** verschlüsselte Passwort (dazu unten mehr). UID und GID stehen für die Benutzer- und Gruppenkennung des Benutzers. Im info-Feld sind allgemeine Informationen über den Benutzer abgelegt, die von UNIX-Kommandos verwendet werden (z. B. von finger). Das home-Feld legt ein Hauptverzeichnis fest (home directory). Im shell-Feld kann ein Programm angegeben werden, das nach erfolgreicher Login-Prozedur starten soll – in der Regel ist dies eine UNIX-Shell.

Als Verschlüsselungsfunktion wird crypt(3) eingesetzt, wohinter sich eine auf mehrere Iterationen erweiterte Variante von **DES** verbirgt (siehe dazu »Das DES-Verfahren«, S. 45). Dabei wird nicht das Passwort chiffriert, sondern es werden in festgelegter Weise aus dem Passwort 56 Bits als Schlüssel entnommen und damit der »Nullstring« verschlüsselt. Um es Passwort-Rateprogrammen schwer zu machen, gibt es zwei eingebaute Mechanismen:

Passwort-
Verschlüsselung

- Wenn ein Benutzer ein neues Passwort wählt, wird aufgrund der aktuellen Zeit und anderer Parameter eine aus 12 Bits bestehende Zahl bestimmt, die als *Salt* bezeichnet wird. Das Salt bildet unverschlüsselt die ersten beiden Zeichen des pwd-Feldes. Bei der Einwegverschlüsselung des Passwortes steuert das Salt die DES-Expansionsfunktion *E* (siehe dazu »Das DES-Verfahren«, S. 45), d. h. das Salt wählt eine aus $2^{12} = 4096$ vielen möglichen Verschlüsselungen aus. Der Salt-Mechanismus macht Angriffe mit Passwort-Knackprogrammen selbstverständlich nicht unmöglich, diese werden jedoch erschwert. Das ursprüngliche Motiv für den Salt-Mechanismus ist ein weiterer Effekt: Zwei Benutzer mit gleichem Passwort haben trotzdem nur mit geringer Wahrscheinlichkeit denselben Eintrag im pwd-Feld.

Salt

- Die Implementierung der Funktion crypt(3) wurde in UNIX absichtlich langsam gemacht, damit Passwort-Knackprogramme sich dieser eingebauten Funktion nicht bedienen können. Da crypt(3) öffentlich bekannt ist, kann man diesen Schutz natürlich mit einer effizienteren Neuimplementierung umgehen.

crypt(3)

Als wirksamer Schutz vor Passwort-Knackprogrammen sind in vielen UNIX-Derivaten die chiffrierten Passwörter nicht mehr in der Datei /etc/passwd abgelegt, sondern in einer sogenannten Schatten-Passwortdatei, auf die nur der Superuser Zugriff hat.

3.1.2 Authentifikation durch Besitz *

Bei der Authentifikation durch Besitz steht heute die Chipkarte im Vordergrund. Die Architektur der sogenannten *Smart Cards* erlaubt durch programmierbare Bausteine vielfältige Anwendungsmöglichkeiten.

Authentifikation durch Besitz basiert auf einer fäschungssicheren Marke, die heute in der Regel die Form einer Präge-, einer Magnet- oder einer **Chipkarte** besitzt.

Prägekarten

Prägekarten sind Plastikkarten, auf die benutzer- und kartenspezifische Daten in Form von hochgeprägten Zeichen aufgebracht sind. Bei den Daten handelt es sich typischerweise um den Namen des Kartenbesitzers, die Kartennummer und das Verfallsdatum der Karte. In der Regel gibt es auch ein Unterschriftenfeld. Die aufgebrachten Daten lassen sich nicht mehr verändern, können aber optisch ausgelesen werden.

Prägekarten werden heute als Kreditkarten weltweit eingesetzt. Ihr Vorteil ist, dass sie – ebenso wie die entsprechenden Lesegeräte – recht einfach und kostengünstig hergestellt werden können. Hinsichtlich der Sicherheit haben sie allerdings große Nachteile: Nur die Unterschrift stellt die Anbindung an den Besitzer dar, so dass eine duplizierte Karte mit der Unterschrift des Betrügers problemlos eingesetzt werden kann. Zusätzliche Echtheitsmerkmale der Karten wie Wasserzeichen oder Hologramme helfen kaum, da auch diese gefälscht werden können. Der einzig wirksame Abwehrmechanismus sind Online-Abfragen in Sperrdateien, die allerdings wiederum Kosten verursachen.

Magnetkarten

Magnetkarten sind Plastikkarten, auf deren Rückseite sich Magnetstreifen befinden, auf denen Daten magnetisch gespeichert werden können. Auch Magnetkarten sind – ähnlich wie Prägekarten – kostengünstig herzustellen, wobei sie jedoch mehr Daten aufnehmen können, die zudem verändert werden können. Die Anbindung an den Besitzer ist sicherer als bei der Prägekarte, da mit einer PIN gearbeitet werden kann; allerdings muss die Überprüfung der PIN durch einen Rechner erfolgen, dem die Daten zugeführt werden, denn die Karte selbst kann keine Daten verarbeiten.

Hauptnachteil von Magnetkarten ist, dass die in den Magnetstreifen gespeicherten Daten leicht ausgelesen, kopiert und sogar verändert werden können.

Generell ist das Risiko beim Einsatz von Präge- oder Magnetkarten recht hoch.

Eine **Chipkarte** ist eine Plastikkarte, die einen oder mehre-   Chipkarten
re Mikroprozesoren enthält. Man unterscheidet heute eine
Reihe unterschiedlicher Ausprägungen von Chipkarten:

▨ Reine Speicherkarten besitzen lediglich einen Speicher von einigen hundert Bytes bis 8KByte, sie enthalten
also keinen Logikteil für das selbstständige Verarbeiten
von Daten. Funktional ähneln sie den Magnetkarten, sie
sind auf eine bestimmte Anwendung zugeschnitten. Beispiele für solche Karten sind die (alten) Versichertenkar-
ten der Krankenkassen.

▨ Intelligente Speicherkarten besitzen eine zusätzliche
Sicherheitslogik, die meist für eine PIN-Speicherung und
-Überprüfung verwendet wird. Ein Beispiel sind vorbe-
zahlte Wertkarten für das bargeldlose Telefonieren. Der
Aufbau einer solchen Karte ist in Abb. 3.1-3 dargestellt.

▨ Von **Smart-Cards** wird gesprochen, wenn die Karten mit
einem eigenen Mikroprozessor und einem programmierbaren Speicher ausgerüstet sind. Beispiele für Smart-
Cards sind die GeldKarte oder die SIM-Karte in einem
Handy.

Schließlich gibt es noch die Super-Smart-Cards, die zusätzlich eine Tastatur integriert haben und ein eigenes Display
besitzen sowie mit Solarzellen oder Batterien betrieben werden.

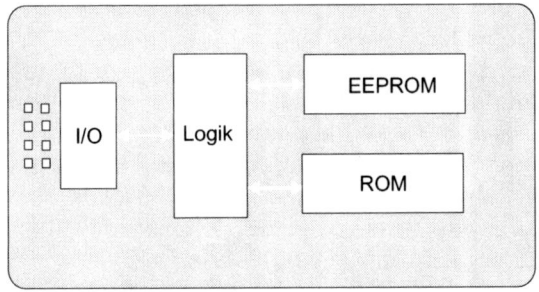

Abb. 3.1-3: Komponenten einer Speicherkarte.

Den Smart-Cards kommt heute durch die vielfältigen Anwendungsmöglichkeiten und durch das sich ständig verbessern-
de Preis/Leistungsverhältnis eine große Bedeutung zu – als
intelligenter Speicher und gleichzeitig als Sicherheitswerk-

zeug, insbesondere für die Authentifikation. Es gibt den Einsatz als Geld-Karte oder Visa-Cash-Karte im Bankenbereich, als Campus- oder Firmenkarte, als SIM-Karte in Handys. Auch die in der Einführung befindliche neue Gesundheitskarte gehört in diese Kategorie.

Einige technische Details von Smart-Cards sind in einem eigenen Abschnitt zusammengefasst (siehe »Technik von Smart-Cards«, S. 141).

Authentifikation mit Smart-Cards

Bei den auf Smart-Cards basierenden Authentifikationsverfahren können drei Stufen unterschieden werden. Im ersten Schritt authentifiziert sich der Benutzer gegenüber der Smart-Card, die für ihn Dienste leisten soll. Im zweiten Schritt erfolgt die Authentifikation der Karte gegenüber dem Zielsystem, das etwa ein Kartenlesegerät oder ein PC sein kann. Die dritte Stufe besteht aus der Authentifikation des Zielsystems gegenüber der Karte.

Beim ersten Schritt – Authentifikation des Benutzers gegenüber der Karte – wird in der Regel eine vier- oder fünfstellige PIN benutzt. Diese wird vom Benutzer am Kartenlesegerät eingegeben oder aber direkt auf der Karte, falls diese eine eigene Tastatur besitzt. Die eingegebene PIN wird anschließend vom Mikroprozessor der Karte unter Nutzung des RAM-Speichers mit der im EEPROM gespeicherten PIN verglichen. Falls die PIN im EEPROM verschlüsselt abgelegt ist, wird zuerst von der CPU der kartenspezifische Schlüssel aus dem EEPROM gelesen, die eingegebene PIN mit dem im ROM gespeicherten Verschlüsselungsalgorithmus (wieder unter Nutzung des RAM-Speichers) verschlüsselt und dann der Vergleich durchgeführt. Dabei wird ein Zähler über die Anzahl der Fehlversuche gepflegt – üblicherweise wird die Karte nach drei Fehlversuchen gesperrt. Viele Karten ermöglichen auch das Entsperren durch eine spezielle PIN, die PUK genannt wird (für *PIN Unblocking Key*).

Die Authentifikation des Benutzers gegenüber der Karte kann auch statt mit einer PIN durch biometrische Techniken erfolgen – darauf wird in »Biometrie«, S. 146, ausführlicher eingegangen.

Beim zweiten Schritt – Authentifikation zwischen Smart-Card und dem Zielsystem – werden in der Regel **Challenge-Response-Protokolle** verwendet, deren Grundprinzip in »Authentifikation durch Wissen«, S. 129, beschrieben ist. Dabei wird als symmetrisches Verfahren meist **DES** oder **3DES** eingesetzt, als asymmetrisches Verfahren **RSA** mit Schlüssellängen von 512, 768 oder 1024 Bits.

Soll auch eine Authentifikation des Zielsystems gegenüber der Karte stattfinden (dritte Stufe), so wird dazu ebenfalls ein Challenge-Response-Verfahren eingesetzt, wobei natürlich in diesem Fall die Herausforderung (challenge) von der Karte ausgeht.

Eine interessante Technologie ist auch *JavaCard*. Es handelt sich hierbei um eine Variante von Java, die es erlaubt, JavaCard-Applets, einem reduzierten Java Sprachstandard folgende JavaApplets, auf Chipkarten auszuführen. Damit können beispielsweise kryptographische Schlüssel gespeichert oder angewendet werden.

JavaCard

3.1.2.1   Box: Technik von Smart-Cards ***

Die Vorgaben für die Karten-Dimensionen, die Anordnung der Kontakte nach außen, die zulässigen Signale und Spannungen sowie die Übertragungsprotokolle sind im ISO-Standard 7816 festgelegt. Dabei können Chipkarten außer über ihre Kontakte C1 bis C8 auch kontaktlos über Funk mit der Außenwelt kommunizieren. Zusätzlich kann es einen Magnetstreifen geben, der jedoch in der Regel keine sicherheitsrelevanten Daten enthält, sondern Daten wie die Personalnummer des Besitzers oder Ähnliches.

Architektur von Smart-Cards

Es werden drei Größen von Karten unterschieden, die als Typen ID-1, ID-000 und ID-00 bezeichnet sind. Die Standardkarte ist ID-1 und entspricht in der Größe einer Kreditkarte (siehe Abb. 3.1-4).

ID-000 bezeichnet Plug-In-Karten einer Größe von 15 mal 25 mm, typische Anwendung sind GSM-Handys – siehe dazu »Authentifikation bei GSM«, S. 144. Die ID-00 Karten unterscheiden sich von ID-1 nur durch ihre Abmessung von 33 mal 66 mm, ansonsten sind ihre Kontakte genauso angeordnet, weshalb Kartenlesegeräte meist beide Arten akzeptieren.

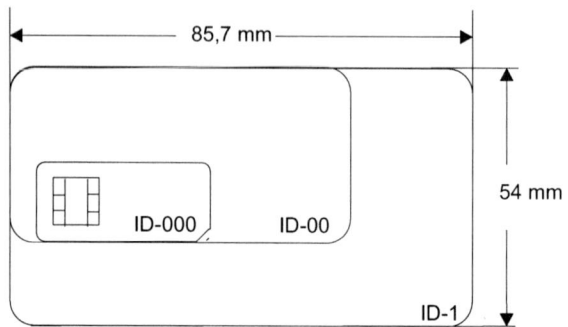

Abb. 3.1-4: Abmessungen von Chipkarten.

Die Grobarchitektur einer Smart-Card ist in Abb. 3.1-5 dargestellt. Wie man sieht, ähnelt der Aufbau dem eines Standard-
PC.

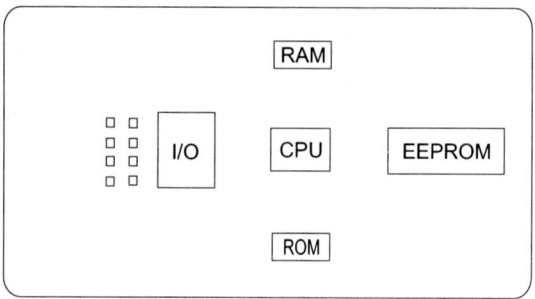

Abb. 3.1-5: Komponenten einer Smart-Card.

Der ROM-Speicher, der eine Größe von zehn bis 32 KByte
besitzt, ist maskenprogrammiert, der Inhalt kann also nicht
per Zugriff geändert werden. Typischerweise befindet sich
hier das Karten-Betriebssystem, das Verfahren zur PIN-Über-
prüfung und kryptographische Algorithmen zum Verschlüsseln und Unterschreiben.

Da der (wie üblich flüchtige) RAM-Speicher recht viel Flä-
che benötigt, ist seine Größe auf höchstens 256 Bytes beschränkt. Er dient der CPU als Arbeitsspeicher, Lese- und
Schreibzugriffe auf diesen Speicher sind sehr schnell möglich (einige Mikrosekunden).

Der nicht-flüchtige EEPROM-Speicher mit einer Größe von acht bis 16 KByte dient zur längerfristigen Speicherung benutzerspezifischer (und auch wieder veränderbarer) Daten wie PIN, Kontonummer usw. Moderne EEPROMS erlauben mehr als 100000 Umprogrammierungen durch elektrische Signale.

Das I/O-System arbeitet mit einer Datenrate von mindestens 9600 Bit/s. Für die Datenübertragung hat man zwei Protokolle standardisiert, auf die hier jedoch nicht eingegangen wird.

Der entscheidende Vorteil von Smart-Cards beim Einsatz kryptographischer Verfahren ist ihre Fähigkeit, die Algorithmen *selbst* ausführen zu können, so dass die Chipkarte keine geheimen Schlüssel an ein anderes Gerät übergeben muss – darauf beruht letztlich die Sicherheit der rechtsgültigen **digitalen Unterschrift** (siehe auch »Die Digitale Unterschrift«, S. 82).

Kryptographie auf Smart-Cards

Zur Verschlüsselung werden auf Chipkarten meist **symmetrische Verfahren** eingesetzt, da sie gegenüber **asymmetrischen Verfahren** erstens weniger Speicherplatz benötigen und da sie zweitens – und das ist noch wichtiger – schneller durchgeführt werden können. Die Gründe liegen auf der Hand: Während z. B. beim **DES**-Verfahren die 64-Bit-Blöcke lediglich einfachen Bit-Operationen wie Vertauschungen und XOR-Verknüpfungen unterliegen, wird für eine effiziente **RSA**-Realisierung eine aufwendige Langzahlarithmetik benötigt. Um dennoch asymmetrische Verfahren einsetzen zu können, werden zwei Richtungen verfolgt: Zum einen werden algorithmisch weniger aufwendige Verfahren eingesetzt (wie etwa **elliptische Kurven**), zum anderen weicht man auf Hybridlösungen aus (vgl. dazu »Schlüsselaustausch«, S. 109).

Ein genereller Schwachpunkt bei der Anwendung von Smart-Cards ist, dass die Authentifikation des Benutzers gegenüber der Karte meist durch eine PIN erfolgt, die leicht in falsche Hände geraten kann. Hiervon abgesehen ist aus technischer Sicht vor allem die Frage interessant, wie sicher geheime Schlüssel innerhalb der Karte verwahrt werden können.

Sicherheit von Smart-Cards

Durch verschiedene physikalische Vorrichtungen ist dafür Sorge getragen, dass es so gut wie unmöglich oder aber für einen Angreifer wegen des technischen Aufwandes unbezahlbar ist, durch »Bombardierung« der Karte mit ungewöhnlichen Spannungen, Temperaturen usw. Reaktionen hervorzurufen, die Rückschlüsse auf die gespeicherten Daten zulassen. Um zu verhindern, dass während der Aktivität der Karte elektrische Abstrahlung von außen aufgezeichnet wird, die verräterisch sein könnte, wird der EEPROM-Bereich speziell abgeschirmt. Zudem gibt es Sensoren, die ungewöhnliche angelegte Spannungen oder unzulässige Temperaturen erkennen.

Es gibt zahlreiche Untersuchungen zu sogenannten **Seitenkanalattacken** auf Smart-Cards. Seitenkanäle sind z. B. die verbrauchte Rechenzeit, der Stromverbrauch, elektromagnetische Abstrahlung, Speicherbedarf, Reaktionen auf Falscheingaben u.ä. Ziel des Angreifers ist es dabei stets, durch die Beobachtung eines solchen Seitenkanals während der Aktivität der Karte Rückschlüsse auf geheime Schlüssel zu ziehen. Im Jahre 2004 stellten Wissenschaftler der Ruhruniversität Bochum eine Vorrichtung vor, mit der sie anhand der Analyse des Stromverbrauchs einer Chipkarte einen geheimen **AES**-Schlüssel innerhalb von fünf Minuten bestimmen konnten. Solche Ergebnisse werden selbstverständlich als Anregungen aufgenommen, die Sicherheitseigenschaften von Chipkarten immer weiter zu verbessern. Erfolgreiche und für den Angreifer »lohnende« Seitenkanalattacken sind in der Praxis bisher nicht bekannt geworden.

3.1.2.2 Box: Authentifikation bei GSM ***

Die D- und E-Netze folgen dem internationalen GSM-Standard, allgemein spricht man auch von den **GSM-Netzen**. Die GSM-Netze sind mit einer Reihe von Sicherheitsfunktionen versehen, die in »Sicherheit in GSM-Netzen«, S. 259, zusammenfassend beschrieben sind. Hier geht es nur um die Authentifikation.

SIM-Karte   Ein GSM-Mobiltelefon benötigt stets eine SIM-Karte *(Subsriber Identity Module)*. Dabei handelt es sich um eine Smart-Card des kleineren Formats 15 mal 25 mm, die als Plug-In-Karte in das Mobilteil eingelegt wird. Die SIM-Karte trägt unter anderem eine weltweit eindeutige Kennung, die *IMSI (International Mobile Subscriber Identity)*.

In der SIM-Karte können persönliche Telefonnummern und Kurznachrichten gespeichert werden. Ferner sind dort für die Sicherheitsfunktionen relevante Daten gespeichert wie der Authentikationsalgorithmus A3, der für die Schlüsselerzeugung benötigte Algorithmus A8, der kartenspezifische für die Authentifikation gegenüber dem Netz benötigte Schlüssel k_I sowie die IMSI. Der für die Nutzdatenverschlüsselung zuständige Algorithmus A5 ist im Gerät (Handy) gespeichert, nicht in der SIM-Karte.

Wenn der Benutzer sein Handy einschaltet, authentifiziert er sich gegenüber dem Gerät (eigentlich gegenüber der SIM-Karte) mit einer PIN. Ist dies erfolgreich verlaufen, meldet sich das Gerät mit seiner IMSI beim betreffenden Netz, welches nun entscheidet, ob das Gerät sich in das Netz einloggen darf. Ist diese Entscheidung positiv, so authentifiziert sich die SIM-Karte im nächsten Schritt selbstständig – also ohne Zutun des Benutzers – gegenüber dem Netz. Dies findet nach einem **Challenge-Response-Verfahren** statt (vgl. »Authentifikation durch Wissen«, S. 129), der Ablauf ist in Abb. 3.1-6 illustriert.

Authentifikation mit Challenge-Response

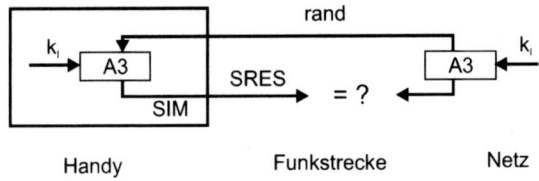

Abb. 3.1-6: Challenge-Response bei GSM.

Zuerst wird eine 128-Bit-Zufallszahl *rand* an das Handy geschickt. In der SIM-Karte wird auf *rand* der Algorithmus A3 unter Nutzung des Schlüssels k_I angewendet, das SRES genannte Ergebnis (für *signed response*) wird anschließend über die Funkstrecke ans Netz zurückgeschickt. Dort wird – mit Kenntnis von *rand* und k_I – die erwartete Antwort ebenfalls berechnet und mit SRES verglichen – bei Gleichheit gilt die Authentifikation als erfolgreich abgeschlossen.

Ein interessantes Detail ist noch: Der Algorithmus A3 ist (wie auch A8) nicht generell festgelegt, jeder Netzbetreiber kann

A3

ein eigenes Verfahren verwenden. Somit kann sich eigentlich jede SIM-Karte nur *in ihrem eigenen Netz* authentifizieren. Damit eine Einbuchung in andere Netze trotzdem möglich ist, werden immer einige Paare von *rand* und zugehörigem SRES vom Heimatnetz vorab erzeugt und im Bedarfsfall an das Netz weitergereicht, in dessen Bereich sich das Handy gerade aufhält – schauen Sie sich dazu auch »Sicherheit in GSM-Netzen«, S. 259, an.

IMSI-Catcher

Da in GSM-Netzen keine Authentifikation des Netzes gegenüber dem Handy stattfindet, ist ein *IMSI-Catcher* möglich. Dabei handelt es sich um ein Gerät, das gegenüber den Handys vortäuscht, eine Basisstation in einem Mobilfunknetz zu sein, um dadurch in den Besitz der IMSI oder *TMSI* (dies ist eine temporäre IMSI, siehe dazu »Sicherheit in GSM-Netzen«, S. 259) zu kommen. IMSI-Catcher werden vor allem von Strafverfolgungsbehörden und Geheimdiensten verwendet, um die von Zielpersonen verwendeten Handys identifizieren und dann Bewegungsprofile dieser Personen erstellen zu können. Manche IMSI-Catcher sind auch in der Lage, das Handy in einen unverschlüsselten Übertragungsmodus zu bringen und so Gespräche mitzuhören.

IMSI-Catcher werden in Deutschland zum Beispiel von der Firma Rohde&Schwarz hergestellt, legal ist ein Erwerb auf dem freien Markt allerdings nicht möglich.

3.1.3 Biometrie *

Bei biometrischen Techniken werden spezifische Eigenschaften von Personen über Sensoren ausgemessen, digital codiert und als Referenzen in einer Datenbank abgelegt. Später neu erhobene Daten eines Benutzers können dann zu verschiedenen Zwecken – unter anderem zur Authentifikation – mit den Referenzdaten abgeglichen werden.

Biometrie bezeichnet ursprünglich die Vermessung quantitativer Merkmale von Lebewesen. Im heutigen Sprachgebrauch wird dies meist auf den Menschen bezogen: Aus biometrischen Daten soll auf eine bestimmte Person geschlossen werden. Diese Person kann sich dadurch authentifizieren (Beispiel: zum Zwecke des Zugangs zu einem bestimmten Raum), oder sie wird identifiziert (Beispiel: Feststellung der Zugehörigkeit zu einem bestimmten Personenkreis).

Als biometrische Daten werden unter anderem die folgenden verwendet:

Beispiele biometrischer Daten

- Körpergröße
- Iris- oder Retina-Merkmale
- Fingerabdruck
- Gesichtsmerkmale
- Handgefäßstruktur / Venenerkennung
- Handgeometrie / Handlinienstruktur
- Stimme und Sprachverhalten
- Handschrift
- Tippverhalten auf Tastaturen
- Geruch
- DNA

Dabei gibt es unterschiedliche Ansätze, biometrische Verfahren zu klassifizieren – häufig unterscheidet man nach aktiv/passiv, verhaltens-/physiologiebasiert oder dynamisch/statisch.

Es gibt stets eine Lern- oder Einlernphase, in der die biometrischen Merkmale als Referenzmuster in digitaler Form erfasst und verschlüsselt abgespeichert werden. Beim Einsatz des biometrischen Systems wird ein aktuelles Probemuster aufgenommen und mit dem Referenzmuster verglichen. Das System hat dann zu entscheiden, ob die Ähnlichkeit der beiden Muster hinreichend hoch ist und in der Folge beispielsweise der betreffenden Person der Zugang gestattet wird oder ob die Person einem Kreis angehört, dem gewisse Rechte versagt werden.

Lernphase
Referenzmuster

Eine generelle Schwierigkeit biometrischer Verfahren besteht darin, dass sich Eigenschaften von Personen mit der Zeit ein wenig ändern können – beim Beispiel der Gesichtserkennung hat man leichte Änderungen durch Alterung, jedoch auch Effekte wie mit/ohne Brille oder mit/ohne Bart. Die Qualität der angewendeten Analyse- und Auswertungsalgorithmen ist also von eminenter Wichtigkeit. Um es noch einmal deutlich zu sagen:

- Da zwei digitale Abbilder eines biometrischen Merkmals niemals identisch sind, kann ein exakter Abgleich niemals erreicht werden. Die Merkmale werden also nicht auf Gleichheit, sondern auf hinreichende Ähnlichkeit getestet. Dies hat zur Folge, dass biometrische Systeme nur mit einer gewissen Wahrscheinlichkeit korrekt arbeiten können.

Fehlerraten Die Qualität eines biometrischen Verfahrens wird meist nach zwei Kriterien beurteilt:

▓ **Fehlerakzeptanzrate** (FAR)
Dies ist die Rate unberechtigter bzw. nicht zu dem ausgewählten Personenkreis gehöriger Personen, die fälschlich als Berechtigte akzeptiert werden.

▓ **Falschrückweisungsrate** (FRR)
Hierbei handelt es sich um die Rate berechtigter Personen, die fälschlicherweise zurückgewiesen werden.

In Abb. 3.1-7 sind diese Raten veranschaulicht.

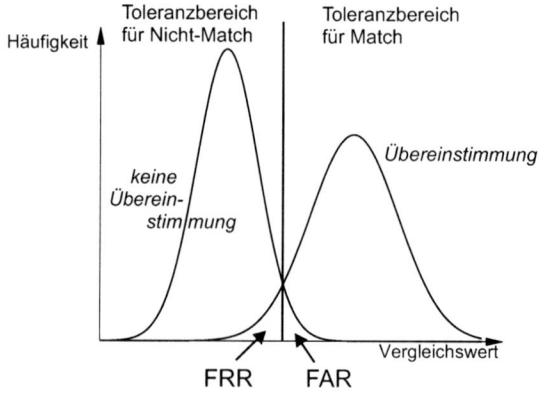

Abb. 3.1-7: Fehlerraten eines biometrischen Systems. Quelle: Bundesamt für Sicherheit in der Informationstechnik.

Beispiel ePass

Seit November 2005 werden in Deutschland nur noch Reisepässe mit einem zusätzlichen biometrischen Merkmal, bisher einem digital gespeicherten Lichtbild, ausgegeben (»ePässe der ersten Generation«). Zu diesem Zweck ist ein **RFID**-Chip in den Pass integriert. Dabei stellt die sogenannte **BAC** *(Basic Access Control)* sicher, dass die Daten im Chip nicht ausgespäht werden können. Die zweite Generation der ePässe wurde EU-weit ab März 2007 eingeführt, hier sind zusätzlich gespeicherte Fingerabdrücke enthalten. Mit der weiterentwickelten EAC *(Extended Access Control)* werden die Daten dabei vor unberechtigtem Zugriff geschützt.

Der Hauptvorteil einer auf Biometrie basierenden Authentifikation liegt darin, dass die Authentifikation aufgrund eines Merkmals erfolgt, das von einer Person nicht vergessen werden oder in unbefugte Hände gelangen kann. Leider erfordern biometrische Verfahren andererseits spezielle Hardware, zudem sind sie noch recht fehleranfällig. Schließlich ist die Speicherung von biometrischen Referenzmustern auch ein Datenschutzproblem.

Biometrische Verfahren werden heute auch eingesetzt, um bei der auf einer Chipkarte basierenden Authentifikation das PIN-Verfahren zur Authentifikation des Benutzers gegenüber der Karte zu ersetzen (siehe »Authentifikation durch Besitz«, S. 137).

3.1.4 Authentifikation in verteilten Systemen *

Für die gegenseitige Authentifizierung räumlich verteilter Systeme gibt es zahlreiche Ansätze und Lösungen, die sich hinsichtlich ihrer Komplexität und der erzielten Sicherheit unterscheiden.

Wie können sich Subjekte in offenen Systemumgebungen authentifizieren?

Häufig sind Client/Server-Architekturen gegeben, in denen von den Servern Dateisystem- oder Datenbankdienste angeboten werden. Die Kooperation zwischen der Client- und der Serverseite erfolgt dabei meist aufgrund des Konzepts **RPC** *(Remote Procedure Call)*, welches auf **TCP/IP** aufsetzt und keinerlei Sicherheitsvorkehrungen (also insbesondere keine Authentifikation) beinhaltet – im Gegensatz zum später aufgekommenen *Secure RPC*, auf das weiter unten noch einmal eingegangen wird.

PIN oder Passwort

Die einfachste Variante einer Authentifikation bedient sich einer PIN bzw. eines **Passworts** (vgl. hierzu auch »Authentifikation durch Wissen«, S. 129). Ohne weitere Vorkehrungen ist diese Möglichkeit jedoch sehr unsicher, da – insbesondere in einer offenen Umgebung – diese Daten ohne Weiteres abgefangen und missbräuchlich verwendet werden können.

Einsatz kryptographischer Protokolle

Es gibt zahlreiche Möglichkeiten, kryptographische Verfahren in Protokolle zur Authentifikation einzubinden. Dabei können symmetrische oder asymmetrische Verfahren genutzt werden, und je nach Komplexität des Verfahrens werden bestimmte Angriffsarten ausgeschlossen. Generell erweist sich der Entwurf einfacher und doch sicherer Protokolle als sehr schwierig.

Im Weiteren wird die folgende Bezeichnung verwendet:

▪ Für ein gegebenes Verschlüsselungsverfahren – symmetrisch oder asymmetrisch – bezeichnet $V(m,k)$ die Verschlüsselung der Nachricht m unter Nutzung des Schlüssels k.

Authentifikation durch Verschlüsselung

Angenommen, A wolle sich gegenüber B authentifizieren. Im einfachsten Fall wählt A eine Nachricht m, verschlüsselt diese mit dem Schlüssel k_A und schickt das Paar $(m, V(m, k_A))$ an B. Wird dabei ein symmetrisches Verfahren angewendet, so müssen A und B den Schlüssel k_A vereinbart haben; wird asymmetrisch verschlüsselt, so ist k_A der geheime Schlüssel von A, mit anderen Worten wird die Nachricht m von A »unterschrieben«.

Soll sich auch B gegenüber A authentifizieren, so kann der analoge Ablauf in der anderen Richtung stattfinden.

Prinzipieller Nachteil dieses einfachen Verfahrens ist, dass A die Nachricht m beliebig wählen kann. Dies kann sich ein Angreifer zunutze machen, der möglicherweise ein verwendetes Paar $(m, V(m, k_A))$ abgehört hat und dieses zu einem anderen Zeitpunkt verwenden kann, um sich gegenüber B als A auszugeben.

Eine Verbesserung ist an dieser Stelle durch die Verwendung *implizit* gegebener Nachrichten m möglich – dabei könnte m neben einer von A gewählten Information noch einen Zeitstempel oder eine Nachrichtensequenznummer enthalten. Hierdurch handelt man sich allerdings Synchronisationsprobleme ein – beispielsweise müssen *A* und *B* bei der Benutzung von Zeitstempeln über synchronisierte Uhren verfügen, und dies ist wiederum nur durch aufwendige Protokolle herzustellen, die ihrerseits wieder Ziel von Angriffen sein können.

Eine Verbesserung gegenüber der einfachen Verschlüsselung einer von *A* ausgehenden Nachricht bieten **Challenge-Response-Verfahren**, deren Grundprinzip in »Authentifikation durch Wissen«, S. 129, ausführlicher dargelegt ist:

Challenge-Response

Hierbei wählt nicht *A* die Nachricht aus, vielmehr legt *B* ihm eine Zufallsmarke vor (im Englischen *nonce*), und *A* muss auf diese Herausforderung *(challenge)* die richtige Antwort *(response)* schicken, damit er als authentifiziert gilt.

Eine gegenseitige Authentifizierung sieht hier so aus (n_A und n_B sind die Zufallsmarken):

$$B \rightarrow A \qquad n_B$$
$$A \rightarrow B \qquad V(n_B, k_A), n_A$$
$$B \rightarrow A \qquad V(n_A, k_B)$$

Jedoch ist auch bei dieser gegenseitigen Authentifikation ein Angriff möglich, durch den ein Angreifer entweder *A* oder *B* vortäuschen kann, der jeweils andere Kommunikationspartner zu sein.

Ein vielfach verwendetes komplexeres Protokoll zur Authentifikation ist das oben bereits erwähnte *Secure RPC*, in welchem das **DES**-Verfahren sowie Zeitstempel verwendet werden und der gemeinsame Schlüssel mit dem Verfahren von Diffie-Hellman (vgl. »Diffie-Hellman-Schlüsselaustausch«, S. 113) erzeugt wird.

komplexere Protokolle

Das am häufigsten verwendete Authentifikations- und Schlüsselverteilsystem ist **Kerberos** – diesem Protokoll ist ein eigener Abschnitt gewidmet (siehe »Kerberos«, S. 151).

3.1.4.1 Kerberos *

Kerberos ist ein Authentifikations- und Schlüsselverteilsystem. Es bietet eine sichere und einheitliche Authentifikation in einem ungesicherten Netzwerk – beispielsweise basierend auf TCP/IP – aus sicheren Hostrechnern.

Das Kerberos-System wurde ursprünglich im Rahmen des Athena-Projekts am MIT in Kooperation mit den Firmen IBM und DEC entwickelt. Es basiert auf dem **Protokoll von Needham-Schroeder** für **symmetrische Kryptosysteme** (siehe »Protokolle von Needham-Schroeder«, S. 111).

Der Name »Kerberos« ist der griechischen Mythologie entnommen: So heißt dort ein dreiköpfiger Hund, der den Eingang zur Unterwelt bewacht.

Kerberos basiert auf dem Client-Server-Modell, in dem neben Client und Server noch der Kerberos-Server beteiligt ist. Alle Subjekte – Benutzer, Clients und Server – werden bei Kerberos als Principal bezeichnet. Ein Client darf einen Serverdienst nur dann in Anspruch nehmen, wenn er dafür dem Server eine Authentizitätsbescheinigung, ein sogenanntes Ticket, vorweisen kann. Im Prinzip kann Kerberos mit beliebigen Netzdiensten (wie z. B. E-Mail) verknüpft werden, deren Server müssen dann freilich entsprechend erweitert werden, um die Authentizitätsnachweise überprüfen zu können. Generell wird dabei *Single Sign-On* unterstützt, d. h. ein Benutzer muss sich nur einmal anmelden, dann kann er alle Netzdienste nutzen, ohne ein weiteres Mal ein Passwort eingeben zu müssen.

Ticket-Granting Ticket

Nachdem der Benutzer eines um Kerberosdienste erweiterten Systems sich an seinem Arbeitsplatzsystem angemeldet hat, fordert sein Kerberos-Client zunächst ein TGT *(Ticket-Granting Ticket)* vom Kerberos-Server KDC *(Key Distribution Center)* an, der in einen AS *(Authentication Server)* und einen TGS *(Ticket-Granting Server)* unterteilt ist. Mit dem erhaltenen TGT ist der Client dann in der Lage, weitere Tickets für Dienste anzufordern.

Der Benutzer kann ein TGT bei seinem TGS einreichen, um ein Ticket für die Beanspruchung einer Dienstleistung zu erhalten, die von einem Server innerhalb des gleichen Administrationsbereiches (diese werden als *Realms* bezeichnet) angeboten wird. Dabei kann ein TGT während seiner Gültigkeitsdauer (typisch: einige Stunden) mehrfach eingereicht werden – dadurch hat man ein *Single Sign-On*.

Als Basis der Protokollabläufe teilt AS mit jedem Principal einen geheimen Schlüssel K_P.

Ein Ticket hat die folgende Gestalt: *Ticket*

$$T_{C,S} = \{U, C, S, K, T, L\}^{K_S}$$

Dabei steht U für den Benutzernamen, C für die Netzadresse des Clients, S für den Namen des Servers. K ist ein für die Kommunikation zwischen C und S einzusetzender Sitzungsschlüssel, und T und L sind ein Zeitstempel und die Gültigkeitsdauer. Wie üblich, wird durch den Exponenten K_S ausgedrückt, dass das Ticket mit K_S verschlüsselt ist.

Um spätere Wiedereinspielungen eines solchen Tickets *Authentikator*
durch nicht-berechtigte Clients zu verhindern, müssen Tickets immer zusammen mit Authentikatoren eingereicht werden. Mithilfe eines Authentikators kann ein Server die Authentizität und »Frische« eines Tickets überprüfen.

Ein Authentikator hat die folgende Gestalt:

$$A_{C,S} = \{C, T\}^K$$

$A_{C,S}$ ist mit dem Schlüssel chiffriert, den C und S vereinbart haben (im Ticket). T steht für einen Zeitstempel.

Angenommen, ein Benutzer U will sich über einen Client C in ein mit Kerberos geschütztes System einklinken, um die Dienste eines Servers S in Anspruch zu nehmen.

Es wird nun der Ablauf des Authentifikationsprotokolls in *Protokollablauf*
14 Schritten detailliert dargestellt (nach Version 4 von Kerberos).

(1)	$U \to C$	U
(2)	$C \to AS$	U, TGS
(3)	AS	$T_{C,TGS} = \{U, C, TGS, K, T, L\}^{K_{TGS}}$
(4)	$AS \to C$	$\{TGS, K, T, L, T_{C,TGS}\}^{K_U}$
(5)	$C \to U$	$password?$
(6)	$U \to C$	pwd
(7)	C	$K_U = f(pwd), A_{C,TGS} = \{C, T_1\}^K$
(8)	$C \to TGS$	$S, T_{C,TGS}, A_{C,TGS}$
(9)	TGS	$T_{C,S} = \{U, C, S, K', T', L'\}^{K_S}$
(10)	$TGS \to C$	$\{S, K', T', L', T_{C,S}\}^K$
(11)	C	$A_{C,S} = \{C, T_2\}^{K'}$
(12)	$C \to S$	$T_{C,S}, A_{C,S}$
(13)	S	$check A_{C,S}$
(14)	$S \to C$	$\{T_2 + 1\}^{K'}$

Im ersten Schritt meldet sich U beim Clienten C an. C ermittelt einen für U zuständigen TGS und übermittelt im zweiten Schritt beide Kennungen an AS. Im dritten Schritt erstellt AS ein TGT, das im vierten Schritt zusammen mit anderen Informationen an C geschickt wird; da die Nachricht mit K_U chiffriert ist, kann C diese nur mit Unterstützung von U öffnen und so an das TGT gelangen. Im fünften Schritt fordert C den Benutzer U zur Eingabe seines Passwortes auf, die Eingabe ist Schritt 6. Im siebten Schritt kann nun C durch Anwendung einer gegebenen Einwegfunktion f den geheimen Schlüssel $K_U = f(pwd)$ ermitteln und mit dessen Hilfe die in Schritt 4 erhaltene Nachricht entschlüsseln; insbesondere ist C dann im Besitz des Schlüssels K und kann $A_{C,TGS} = \{C, T_1\}^K$ bilden.

Kann Schritt 7 von C nicht erfolgreich durchgeführt werden – sei es, dass die Entschlüsselung fehlschlägt, sei es, dass das Ticket aufgrund von T oder L nicht mehr gültig ist –, so wird das Protokoll ohne Erfolg abgebrochen.

Zu beachten ist: Auch im Erfolgsfalle von Schritt 7 kann C das Ticket $T_{C,TGS}$ nicht weiter entschlüsseln, da es mit dem geheimen Schlüssel K_{TGS} chiffriert ist; es kann nur dazu verwendet werden, beim TGS ein Ticket für einen Server S zu beantragen.

An dieser Stelle ist das **Single-Sign-On** abgeschlossen, so dass die nächsten Schritte eventuell mehrmals zu durchlaufen sind.

Im achten Schritt übermittelt C dem TGS den Namen eines Servers, zusammen mit dem Ticket-Granting-Ticket $T_{C,TGS}$ und dem im vorigen Schritt »frisch« gebildeten Authentikator $A_{C,TGS}$.

Der TGS kann im neunten Schritt mithilfe seines Schlüssels K_{TGS} das Ticket-Granting Ticket $T_{C,TGS}$ öffnen und daraus u. a. K beziehen, womit anschließend $A_{C,TGS}$ geöffnet werden kann. Ist der Zeitstempel T_1 in Ordnung, so wird $T_{C,TGS}$ vom TGS als authentisch und frisch akzeptiert. Abschließend wird nun ein Ticket $T_{C,S} = \{U, C, S, K', T', L'\}^{K_S}$ erstellt, welches C gegenüber S verwenden soll.

Zu diesem Zweck wird das Ticket $T_{C,S}$ im zehnten Schritt an C übergeben. In die mit K verschlüsselte Nachricht sind außerdem die Kennung von S, ein zwischen C und S zu verwendender Sitzungsschlüssel K' sowie zeitliche Einschränkungen T' und L' für die Benutzung von $T_{C,S}$ eingebunden.

Im elften Schritt bildet C nach dem Öffnen der im vorigen Schritt erhaltenen Nachricht mithilfe des Schlüssels K' einen Authentikator $A_{C,S} = \{C, T_2\}^{K'}$, den er zusammen mit $T_{C,S}$ im zwölften Schritt an S übermittelt.

S verfährt nun im 13. Schritt analog wie TGS im neunten Schritt: $T_{C,S}$ öffnen, K' herauslesen, $A_{C,S}$ öffnen, T_2 prüfen. Gelingt dies alles mit positivem Resultat, ist C gegenüber S authentifiziert.

Der optionale 14. Schritt – Übermittlung von $\{T_2 + 1\}^{K'}$ an C – dient der Authentifikation von S gegenüber C.

In Abb. 3.1-8 ist der Protokollablauf noch einmal in verkürzter Form dargestellt. Die Abbildung zeigt auch die Kontaktaufnahme des Clients mit dem gewünschten Server (Pfeile 5 und 6) nach dem Kerberos-Protokollablauf.

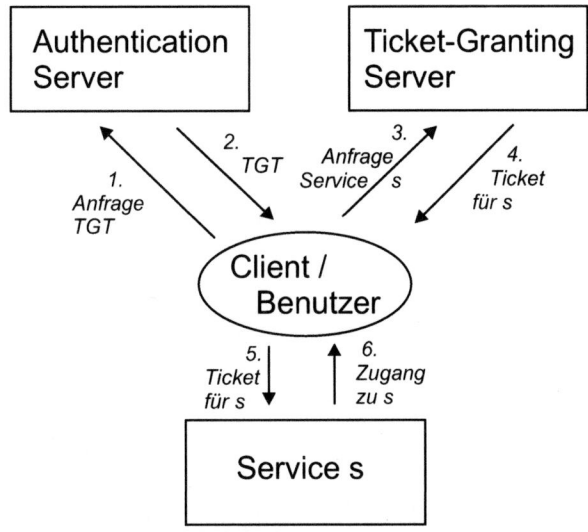

Abb. 3.1-8: Schematischer Ablauf der Kerberos-Authentifikation.

Bei Kerberos Version 4 ist zur Verschlüsselung nur **DES** vorgesehen. Zur Sicherung der Integrität der ausgetauschten Daten wird eine Prüfsumme gebildet und mit DES chiffriert. Kerberos Version 5 erlaubt – neben einigen weiteren Verbesserungen – zur Verschlüsselung neben DES die Verfahren **3DES**, **AES** und **RC4**, für die Prüfsummenbildung stehen **MD4**, **MD5**, DES-MAC und CRC32 zur Verfügung. Bei Version 5 können auch Authentifikationsinformationen an andere Subjekte weitergereicht werden; auf diese Weise können bereichsübergreifende Zugriffe von Benutzern authentifiziert werden, ohne dass diese erneut aktiv werden müssen.

Verschiedene Hersteller haben Kerberos Version 4 aufgegriffen und entsprechende kommerzielle Systeme herausgebracht. Version 5 wurde zum Internet-Standard.

Das MIT bietet eine freie Implementierung des Kerberos-Protokolls für UNIX und Linux an (Versionen 4 und 5). Microsoft verwendet Kerberos als Standard-Protokoll für die Authentifizierung unter Windows-2000/2003-basierten Netzwerken sowie für den Windows-XP-Client.

3.2   Zugriffskontrolle *

Rechteverwaltung und Zugriffskontrolle bilden zusammen einen zentralen Bestandteil jedes IT-Sicherheitskonzeptes. Zur Klärung der Grundlagen von Zugriffskotrollkonzepten sind eine Reihe von Zugriffskontrollmodellen aufgestellt worden.

Der Begriff der Zugriffskontrolle ist sehr umfassend – zugespitzt könnte man sagen, dass das gesamte Gebiet der IT-Sicherheit sich hauptsächlich mit Zugriffskontrollstrategien beschäftigt. Im vorliegenden Kapitel wird Zugriffskontrolle im engeren Sinne als technische Zugriffskontrolle verstanden, die sich zum Schutz von Objekten der Informatik-Methoden (Hard- und Software) bedient, daneben gibt es die administrative und die physikalische Zugriffskontrolle.

Rechteverwaltung & Zugriffskontrolle

Zugriffskontrolle hängt immer eng mit der Vergabe und Verwaltung von Rechten zusammen. Bei der Aufstellung von Zugriffsrechten geht es generell um die folgenden drei Fragen:

- Was ist die kleinste zu schützende Einheit (z. B. einzelne Dateien oder Dateiordner)?
- Zwischen welchen Operationen soll bei der Rechteverwaltung unterschieden werden (z. B. read, write usw.)?
- Wie wird die Autorisierung durchgeführt?

Die Aufgaben von Rechteverwaltung und Zugriffskontrolle in einem IT-System bestehen generell darin, Mechanismen zur Vergabe von Zugriffsrechten bereitzustellen und bei Zugriffen auf zu schützende Objekte die Autorisierung zu prüfen. Dabei ist die praktische Umsetzung der Anforderungen an Rechteverwaltung und Zugriffskontrolle durchaus aufwendig, es muss ein Zusammenspiel geben von Hardware-basierten Kontrollen mit den Diensten der Betriebs- und der genutzten Kommunikationssysteme. Beim sprachbasierten Schutz, der in der Programmiersprache Java ausgeprägt realisiert ist, geht es vor allem darum, die lokalen Ressourcen eines Computersystems vor Angriffen seitens der Anwendungsprogramme zu schützen. Das umgekehrte Problem – Schutz einer Anwendung vor möglichen Angriffen seitens fremder Ausführungsumgebungen – ist separat zu betrachten; auf diesem Gebiet (Stichworte: Schutz von mobilem Code, mobile Agenten) gibt es seit einigen Jahren intensive Forschungsbemühungen.

Schließlich gehören auch **Firewalls**, die in »Sicherheit in Netzen«, S. 189, behandelt werden, mit in diese Aufzählung.

Im Rest dieses Kapitels geht es um Zugriffskontrollmodelle. In einem separaten Abschnitt wird auf die Zugriffskontrolle beim Betriebssystem UNIX eingegangen (siehe »Zugriffskontrolle in UNIX«, S. 160).

Zugriffs-
kontroll-
modelle

Man unterscheidet beim Aufstellen solcher Modelle zunächst einmal zwischen diskreter und regelbasierter Zugriffskontrolle. Eine diskrete Zugriffskontrolle (*discretionary access control*, DAC) basiert auf dem Eigentümer-Konzept: Jedes Objekt hat einen Besitzer, der über die Vergabe, Weitergabe und Änderung von Zugriffsrechten bezüglich dieses Objekts entscheiden kann. Demgegenüber liegt bei der regelbasierten Zugriffskontrolle (*mandatory access control*, MAC) die Vergabe von Zugriffsrechten nicht in der Hand der Objektbesitzer, sondern erfolgt auf der Basis von Regeln und in Abhängigkeit der Schutzbedürfnisse der Objekte; typischerweise werden Subjekte und Objekte mit »Sicherheitsmarken« belegt, und nur, falls bestimmte abstrakt formulierte Beziehungen zwischen den zugehörigen Sicherheitsmarken bestehen, dürfen Subjekte auf Objekte zugreifen.

diskrete &
regelbasierte
Zugriffs-
kontrolle

Den bekanntesten Ansatz für diskrete Zugriffskontrolle bilden **Zugriffs(kontroll)matrizen**.

Zugriffsmatrix-Modell

Das Modell geht von einer Menge $S = \{s_1, s_2, ..., s_n\}$ von **Subjekten** und einer Menge $O = \{o_1, o_2, ..., o_m\}$ von **Objekten** aus. Die Menge R der Rechte stellt eine Menge möglicher **Aktionen** dar – man denke beispielsweise an read, write oder receive. Die Menge $R_{i,j} = \{r_1, r_2, ..., r_h\} \subseteq R$ steht für die Zugriffsrechte, über die das Subjekt s_i hinsichtlich Objekt o_j verfügt. Zur Zugriffskontrollmatrix gelangt man nun, wenn man die Subjekte eines IT-Systems als Zeilen und die Objekte als Spalten einer Matrix anordnet und R_{ij} an der entsprechenden Stelle einträgt (siehe Abb. 3.2-1). Zustandsübergänge können nun durch Operationen in dieser Matrix beschrieben werden.

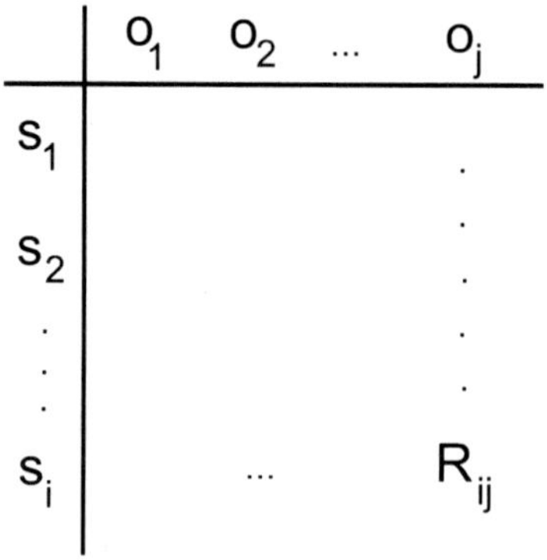

Abb. 3.2-1: Aufbau einer Zugriffsmatrix.

Man unterscheidet **statische** und **dynamische** Matrizen. Ein statisches Modell ist für Anwendungsprobleme geeignet, bei denen der Rechtezustand für längere Zeiträume unverändert bleibt. Ein Beispiel sind die Sicherheitsfestlegungen einfacher Paketfilter (siehe »Aufgaben von Firewalls«, S. 189), diese können mit statischen Zugriffsmatrix-Modellen beschrieben werden.

Bei den dynamischen Matrizen legt man Elementaroperationen fest, mit denen Veränderungen der Zugriffsmatrix möglich sind.

Generell ist das Zugriffsmatrix-Modell vielfältig einsetzbar, vor allem auch weil Subjekte und Objekte beliebig granular festgelegt werden können. Schwierig ist allerdings, inkonsistente Schutzzustände auszuschließen oder nachzuprüfen, ob komplexe angestrebte Sicherheitseigenschaften in dem Modell festgehalten sind.

Das **Bell-LaPadula-Modell** ist das älteste bekannte Sicherheitsmodell, welches vollständig formalisiert beschrieben werden kann. Das Modell geht von einem dynamischen Zugriffsmatrix-Modell aus auf Basis einer Menge universeller Rechte:

Bell-LaPadula-Modell

$$\{read - only, append, execute, read - write, control\}$$

Es wird dann eine geordnete Menge SC von Sicherheitsklassen eingeführt, um den zu verarbeitenden Informationen und den beteiligten Subjekten unterschiedliche Sicherheitsstufen zuordnen zu können; ein Element $X \in SC$ wird durch ein Paar $X = (A, B)$ beschrieben, wobei A eine Sicherheitsmarke und B eine Menge von Sicherheitskategorien ist. Auf der Menge der Sicherheitsmarken ist eine Ordnungsstruktur festgelegt (zur Begriffsbildung vgl.»Sicherheitsmodelle«, S. 33); auf SC ergibt sich damit ebenfalls eine Ordnungsstruktur durch die Festlegung

$$(A, B) \leq (C, D) \ genau \ dann \ wenn \ A \leq C \ und \ B \subseteq D$$

(bekannt als **Produktordnung**).

In dem IT-System eines Unternehmens seien die bearbeiteten Dateien die zu schützenden Objekte. Die Menge der Sicherheitsmarken sei

Beispiel

$$\{unklassifiziert, vertraulich, geheim, streng \ geheim\}$$

mit der Ordnung

$$unklassifiziert \leq vertraulich \leq geheim \leq streng \ geheim.$$

Die Menge der Sicherheitsklassen sei

$$\{Vorstand, Abteilungsleiter, Sachbearbeiter, Sekretaer\}.$$

Es gilt nun z. B.: $(vertraulich, \{Sachbearbeiter\})$

$$\leq (vertraulich, \{Sachbearbeiter, Abteilungsleiter\})$$

Die Zulässigkeit der Zugriffe von Subjekten auf Objekte (Ausübung der Rechte) kann nun aufgrund von Regeln beschrieben werden, wobei die Ordnungsrelationen zwischen den (Subjekt und Objekt) zugeordneten Sicherheitsklassen eine Rolle spielen. Beispielsweise besagt die Simple-Security-Regel, dass ein Lese- oder Execute-Zugriff auf ein Objekt o durch ein Subjekt s nur dann zulässig ist, wenn s das entsprechende Zugriffsrecht besitzt und die Sicherheitsklasse von o kleiner oder gleich der von s ist.

Auf weitere Details wird hier nicht eingegangen.

Chinese-Wall-Modell Beim **Chinese-Wall-Modell** wird bei der Zugriffskontrolle berücksichtigt, auf welche Objekte ein Subjekt bereits zugegriffen hat. Dies ist anders als beim Bell-LaPadula-Modell, in dem nur die Attribute des Subjekts und des Objekts eine Rolle spielen. Das Chinese-Wall-Modell ist für eine Situation zugeschnitten, in der sich z. B. eine Beratungsfirma befindet, die verschiedene Unternehmen einer Branche berät: Hier soll ein Mitarbeiter, der Unternehmen X berät, nicht gleichzeitig das Mandat einer Konkurrenzfirma übernehmen, da sich sonst Interessenkonflikte ergeben könnten.

Auch dem Chinese-Wall-Modell liegt zunächst ein Zugriffsmatrix-Modell auf Basis universeller Rechte zugrunde. Die zu schützenden Objekte werden als Baum strukturiert, wobei Interessenkonfliktklassen durch zusätzliche Ebenen des Baumes modelliert werden.

3.2.1   Box: Zugriffskontrolle in UNIX ***

Die Zugriffskontrolle in UNIX ist recht pragmatisch geregelt und entspricht sicher nicht allen denkbaren Sicherheitsanforderungen – sie ist jedoch effizient und für den Benutzer verständlich.

Subjekte, Objekte Die zu schützenden Objekte sind die Dateien und Verzeichnisse, als Subjekte gibt es Benutzer, Benutzergruppen und Prozesse. Bemerkenswert ist, dass auch externe Geräte (wie Drucker oder Bildschirm) sowie der Arbeitsspeicher als Dateien modelliert sind, wodurch es möglich ist, die Zugriffskontrolle vollständig an das Dateikonzept zu koppeln.

Das Dateisystem ist – wie bei den Windows-Systemen – baumartig strukturiert. Zur Benennung einer Datei ist ihr vollständiger Pfadname anzugeben, der mit dem Namen des Wurzelverzeichnisses beginnt und alle Namen der Verzeichnisse enthält, die auf dem Pfad zu der Datei »liegen«. Benutzer, Benutzergruppen und Prozesse werden über uids, guids bzw. pids identifiziert.

Unter UNIX gibt es im Wesentlichen die Zugriffsrechte lesen (*r*), schreiben (*w*) und ausführen (*x*). Jedem Objekt ist eine Zugriffskontrollliste zugeordnet, in der festgehalten ist, welche Rechte ein Benutzer eines bestimmten Typs an dem Objekt besitzt. Es gibt drei Arten von Benutzern, und zwar den Eigentümer der Datei, die Benutzer aus der Gruppe, zu der das zu schützende Objekt gehört, und schließlich der »Rest der Welt«, also alle anderen Benutzer. Zusammen mit der Angabe des Dateitypen ergeben sich so für eine UNIX-Zugriffskontrollliste zehn Positionen (siehe Abb. 3.2-2).

Zugriffs-kontroll-liste

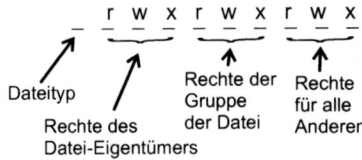

Abb. 3.2-2: Struktur der Zugriffskontrolllisten in UNIX.

Mögliche Dateitypen sind:

- »-« einfache Datei
- »d« Verzeichnis
- »l« Verweis
- »c« zeichenorientiertes Gerät
- »b« blockorientiertes Gerät

Liegt in der Liste einbestimmtes Recht *nicht* vor, so wird dies durch »-« gekennzeichnet. Für Verzeichnisse haben die Rechte *r*, *w* und *x* die folgende Bedeutung:

- »*r*« Das Leserecht erlaubt lediglich, die Dateien des Verzeichnisses aufzulisten.
- »*w*« Das Schreib-Recht erlaubt das Hinzufügen oder Entfernen von Dateinamen oder Links aus dem Verzeichnis.
- »*x*« Für Verzeichnisse ist dies ein Suche-Recht: Es erlaubt, das Verzeichnis zu »betreten« und die darin enthaltenen Dateien zu öffnen.

Die Zugriffskontrollliste ($d\ rwx\ r-\!-\ -\!-\!-$) besagt, dass es sich um ein Verzeichnis handelt, dessen Eigentümer alle

Beispiel

Rechte besitzt. Die Mitglieder der Gruppe, zu der das Verzeichnis gehört, haben nur das Leserecht für dieses Verzeichnis, können sich mithin die darin enthaltenen Dateien auflisten lassen. Alle anderen Benutzer haben keinerlei Rechte.

Zu beachten ist noch Folgendes:

Um auf eine Datei zugreifen zu können, muss das betreffende Subjekt für alle Verzeichnisse des Pfadnamens der Datei das Suche-Recht besitzen. Mit dem Suche-Recht ist jedoch nicht automatisch auch das Lese-Recht erteilt, d. h. ein Benutzer kann möglicherweise ein Verzeichnis betreten und dort Dateien öffnen, sich aber nicht den Inhalt des Verzeichnisses auflisten lassen.

Sonderrechte Um weitere Rechtekonstellationen bzw. Sonderrechte zu ermöglichen, können ferner sticky-Bits, suid-Bits und sgid-Bits gesetzt werden. Mit dem sticky-Bit wird für ein Verzeichnis erreicht, dass nur der Eigentümer einer Datei diese aus dem Verzeichnis löschen darf. Mit den suid- und sgid-Bits können Rechte eines Benutzers oder einer Gruppe temporär weitergegeben werden. So kann beispielsweise erreicht werden, dass bei der Ausführung einer Programmdatei durch einen Benutzer die uid des ausführenden Prozesses durch die uid desjenigen Benutzers ersetzt wird, der Eigentümer der Programmdatei ist.

3.3 Sicherheit von Betriebssystemen *

Ein Betriebssystem muss stets grundlegende Sicherheitskonzepte beinhalten. Besonders im Bereich der Personal Computer sind die heutigen Betriebssysteme allerdings auf die Sicherheitsprobleme, die mit der allgegenwärtigen Vernetzung einhergehen, nur ungenügend vorbereitet. Neue Probleme ergeben sich durch die starke Verbreitung von Smartphones.

Sicherheits-anforderungen Die Grundaufgabe des **Betriebssystems** eines Computersystems besteht darin, durch Systemsoftware den Benutzern und den Anwendungen den komfortablen Zugang zur Hardware und anderen Betriebsmitteln zu ermöglichen. Es

liegt auf der Hand, dass ein Betriebssystem stets grundlegende Sicherheitskonzepte beinhalten muss, um einerseits

▓   die Betriebssystem-Software selbst zu schützen

und auf der anderen Seite

▓   für den Schutz einzelner Daten und Programme vor unberechtigter Benutzung, Verfälschung oder gar Zerstörung zu sorgen.

Diese Anforderungen aus Sicherheitssicht sind besonders
bei den heute weit verbreiteten Personal Computern, die
ursprünglich als Einzelplatzsysteme konzipiert waren, und
den dafür verfügbaren Betriebssystemen relevant – im Bereich der Großrechner hat es schon immer mehr Sicherheitsvorkehrungen gegeben. Die Situation hinsichtlich der
PCs wird dadurch erschwert, dass moderne Betriebssysteme ständig neue Funktionen bieten, die über die ele-
mentaren Grundfunktionen der Systemsteuerung hinausge-
hen (wie beispielsweise Programmier- und Kommunikationsschnittstellen oder Bürosoftware-Lösungen). Eine neue
Problemwelt tut sich mit der explosionsartigen Verbreitung
von Smartphones auf. Die enorme Wichtigkeit des Schutzes
der Betriebssystem-Software dürfte klar sein. Beispielsweise
muss ich mir sicher sein können, dass ich eine Datei *wirklich* unter dem angegebenen Namen auf meiner Festplatte
speichere, und dass diese nicht *stattdessen* über das Internet irgendwohin verschickt wird! (Neben den Betriebssys-
tem-Funktionen ist an dieser Stelle auch die **Firewall**-The-
matik angesprochen, siehe »Firewalls«, S. 189).

Folgendes Beispiel zeigt, dass ein den Benutzer täuschendes
Betriebssystem auch leicht juristische Folgen haben kann.

An Ihren PC ist ein Kartenleser angeschlossen, und Sie   *Beispiel*
sind im Besitz einer Chipkarte zur Erstellung einer qualifizierten **digitalen Signatur** nach dem deutschen Signaturgesetz (siehe dazu »Die Digitale Unterschrift«, S. 82).
Wenn Sie ein Dokument unterschreiben wollen, so müssen Sie sicher sein, dass Sie tatsächlich das auf Ihrem
Bildschirm angezeigte Dokument signieren – und nicht
in Wahrheit ein anderes, welches der PC vor Ihnen »versteckt«.

Sicherheits-Mechanismen

Die Sicherheit eines Betriebssystems kann durch eine Reihe typischer Hardware-naher Mechanismen unterstützt werden – wie Grenzregister zur Überwachung von Speicherzugriffen, Timer zur Begrenzung des CPU-Zugriffs oder eingeschränkte CPU-Befehlssätze für Anwendungen. Daneben gibt es durch Software umgesetzte »Verwaltungsmaßnahmen« wie Überwachung der Benutzeraktivitäten oder der Prozesszugriffe.

Windows, Linux und MAC OS

Im Bereich der PCs hat das Windows-Betriebssystem die größte Verbreitung, daneben hat sich in den letzten Jahren Linux als Alternative fest etabliert. MAC OS ist das Betriebssystem in der »Parallelwelt« der Apple-PCs. Die neueren Windows-Versionen weisen gegenüber den Vorgängern eine erhöhte Sicherheit auf, beispielsweise durch Einführung der *Windows Firewall*. Zu kritisieren ist allerdings, dass es dem »einfachen Benutzer« nicht leicht gemacht wird, beim Umgang mit der Windows-Firewall, Virenscannern, Browser-Einstellungen, Verschlüsselungsprogrammen usw. den Überblick zu behalten. Als UNIX-ähnliches Multiplattform-Mehrbenutzer-Betriebssystem hat Linux von vornherein einige Vorteile, beispielsweise die von UNIX bekannte strenge Unterteilung von Zugriffsrechten (siehe »Zugriffskontrolle in UNIX«, S. 160). Durch die Offenheit von Linux sind unterschiedliche Versionen verfügbar, insbesondere einige hinsichtlich der Sicherheit noch einmal »gehärtete« Linux-Distributionen. Erwähnenswert ist an dieser Stelle die Initiative SELinux, die sich eine Erweiterung des Linux-Kernels um eine *Mandatory Access Control* (vgl. dazu »Zugriffskontrolle«, S. 156) sowie einige Erweiterungen für Systemprogramme auf die Fahnen geschrieben hat.

Auch die MAC OS-Betriebssysteme – aktuell Mac OS X – basieren ursprünglich auf UNIX. Sie werden im Allgemeinen als sicherer dargestellt als die Windows-Betriebssysteme. Teilweise liegt dies jedoch daran, dass die MAC-OS-Familie wegen ihrer geringeren Verbreitung auch weniger im Fokus potenzieller Angreifer steht. Erwähnenswert ist ein seit MAC OS X 10.7 eingeführter Sandbox-Mechanismus, der dafür sorgt, dass jedes Programm in einem eigenen Bereich der Festplatte (der Sandbox) abläuft und auf andere Bereiche keinen Zugriff hat.

Seit 2005 steht ein solcher Mechanismus auch für den Li-
nux-Kern zur Verfügung. Windows-Systeme können durch
zusätzliche Software entsprechend »aufgerüstet« werden.

Mit der explosionsartigen Verbreitung von Smartphones,
die besonders im privaten Bereich den Desktop-PCs und den
Notebooks Konkurrenz machen, kommt auch deren Sicherheit – und insbesondere der Sicherheit ihrer Betriebssysteme – eine wachsende Bedeutung zu.

*Smartphone
Betriebs-
systeme*

Spezifische Gefahren für Smartphones erwachsen aus
der typischen Smartphone-Eigenschaft, dauernd zahlreiche
Kommunikationsschnittstellen aktiviert zu haben, ohne die
die beliebten Apps nicht funktionieren würden – beispielsweise Anzeige des Aufenthaltsortes mit Außentemperatur
oder Information über verfügbare App-Updates.

Marktführer unter den Smartphone-Betriebssystemen ist
derzeit (Anfang 2013) Android. Diese auf Linux basierende Software-Plattform für mobile Geräte wird von der *Open
Handset Alliance* unter maßgeblicher Beteiligung von Google entwickelt. Als Smartphone-Betriebssystem hat Android
Apple iOS, Windows Phone und Symbian OS verdrängt.

Eine besondere Rolle spielt das BlackBerry-System der Firma *Research In Motion* (RIM), welches eine Vorreiterrolle für
Smartphones gespielt hat. BlackBerry erfordert eine spezielle proprietäre Infrastruktur mit einem *BlackBerry Enterprise
Server* und stellt dann viele Dienste bereit, die besonders für
Geschäftskunden interessant sind – beispielsweise ist Black-
Berry für einen *Push-E-Mail-Service* bekannt. Neben BlackBer-
ry-Endgeräten der Firma RIM bieten heute auch andere Hersteller BlackBerry-kompatible Smartphones an.

Ein Haupteinfallstor für Gefahren bei Smartphones sind
die **Apps** und **Appstores**. Auf diese Thematik wird unter
dem Anwendungsgesichtspunkt in »Smartphones und Appstores«, S. 262, ausführlich eingegangen.

*...und ihre
Sicherheit*

Die genannten Smartphone-Betriebssysteme unterscheiden
sich technisch hinsichtlich mehrerer Eigenschaften (z. B.
vorhandene oder nicht vorhandene Multitasking-Fähigkeit).
Apple iOS basiert auf OS X, welches wiederum aus der UNIX-
Welt stammt. Android ist direkt Linux-basiert.

Alle Systeme verwenden standardmäßig Sandboxing (siehe oben), wobei es durchaus relevante Unterschiede in der Umsetzung gibt – auf Näheres wird hier nicht eingegangen.

Hinsichtlich der Sicherheit hat das BlackBerry-System Einiges zu bieten. Zum Einen sind von vornherein zahlreiche Sicherheitsmechanismen integriert – wie z. B. AES-Verschlüsselung zwischen Server und Endgerät. Zum Anderen sind generell kaum technische Details der Umsetzung offen gelegt, was möglicherweise erklärt, dass wenig über Malware-Attacken bekannt ist.

Aus Betriebssystem-Sicht werden Apple iOS und Windows Phone 7 hinsichtlich der Sicherheit ähnlich eingeschätzt. Die größte Gefahr bei Apple iOS stellt dabei das sogenannte *Jailbreak* dar. Man versteht darunter das Entfernen der ursprünglich von Apple auf den Geräten installierten Nutzungsbeschränkungen, die dafür sorgen, dass nur Apps aus dem vorgesehenen Apple-eigenen Appstore installiert werden können. Dadurch werden die entsprechenden Geräte selbstverständlich anfälliger für Malware.

Android hat den grundsätzlichen Vor- und Nachteil, dass es sich um freie Software handelt, die quelloffen entwickelt wird. Der Vorteil ist, dass Sicherheitslücken »gemeinsam« besser entdeckt und analysiert werden sowie zusätzliche Sicherheitsmechanismen von Entwicklern implementiert werden können. Dass jedermann Apps programmieren und anbieten kann, ist andererseits natürlich auch ein Manko, denn so steigt die Gefahr, dass sich Apps verbreiten, die Unerwünschtes tun (z. B. persönliche Daten auslesen).

Symbian war eine Zeit lang der Marktführer unter den Smartphone-Betriebssystemen und ist zahlreichen Viren-Attacken ausgesetzt gewesen. Im Laufe der Zeit wurden einige Verbesserungen eingeführt, z. B. die Notwendigkeit der Signierung von Programmen, die auf den Geräten installiert werden sollen. Da jedoch bezweifelt werden kann, ob Symbian längerfristig »überleben« wird, geraten hier allmählich auch die Sicherheitsdiskussionen in den Hintergrund.

Trusted Computing Trotz aller Bemühungen muss leider gesagt werden, dass die heutigen Betriebssysteme – vor allem vor dem Hintergrund der umfassenden Vernetzung – immer wieder Risiken offenbaren, die untragbar sind. Dies fällt besonders ins Auge, wenn man an Anwendungen wie die digitale Signatur oder allgemein an den Electronic Commerce denkt.

Seit einiger Zeit gibt es unter dem Begriff **Trusted Computing** den Versuch, auf Basis der heutigen Betriebssysteme Sicherheitsfunktionen näher an die Hardware zu verlagern – mit der Perspektive, »sichere Anwendungen auf unsicheren Systemen« zu betreiben. Näheres dazu ist in »Trusted Computing«, S. 167, zu finden.

3.3.1 Trusted Computing *

Seit einigen Jahren wird unter dem Begriff *Trusted Computing* daran gearbeitet, Funktionen für die IT-Sicherheit in einen speziellen »Kryptochip« zu verlagern. Damit die Entwicklung sicherer Computersysteme auf Basis spezieller Hardware im Zusammenspiel mit den Betriebssystemen nicht allein den »Big Playern« überlassen bleibt, gibt es hierzu eine Reihe von Initiativen aus dem Open-Source-Bereich.

Wie in den anderen Kapiteln deutlich wird, basieren die in Computersystemen und Netzen installierten Sicherheitsvorkehrungen in der Regel auf Software und können daher unter Umständen auch mithilfe von Software außer Kraft gesetzt werden – zum Beispiel durch das Stehlen oder Mitlesen geheimer Schlüssel, das Fälschen von Adressen in Nachrichten oder die Ausnutzung einer Lücke in Webserver-Software. Die Grundidee des **Trusted Computing** besteht darin, Sicherheit bereits stärker in der Hardware zu verankern.

Trusted Computing = Sicherheit in Hardware

Im Jahre 1999 schlossen sich die Firmen Compaq, HP, IBM, Intel und Microsoft zur TCPA *(Trusted Computing Platform Alliance)* zusammen mit dem Ziel, an einer hardware-basierten Lösung für IT-Sicherheitsprobleme zu arbeiten. Kern der Aktivitäten sollte der Entwurf eines »Kryptobausteins« namens TPM *(Trusted Platform Module)* sein. Auch zahlreiche kleinere Firmen schlossen sich dieser Allianz an. Trotzdem kam es zu massiver Kritik an dieser Allianz, da aufgrund der Marktmacht der vertretenen Firmen und ungenügender Informationspolitik der Verdacht nahelag, dass die anvisierten Entwicklungen zu einer weiteren Monopolisierung unter dem Deckmantel der IT-Sicherheit führen könnten. Daher formierte sich die Allianz im Jahre 2003 neu unter dem Namen TCG *(Trusted Computing Group)*. Die TCG trat von vornherein mit einem offeneren Anspruch an und übernahm die Vorarbeiten der TCPA.

Trusted Platform Module

Für den »Kryptobaustein« TPM sind im Wesentlichen die folgenden vier Funktionen vorgesehen:

- Generieren und Schützen geheimer Schlüssel
- sichere Ablage von als vertrauenswürdig eingestuften Systemkonfigurationen
- Bereitstellung eines speziellen Schlüssels, mit dem die Plattform von Dritten als vertrauenswürdig erkannt werden kann
- Verwaltungsfunktionen, mit denen u. a. das TPM von einem Benutzer ein- und ausgeschaltet werden kann

Trusted Software Stack

Damit die vom TPM bereitgestellten Funktionen vom Benutzer eines Computersystems verwendet werden können, wurde der TSS *(Trusted Software Stack)* definiert. TSS besteht aus mehreren Modulen und Komponenten und kann als eine Software-Schnittstelle angesehen werden, über die – unabhängig von der Plattform und dem verwendeten Betriebssystem – auf das TPM zugegriffen werden kann.

TPM-Chips, die auf den ersten Spezifikationen basieren, sind seit einiger Zeit von verschiedenen Herstellern verfügbar und werden in einigen angebotenen Systemen – insbesondere Notebooks – eingesetzt. Für die weitere Entwicklung gibt es die Vorstellung, TPM vollständig in die Hardware und Betriebssysteme von Computersystemen zu integrieren. Hierzu gibt es Konzepte einiger Hersteller, unter anderem von Microsoft unter der Bezeichnung NGSCB *(Next Generation Secure Computing Base)*.

Über aktuelle Entwicklungen im Bereich des Trusted Computing können Sie sich am besten aus erster Hand über Trusted Computing Group (http://www.trustedcomputinggroup.org) informieren. Auch die Seiten des BSI (http://www.bsi.de) sind hier – wie oft – zu empfehlen.

Kritik an Trusted Computing

Neben den bereits oben angesprochenen Befürchtungen hinsichtlich der Marktmacht der in der Trusted Computing Group vertetenen Firmen gibt es auch die allgemeinen Bedenken, dass der Benutzer eines Computersystems beim Einsatz des TPM nicht mehr die vollständige Kontrolle über sein System hat. So muss er beispielsweise sein Vertrauen in die Sicherheitskomponenten auf Schlüssel gründen, die er nicht erzeugt hat bzw. nicht einmal »zu Gesicht bekommt«.

Um die Umsetzung nicht vollständig den »Big Playern« zu überlassen, gibt es eine Reihe weiterer Projekte, die sich die Realisierung spezieller Hardware und Betriebssysteme mit Nutzung von TPM auf die Fahnen geschrieben haben. Zu erwähnen ist hier das Projekt **OpenTC**, das auf Open-Source-Software gründet (siehe auch Open Trusted Computing (http://www.opentc.net)) sowie das unter der Federführung einer Forschungsgruppe der Universität Bochum betriebene Projekt **EMSCB** (*European Multilaterally Secure Computing Base*, siehe EMSCB (http://www.emscb.de)), dessen Ergebnisse ebenfalls als Open Source zur Verfügung gestellt werden.

Im Zuge der wachsenden Nutzung von Tablet-PCs und Smartphones auch im betrieblichen Umfeld kommt der Integration mobiler Endgeräte in IT-Infrastrukturen (Zugriff, Synchronisation) ebenfalls eine stärkere Bedeutung zu. Für Unternehmen ist es wichtig, dass sensible Daten, die sich im Firmennetz oder auf den Endgeräten befinden, nicht durch unsichere Endgeräte bedroht werden.

Trusted Computing für Smartphones

Auch in diesem Problemfeld gibt es einige Ansätze des Trusted Computing. So arbeitet innerhalb der *Trusted Computing Group* eine MPWG *(Mobile Phone Working Group)* an Anforderungen für die technische Weiterentwicklung mobiler Betriebssysteme. In dem Projekt VOGUE (für: Vertrauenswürdiger mobiler Zugriff auf Unternehmensnetze, siehe http://www.vogue-project.de (http://www.vogue-project.de)), das von 2009–2011 vom BMBF gefördert wurde, werden ebenfalls die Möglichkeiten des Einsatzes von Trusted-Computing-Konzepten auf mobilen Endgeräten untersucht.

3.4 Softwaregesteuerte Angriffe *

Angriffe auf Computersysteme finden heute vorwiegend auf Basis irgendwelcher Software statt. Dabei spielen zum einen Anomalien in System- oder Anwendungssoftware eine Rolle, auf der anderen Seite kommt es über Kommunikationsnetze wie das Internet zur Einschleusung böswilliger aktiver Inhalte oder zu Software-Angriffen, die die bekannten Kommunikationsprotokolle nutzen.

IT-Systeme werden heute hauptsächlich mithilfe von Software angegriffen – demgegenüber haben Angriffe über die Hardware wie beispielsweise das Ausnutzen kompromittierender Abstrahlung oder das Entwenden eines Notebooks eine geringere Bedeutung.

Software

Unter den Begriff der **Software** fallen zunächst die System- und Anwendungsprogramme, die entsprechend ihrer Spezifikation gewisse Funktionalitäten aufzuweisen haben. Daneben gibt es jedoch auch Programme, deren einziger Sinn darin besteht, unbefugte Angriffe auf fremde Systeme zu unterstützen. Ein Beispiel hierfür ist ein mit einer Webseite heruntergeladenes *ActiveX*-Control, das auf dem Windows-Computersystem des Benutzers alle Unterverzeichnisse und Dateien des Ordners »Eigene Dateien« löscht. Im Zusammenhang mit der Sicherheit von Internet-Anwendungen werden solche **aktiven Inhalte** in einem eigenen Abschnitt betrachtet (siehe »Aktive Inhalte«, S. 246). Ein weiterer Typ böswilliger Software nutzt die Schwachstellen der bekannten und meistgenutzten Kommunikationsprotokolle wie **TCP** und **IP**, um über das Internet fremde Systeme anzugreifen (siehe hierzu »Die Unsicherheit des Internet: TCP/IP«, S. 16) – welche Schäden dadurch auf dem betroffenen System entstehen, hängt freilich von dem angegriffenen Betriebssystem und den dort getroffenen Sicherheitsvorkehrungen ab.

Software-anomalie

Von System- und Anwendungsprogrammen erwartet man, dass sie ihre spezifizierten Leistungen erbringen und darüber hinaus keine Zusatzfunktionalitäten aufweisen – dann verhält sich die Software *normal*. Jede Abweichung einer Software von ihrer Spezifikation wird als **Softwareanomalie** bezeichnet. Hierbei kann noch unterschieden werden, ob die Spezifikation nicht vollständig oder nur fehlerhaft erfüllt wird (Softwareanomalie der ersten Art), oder ob über die Spezifikation hinaus zusätzliche Leistungen erbracht werden, die weder dokumentiert noch den normalen Anwendern bekannt sind (Softwareanomalie der zweiten Art).

Wanzen, Viren & Co

Bei der genaueren Betrachtung von Softwareanomalien ergibt sich die Unterscheidung, ob die Abweichung von der Spezifikation aus einem Programmierfehler resultiert – in diesem Fall spricht man von einem *Bug* oder einer **Wanze** – oder ob das abweichende Verhalten in der Absicht des Pro-

grammierers lag – in diesem Fall spricht man von **Viren,
Würmern** und **Trojanern**. Diese feinen Unterscheidungen
sind sinnvoll und nützlich, weil zur Bekämpfung dieser Phä-
nomene zum Teil unterschiedliche Kontroll- und Gegenmaßnahmen erforderlich sind.

Wanzen stellen Softwareanomalien der ersten Art dar und
sind, wie jeder Programmierer weiß, in jedem längeren Pro-
grammstück enthalten. Typische Fehler, aus denen sich Wanzen ergeben, sind beispielsweise fehlende Bereichsgrenzen-
überprüfungen von Feldern oder ungenügende Eingabeprü-
fungen. Es gibt zahlreiche prominente Beispiele von Wanzen – zum Beispiel musste in den 60er Jahren angeblich die
Selbstzerstörungsfunktion einer US-Rakete aktiviert werden,
weil im Steuerungsprogramm eine Null irrtümlicherweise
als großes »O« geschrieben war.

Viren, Würmer und Trojaner sowie empfohlene Schutzmechanismen sind in zwei eigenen Abschnitten behandelt –
siehe »Viren und Co.«, S. 171, und »Schutz vor Viren und
aktiven Inhalten«, S. 177.

3.4.1   Viren und Co. *

Ein gravierendes Sicherheitsproblem entsteht dadurch,
dass Viren, Würmer und Trojaner sich über Kommunikationsnetze verbreiten und unerwünschte Aktionen auf einem
befallenen Computersystem durchführen können.

Viren, **Würmer** und **Trojaner** lassen sich dadurch charakterisieren, dass sie auf einem fremden Computersystem Aktionen ausführen, die von dessen Besitzer nicht veranlasst
bzw. erwünscht sind. Als Oberbegriff wird heute oft von
Malware gesprochen. Nutzt ein solches Schadprogramm eine bestimmte Schwachstelle von Computersystemen gezielt
aus, so wird dafür der Begriff *Exploit* verwendet. Generell
spricht man von **Softwareanomalien**, worunter allerdings
auch nicht-beabsichtigte Programmierfehler fallen.

Viren, Würmer,
Trojaner

Abb. 3.4-1 zeigt eine Aufstellung von Kaspersky Lab zu
den »Top 20« der im Jahre 2012 aufgetretenen Schadpro-
gramme. (Die Aufstellung beruht auf Meldungen von Computersystemen mit installierter Antivirus-Software der Firma Kaspersky.)

Position	Name	Anzahl infizierter Computer	Anteil in Prozent*
1	Trojan.Win32.Generic	9 761 684	22,1%
2	DangerousObject.Multi.Generic	9 640 618	21,9%
3	Trojan.Win32.AutoRun.gen	5 969 543	13,5%
4	Trojan.Win32.Starter.yy	3 860 982	8,8%
5	Virus.Win32.Virut.ce	3 017 527	6,8%
6	Net-Worm.Win32.Kido.ih	2 752 409	6,2%
7	Net-Worm.Win32.Kido.ir	2 181 181	4,9%
8	Virus.Win32.Sality.aa	2 166 907	4,9%
9	Hoax.Win32.ArchSMS.gen	2 030 664	4,6%
10	Virus.Win32.Generic	2 017 478	4,6%
11	Virus.Win32.Nimnul.a	1 793 115	4,1%
12	HiddenObject.Multi.Generic	1 508 877	3,4%
13	Trojan.WinLNK.Runner.bl	1 344 989	3,1%
14	Worm.Win32.AutoRun.hxw	948 436	2,2%
15	Virus.Win32.Sality.ag	841 994	1,9%
16	Virus.Win32.Suspic.gen	408 201	0,9%
17	Trojan.Win32.Patched.dj	367 371	0,8%
18	Email-Worm.Win32.Runouce.b	295 887	0,7%
19	Trojan-Dropper.Script.Generic	232 007	0,5%
20	AdWare.Win32.GoonSearch.b	196 281	0,4%

Abb. 3.4-1: Top 20 der in 2012 entdeckten Schädlinge. Quelle: Kaspersky Lab.

In der nächsten Abbildung (Abb. 3.4-2) ist eine Übersicht der im Jahre 2012 beobachteten Top-10-Schädlinge zu sehen, die bei Smartphones mit dem Betriebssystem Android aufgetaucht sind. Nach den Ergebnissen von Kaspersky Lab richteten sich ca. 99 % der beobachteten Schädlinge für mobile Plattformen gegen Android.

Auf Smartphones, ihre Betriebssysteme sowie **Appstores** wird in diesem Buch an einer Reihe weiterer Stellen eingegangen – insbesondere ist auf »Smartphones und Appstores«, S. 262, zu verweisen.

Was ist ein Virus?   Per Definitionem ist ein **Virus** eine Befehlsfolge, die ein Wirtsprogramm zur Ausführung benötigt. Die Ausführung eines Virus führt dazu, dass eine Kopie in einen Speicherbereich geschrieben wird – darin besteht die Infektion mit diesem Virus. Zusätzlich enthalten Viren in der Regel schäd-

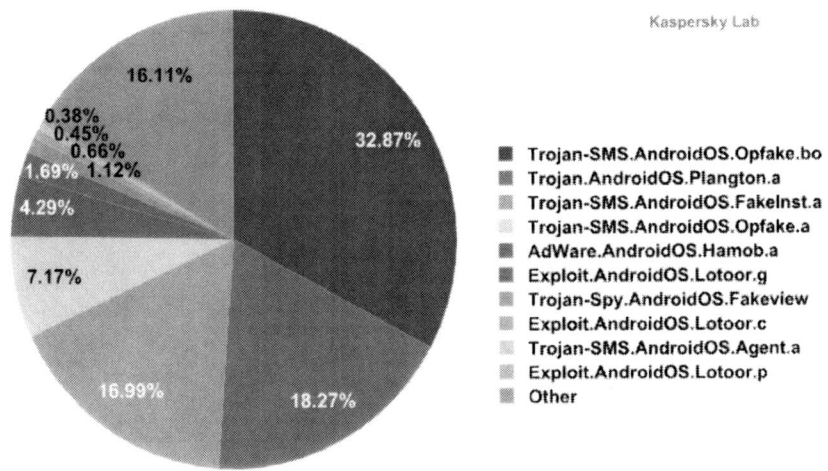

Kaspersky Lab

- Trojan-SMS.AndroidOS.Opfake.bo
- Trojan.AndroidOS.Plangton.a
- Trojan-SMS.AndroidOS.Fakelnst.a
- Trojan-SMS.AndroidOS.Opfake.a
- AdWare.AndroidOS.Hamob.a
- Exploit.AndroidOS.Lotoor.g
- Trojan-Spy.AndroidOS.Fakeview
- Exploit.AndroidOS.Lotoor.c
- Trojan-SMS.AndroidOS.Agent.a
- Exploit.AndroidOS.Lotoor.p
- Other

Abb. 3.4-2: Top 10 der Android-Schädlinge 2012. Quelle: Kaspersky Lab.

liche Befehle, die möglicherweise erst durch einen Auslöser aktiviert werden.

Die Befehlsfolge eines Virus kann in einer beliebigen Programmiersprache erstellt worden sein. Mögliche Speicherbereiche für Viren sind der Code ausführbarer Programme, Bereiche des Betriebssystems oder Sektoren eines Hintergrundspeichers.

Generell besteht ein Virus aus vier Teilen, nämlich der Viruskennung, dem Infektionsteil, dem Schadensteil und dem Sprungteil. In Abb. 3.4-3 ist ein Beispiel eines möglichen Programmvirus skizziert.

Aufbau eines Virus

Anhand der Viruskennung (im Beispiel 1234) kann ein Virus bei der Ausführung des Infektionsteils erkennen, ob ein Programm schon von diesem Virus befallen ist. (Diese Kennung dient im Gegenzug einem Virenscanner zur Entdeckung des Virus.)

Durch die Ausführung des Infektionsteils kopiert sich ein Virus in einen Speicherbereich. Handelt es sich dabei um den Code einer ausführbaren Datei, so wird das infizierte Programm modifiziert, indem Dateilänge und Einsprungadresse

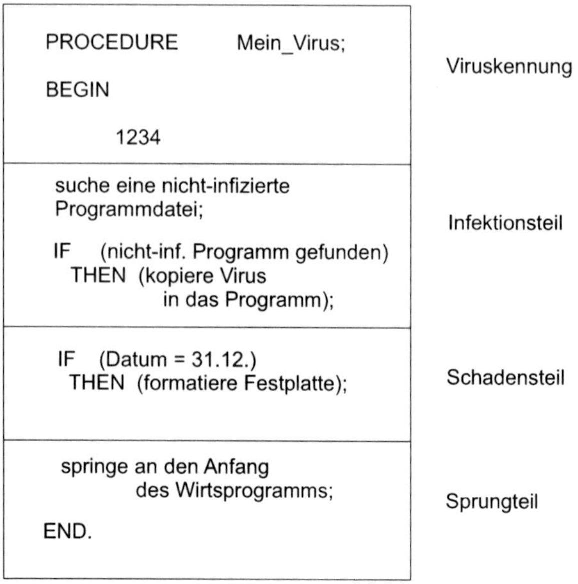

PROCEDURE Mein_Virus; BEGIN 1234	Viruskennung
suche eine nicht-infizierte Programmdatei; IF (nicht-inf. Programm gefunden) THEN (kopiere Virus in das Programm);	Infektionsteil
IF (Datum = 31.12.) THEN (formatiere Festplatte);	Schadensteil
springe an den Anfang des Wirtsprogramms; END.	Sprungteil

Abb. 3.4-3: Aufbau eines Virus.

verändert werden, damit beim Start des Programms zuerst der Virus ausgeführt wird. In der Regel enthält der Virus-Code in seinem Sprungteil eine Rücksprungadresse, damit nach der Ausführung des Virus das eigentliche Programm gestartet wird.

Der Start des Schadensteils wird oft von Bedingungen abhängig gemacht, im dargestellten Beispiel wird auf Silvester gewartet.

Virenarten Es werden mehrere Virenarten unterschieden:

- Boot-Sektor-Viren
- Programmviren
- Makroviren
- Skriptviren

Boot-Sektor-Viren **Boot-Sektor-Viren** schreiben sich in den **Boot-Sektor** der Festplatte, d. h. in denjenigen Bereich, auf den das Betriebssystem beim Hochfahren zugreifen muss. Sie werden aktiv, sobald das Betriebssystem gestartet wird. Diese Viren sind daher besonders gefährlich.

Programmviren (auch Dateiviren genannt) ergänzen Anwendungsprogramme um infizierten Programmcode. Sie werden aktiv, sobald das betroffene Programm aufgerufen wird.

Boot- und Programmviren wurden in der Vergangenheit meist von Diskette zu Diskette oder auch über die manuelle Installation von Programmen auf einzelne Computersysteme übertragen. Mit dem Übergang zu offenen Netzen und der zunehmenden Kommunikation der Systeme untereinander sind diese Virenarten zugunsten der nächsten beiden Typen in den Hintergrund getreten.

Ausgangspunkt der **Makroviren** ist die Tatsache, dass zunehmend Daten-Dateien (wie z. B. ein Text) um Informationen und Befehle angereichert werden – etwa um das Layout der Datei auf dem Bildschirm zu steuern. Damit erhalten die Dateien einen ausführbaren Teil – und dies ist das Problem. So können Microsoft-Office-Programme Makros enthalten, die es ermöglichen, häufig ausgeführte Arbeitschritte aufzuzeichnen und abzuspeichern. Diese Makros sind in Visual Basic programmiert, einer Programmiersprache, die es ermöglicht, auf die Systemressourcen zuzugreifen. Diese Funktionalität kann auch zur Entwicklung von Viren – eben der **Makroviren** (auch: Daten-Viren) – benutzt werden. Makroviren befallen vorwiegend Dokumente von Microsoft-Office-Anwendungen (z. B. Word, Excel). Sie haben heute von allen Viren die größte Verbreitung erreicht und nehmen weiter zu. Sie verbreiten sich, sobald eine infizierte Datei geöffnet wird.

Daten-Viren können allerdings auch in Postscript-Dateien und in Anhängen von MIME-Mails auftreten.

Hohe Makrosicherheit
Stellen Sie bei Ihren Office-Produkten unter `Extras/Optionen/Sicherheit` eine hohe Makrosicherheit ein.

Schreibschutz
Dokumentvorlagen (z. B. `normal.dot`) von Word können Sie gegen Makros schützen, indem Sie diese Dateien mit einem Schreibschutz versehen.

Skriptviren **Skriptviren** basieren auf VB-Script oder JavaScript und können in VBS-/JS-Dateien und auch in HTML-Dateien versteckt sein. Das Paradebeispiel ist der »*I love you*«-Virus. Sie werden aktiv, wenn der Browser auf eine infizierte Datei oder Webseite zugreift, und benutzen dafür den *Windows Scripting Host* (WHS), der für die Ausführung von Skripten zuständig ist. Aktive Skriptviren können Daten löschen, kopieren oder über das Internet an andere Computer senden.

Tipp **Browser-Einstellungen**
Wenn Sie im Browser das Scripting ausschalten, dann deaktivieren Sie sämtliche Skripte. Sie werden allerdings an den meisten Webseiten nicht viel Freude haben, weil 80 Prozent aller Websites JavaScript benutzen. Besser ist es, ein Virenschutzprogramm zu benutzen, das gefährliche Skripte blockiert.

Würmer **Würmer** sind Programme, die sich wie Viren replizieren, allerdings *ohne* andere Programme zu infizieren. Einige Würmer verbreiten sich, indem sie sich von Datenträger zu Datenträger kopieren. Es gibt auch Würmer, die sich im Arbeitsspeicher replizieren, und dadurch die Leistung des Computers drastisch verringern. Würmer benutzen ganz gezielt E-Mail-Programme, um sich von Computer zu Computer zu verbreiten.

Trojaner Ein **Trojaner** (Trojanisches Pferd) ist ein Programm, das als harmlose Anwendung getarnt ist und oft vom ahnungslosen Internet-Benutzer irgendwann einmal heruntergeladen wird. Mit Trojanern kann ein Unbefugter die vollständige Kontrolle über Ihr Computersystem erhalten. Sie werden daher auch als *Remote-Access-Control*-Software (Fernsteuerungs-Software) bezeichnet. Trojaner oder Trojanische Pferde sind *keine* Viren, da sie sich *nicht* replizieren und wie ein Virus verbreiten.

Tipp **Haben Sie einen Trojaner auf Ihrem Computer?**
Folgende Symptome weisen – unter anderen – auf einen Trojaner hin:

- In kleinen Fenstern erscheinen plötzlich seltsame Meldungen.
- Die Farben auf dem Bildschirm ändern sich plötzlich.

▓ Windows wird plötzlich beendet und heruntergefah-
ren.

▓ Die Maustasten sind vertauscht.

Auf Viren- und Trojanerscanner wird in »Schutz vor Viren
und aktiven Inhalten«, S. 177, noch einmal eingegangen.

Ein verwandtes Problem stellen **aktive Inhalte** dar, die in
einem eigenen Abschnitt behandelt werden (siehe »Aktive
Inhalte«, S. 246).

3.4.2 Schutz vor Viren und aktiven Inhalten *

Zum Schutz vor Viren, Würmern und Trojanern tragen Virenscanner bei, ferner können durch geeignete Konfigurationen von Anwendungsprogrammen die Gefahren reduziert werden. Die Abwehr von Bedrohungen durch aktive
Inhalte führt stets zu Einbußen auf seiten des Nutzers, z. B.
bei dynamischen Webseiten.

Virenscanner bzw. Antivirenprogramme bieten einen
guten Schutz gegen Viren, Würmer und Trojaner. Die Basis
für alle Virenscanner sind die Virendefinitionen, in denen
die bekannten Viren, Würmer und Trojaner eingetragen sind.
Die Bitmuster, die für bestimmte Viren charakteristisch sind,
werden manchmal auch als Virensignaturen bezeichnet –
mit der digitalen Signatur im Sinne von »Die Digitale Unterschrift«, S. 82, hat dies selbstverständlich nichts zu tun!

Virenscanner to scan = abtasten, absuchen

Da immer wieder neue Viren hinzukommen, ist es absolut
notwendig, stets die aktuellsten Virendefinitionen zu verwenden.

Es gibt eine große Anzahl verfügbarer Virenscanner, z. T.
können diese für Privatzwecke kostenlos genutzt und über
das Internet aktualisiert werden. Ein weit verbreiteter und
anerkanntermaßen guter Virenscanner ist Norton Antivi-
rus, der allerdings – ebenso wie die Programme von Mac-
Afee, Kaspersky, NOD32 oder G-Data – kostenpflichtig ist.

Die Hersteller von Antiviren-Software melden auf ihren Webseiten in der Regel Ranglisten der aktuell im Umlauf befindlichen Viren mit Beschreibungen, wie die entsprechenden

Viren »arbeiten« und was bei eventuellem Befall am besten getan werden sollte. In dem Zusammenhang sind auch die Seiten des **Bundesamtes für Sicherheit in der Informationstechnik** zu empfehlen (BSI (http://www.bsi.de)) sowie die Seiten des Bürger-CERT (Bürger-CERT (http://www.buerger-cert.de)), auf denen ebenfalls aktuell vor Viren, Würmern und Sicherheitslücken gewarnt wird.

Trojanerscanner Ein Trojanerscanner ist vergleichbar mit einem Virenscanner. Er sucht aber gezielt nach Trojanern. Er ist daher *kein* Ersatz für ein Antivirenprogramm, sondern bildet eine Ergänzung. Die meisten Virenscanner prüfen jedoch auch auf Trojaner. Eine Übersicht über die besten Trojanerscanner und aktuelle Informationen finden Sie auf der Website Trojaner-Info (http://www.trojaner-info.de).

Spyware Für bösartige Software, deren Funktionalität darin besteht, die Daten eines PC-Benutzers ohne dessen Wissen über das Internet an Dritte zu schicken, hat sich neuerdings der Begriff **Spyware** eingebürgert. Ein vielgelobtes Programm zum Aufspüren von Spyware ist Spyware Doctor (http://www.pctools.com/mirror/sdsetup.exe).

Vorkehrungen gegen Viren & Co Nach den Ratschlägen des Bundesamtes für Sicherheit in der Informationstechnik (siehe BSI (http://www.bsi.de)) sollten Endanwender die folgenden Maßnahmen zur vorbeugenden Abwehr von Viren und Co. ergreifen.

- Einstellungen am Rechner
- Alle vorhandenen Sicherheitsfunktionen des Rechners aktivieren (Passwort-Schutz, Bildschirmschoner mit Passwort, etc.), damit während der Abwesenheit des berechtigten Benutzers Unbefugte keine Möglichkeit haben, durch unbedachte oder gewollte Handlungen den Rechner zu gefährden.
- Aktuelles Viren-Schutzprogramm mit aktuellen Signatur-Dateien einsetzen, das im Hintergrund läuft (resident) und bei bekannten Computer-Viren Alarm schlägt.
- Im Microsoft Explorer sollte die Anzeige aller Dateitypen aktiviert sein.
- Makro-Virenschutz von Anwendungsprogrammen (WinWord, Excel, Powerpoint, etc.) aktivieren und Warnmeldungen beachten.

- Sicherheitseinstellungen von Internet-Browsern auf höchste Stufe einstellen (Deaktivieren von aktiven Inhalten (ActiveX, Java, JavaScript) und Skript-Sprachen (z. B. Visual Basic Script, VBS), etc.).
- Keine Applikationsverknüpfung für Anwendungen mit potentiell aktivem Code (MS-Office) im Browser nutzen oder Anwendungen über Internet aktivieren.
- Sicherheitseinstellungen (ECL) bei Lotus Notes bearbeiten und das Ausführen von »gespeicherten Masken« per Datenbank unterbinden.
- Verhalten bei Downloads aus dem Internet
- Programme sollten nur von vertrauenswürdigen Seiten geladen werden, also insbesondere von den Originalseiten des Erstellers. Private Homepages, die bei anonymen Webspace-Providern eingerichtet werden, stellen hierbei eine besondere Gefahr dar.
- Die Angabe der Größe von Dateien sowie einer evtl. auch angegebenen Prüfsumme sollte nach einem Download immer überprüft werden. Bei Abweichungen von der vorgegebenen Größe oder Prüfsumme ist zu vermuten, dass unzulässige Veränderungen, meist durch Viren, vorgenommen worden sind. Daher sollten solche Dateien sofort gelöscht werden.
- Mit einem aktuellen Viren-Schutzprogramm sollten vor der Installation die Dateien immer überprüft werden.
- Gepackte (komprimierte) Dateien sollten erst entpackt und auf Viren überprüft werden. Installierte Entpackungsprogramme sollten so konfiguriert sein, dass zu entpackende Dateien nicht automatisch gestartet werden.

Beim Schutz vor böswilligen aktiven Inhalten ist zu bedenken, dass aktive Inhalte zunächst einmal eine *positive Seite* haben – sonst wäre diese technische Möglichkeit gar nicht erst geschaffen worden. Es sind also mehrere Aspekte »unter einen Hut zu bringen«. Auf der einen Seite steht die Web-Funktionalität mit dem Bestreben, aktive Inhalte im Browser technisch zu nutzen. Zweitens ist der Bedienungskomfort zu berücksichtigen, mit dem der Browser – unabhängig von der Nutzbarkeit aktiver Inhalte – bedient werden kann. Beim Aspekt der Sicherheit geht es um die Entscheidung, welches Sicherheitsniveau für das zu schützende System zu

Umgang mit aktiven Inhalten

fordern ist. Schließlich ist der Realisierungsaufwand zur Einrichtung der jeweiligen Webzugangsmethode zu beachten.

ReCoBS Unter welchem Kompromiss diese Aspekte zusammengeführt werden, hängt von den konkreten Anforderungen des jeweiligen Computersystems oder Netzes ab. Das Spektrum reicht dabei von »Ausführen aller aktiven Inhalte im Browser ohne Schutzmaßnahmen« bis zur Nutzung eines ReCoBS *(Remote-Controlled Browsers System)*, bei dem der Webzugang mithilfe von speziell gesicherten Terminalserver-Systemen geschaffen wird (siehe dazu die Webseiten des BSI (http://www.bsi.de)).

3.5   Sichere Software *

Es ist heute unstrittig, dass bei der Entwicklung von Software in jeder Phase auch Sicherheitsaspekte zu berücksichtigen sind. Die zahlreichen Ansätze und vorliegenden Entwicklungsmodelle ähneln sich in den wichtigsten Grundprinzipien.

unsichere Software als Schwachstelle Wie in »Gefahren und Ursachen – im Internet und anderswo«, S. 8, dargelegt, liegt *eine* der Ursachen für die Verwundbarkeit von IT-Systemen und Netzen in der fehlerhaften Programmierung der eingesetzten Software. Ein Beispiel hierfür ist ein E-Mail-Programm, das ein an eine E-Mail angehängtes Programm sofort nach dem Herunterladen ausführt, ohne dazu die explizite Erlaubnis des Benutzers einzuholen. Andere Ursachen sind konzeptionelle Schwächen (Beispiele: ungeschützte Datenübertragung im Internet, ungenügender Schutz von Betriebssystemen) und Fehler in der Konfiguration von Systemen und Diensten, dazu kommt schließlich noch fehlerhaftes Verhalten auf Seiten der Benutzer – bekanntes Beispiel: Klicken auf Links in E-Mail-Nachrichten mit unbekannten Absendern.

Das Thema sichere Software findet erst seit wenigen Jahren die ihm gebührende Beachtung, insbesondere in den Veranstaltungen zur Software-Entwicklung an Hochschulen ist es immer stärker verankert. Ganz im Sinne des in diesem Buch verwendeten Sicherheitsbegriffs lässt sich sagen:

■ Sichere Software ist solche Software, die gegen absichtliche Angriffe geschützt ist.

Die Bedeutung der Software-Sicherheit ist heute unstrittig: Auch hier gilt, dass Nachbesserung stets mit weitaus höherem Aufwand verbunden ist als die rechtzeitige Einbeziehung der Sicherheitsaspekte.

Wie entwickelt man sichere Software? Es dürfte auf der Hand liegen, dass im Groben die folgenden Phasen relevant sind:

Entwicklung sicherer Software

■ Erhebung und Analyse von Sicherheitsanforderungen
■ Entwurf sicherer Software
■ Implementierung sicherer Software

In der folgenden Liste sind 20 Grundregeln zur Entwicklung sicherer Software zusammengestellt – die Liste ist der Website des Fraunhofer-Instituts für Experimentelles Software Engineering – IESE entnommen (siehe Kompetenznetz Software Engineering (http://www.software-kompetenz.de)). Die Regeln sind nicht nach der Zugehörigkeit zu den einzelnen Phasen geordnet (Entwurf, Implementierung usw.), sondern nach dem Prinzip »vom Allgemeinen zum Speziellen«. Beachten Sie, dass die beiden letzten Regeln sich auf die Verwendung kryptographischer Elemente beziehen.

Regeln zur Entwicklung sicherer Software

■ Bewerte deine Risiken.
■ Schütze die schwächste Stelle, nicht die einfachste und naheliegendste.
■ Bilde Komponenten mit unterschiedlichen Rechten.
■ Prüfe alle Daten aus Quellen mit weniger Rechten.
■ Vorsicht bei Komponenten mit unterschiedlichen Sicherheitsannahmen.
■ Benutze mehrere Verteidigungslinien.
■ Minimiere deine Angriffsfläche.
■ Benutze die geringstmöglichen Rechte für die kürzestmögliche Zeit.
■ Bleibe auch bei Fehlern sicher.
■ Sei nicht allgemeiner als nötig.
■ Verwende sichere Voreinstellungen.
■ Vorsicht beim Speichern von Geheimnissen.
■ Das Sichere sollte auch das Einfache sein.
■ Vorsicht vor Abwärtskompatibilität.
■ Verlasse dich nicht auf die Unwissenheit des Angreifers.
■ Erkenne Angriffe und verteidige dich.

- Trenne Code und Daten.
- Lege nicht mehr offen als nötig.
- Verwende nur öffentlich geprüfte Kryptographie.
- Benutze eine wirklich zufällige Quelle für Geheimnisse.

Vorgehens-modelle Bis vor wenigen Jahren hatten sich noch keine allgemein akzeptierten Vorgehensmodelle zur Entwicklung sicherer Software durchgesetzt. Zum Teil war dies sicher darin begründet, dass Sicherheitsanforderungen an Software mit den bekannten Modellierungstechniken nur schwer beschreibbar sind. Als Erweiterungen der **Unified Modeling Language** sind dabei *UMLsec* und *secureUML* entstanden.

Mittlerweile haben eine Reihe von Methoden und Vorgehensmodellen für die Entwicklung sicherer Software eine gewisse Bedeutung erlangt. Die Modelle kommen »aus unterschiedlichen Ecken« (z. B. die Common Criteria aus der Verteidigungsindustrie oder Microsoft SDL vom bekannten Softwarekonzern), ähneln sich jedoch in wichtigen Grundzügen.

Stellvertretend wird auf Microsoft SDL und auf Open-SAMM etwas näher eingegangen.

Microsoft SDL Nachdem Microsoft in früheren Jahren wegen mangelnder Sicherheit der Software-Produkte häufig kritisiert wurde, hat sich der Software-Konzern seit etwa zehn Jahren das Thema »sichere Software« als zentrales Entwicklungsziel auf die Fahnen geschrieben. Das Resultat der Bemühungen nennt sich SDL *(Security Development Lifecycle)* und sieht Sicherheitsüberprüfungen zu unterschiedlichen Zeitpunkten des Entwicklungsprozesses vor. Das Vorgehen ist auf beliebige Software-Entwicklungsprozesse anwendbar.

In Abb. 3.5-1 sind die einzelnen Aktivitäten innerhalb des SDL im Überblick dargestellt.

Wie an dem im Bild gezeigten Überblick zu sehen, besteht das Modell aus zahlreichen Aktivitäten, die einerseits dazu dienen, Schwachstellen zu vermeiden, und auf der anderen Seite Auswirkungen unvermeidbarer Schwachstellen möglichst gering zu halten.

Eine Reihe der im Kontext von SDL entstandenen Methoden und Werkzeuge haben mittlerweile eine breite Akzeptanz in der Software-Entwicklung gefunden. Exemplarisch wird hier kurz auf den Punkt Bedrohungsmodellierung (*Threat*

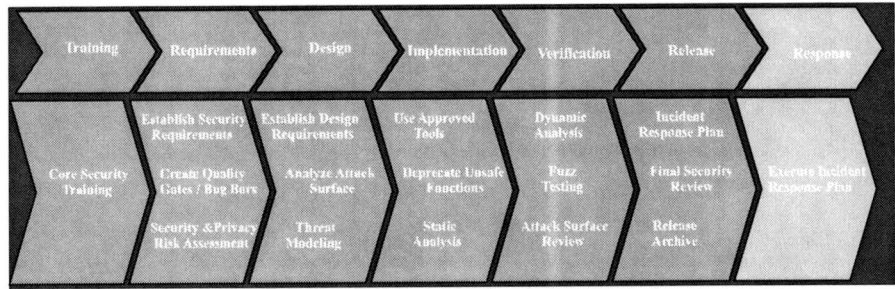

Abb. 3.5-1: Microsoft SDL. Quelle: Microsoft Security Development Lifecycle (SDL) – version 5.2.

Modeling, siehe in Abb. 3.5-1 in der Design-Phase) einge-gangen. Hier hat sich als eine mögliche Klassifizierung von Bedrohungen die STRIDE-Klassifizierung durchgesetzt. Die Abkürzung STRIDE leitet sich dabei ab aus den Anfangs-buchstaben der Bedrohungen *Spoofing threats, Tampering threats, Repudiation threats, Information disclosure threats, Denial of service threats* und *Elevation of privilege threats.* Bei der Identifizierung der einzelnen Bedrohungen werden dann häufig Datenflussdiagramme und Angriffsbäume verwendet.

Als automatisches Werkzeug zur Unterstützung der Bedro-hungsmodellierung mit der STRIDE-Klassifikation wird ein *SDL Threat Modeling Tool* von Microsoft kostenlos zum Download zur Verfügung gestellt.

Als einfache Methode zur *Bewertung* von Schwachstellen wurde von Microsoft DREAD entwickelt – hier stehen die fünf Buchstaben für *Damage, Reproducability, Exploitability, Affected Users* und *Discoverability*. Bei der Bewertung einer Bedrohung wird hierbei jedem der fünf Punkte ein Wert zwi-schen 1 und 3 zugeordnet (Low, Medium, High), wobei 3 für die größte Bedrohung steht, und dann die Summe der Wer-te gebildet. Anders als bei anderen Methoden der Risikobe-wertung (siehe auch den nächsten Abschnitt) geht hier die Eintrittswahrscheinlichkeit eines Schadens nicht ein.

OpenSAMM *(Software Assurance Maturity Model)* findet als Vorgehensmodell von **OWASP** ebenfalls breite Akzeptanz. OWASP hat sich von der anfänglichen Orientierung auf das

OpenSAMM

Web wegbewegt und wird heute als allgemeine Plattform für den Themenbereich sichere Software wahrgenommen. Besonders bekannt sind die OWASP TOP 10 (siehe auch »Sichere Webanwendungen«, S. 255) als Liste der wichtigsten Software-Schwachstellen.

OpenSAMM hat große Ähnlichkeit mit BSIMM *(Building Security In Maturity Model)* – einem pragmatischen Ansatz zur Entwicklung sicherer Software, der auf den Erfahrungen einiger Softwareunternehmen beruht. In dem Modell sind die *Business Functions* untergliedert in *Governance, Construction, Verification* und *Deployment.*

Interessant ist, dass im Unterpunkt *Threat Assessment* von *Construction* die Bewertung von Bedrohungen nach dem *OWASP Risk Rating* erfolgt, bei dem das Gesamtrisiko nicht nur basierend auf der Höhe des möglichen Schadens, sondern auch unter Einbeziehung der Wahrscheinlichkeit des Eintretens des betreffenden Schadens ermittelt wird.

CLASP   Zum Abschluss muss auch das OWASP-Projekt CLASP *(Comprehensive Lightweight Application Security Process)* erwähnt werden. Hierbei handelt es sich um einen einfachen Ansatz, Sicherheitsaspekte bereits frühzeitig in einen Softwareentwicklungsprozess einzubringen. Der Ansatz kann genutzt werden, um ohne zu großen Aufwand grundlegende Sicherheitsaspekte zu berücksichtigen, und ist besonders für kleinere Projekte geeignet.

Literatur   [Paul11]

3.6   Sicherheit eingebetteter Systeme *

Komplexe, vernetzte und softwareintensive Systeme spielen heute in zahlreichen Anwendungsbereichen eine große Rolle. Ihre sichere Gestaltung sowie ihr verlässlicher Betrieb stellen besondere Herausforderungen dar.

Mikro-prozessoren überall   Ob Autoschlüssel und Personalausweise im Kleinen oder die automatische Steuerung eines Flugzeugs und das intelligente Stromnetz im Großen: Stets sind Mikroprozessoren in Gegenstände des täglichen Gebrauchs oder in großer Anzahl und vernetzt in komplexe technische Systeme eingebettet. Sie nehmen Aufgaben wie die Steuerung, Regelung und Überwachung von technischen Systemen wahr und sind als eingebettete Systeme in diese integriert. Es gibt Schätzungen, nach denen mehr als 95 % aller weltweit produzierten Mikroprozessoren in eingebetteten Systemen verwendet werden.

Es liegt auf der Hand, dass der sicheren Gestaltung und dem verlässlichen Betrieb solcher hochmodernen Systeme eine große Bedeutung zukommt. Dabei können eingebettete Systeme auf vielerlei Weise angegriffen werden. Eine Besonderheit ist, dass ein potenzieller Angreifer häufig über einen physikalischen Zugriff auf das System verfügt.

Als Sicherheitsanker in eingebetteten Systemen fungieren kryptographische Bausteine, die in Hardware-Komponenten implementiert sind. Auf ihnen basieren Dienste wie die Überprüfung von Identitäten, der vertrauliche Umgang mit Daten sowie die Erkennung von Manipulationen. Wichtig sind dabei die Güte der verwendeten Schlüssel sowie deren Geheimhaltung.

Kryptographie-Einsatz

Was ist zu schützen? Zunächst muss geregelt sein, wer wann und auf welche Daten zugreifen kann. Ferner muss der Transport von Daten zwischen Teilsystemen abgesichert sein. Geheime kryptografische Schlüssel müssen sicher aufbewahrt und dürfen bei ihrem Einsatz nicht »beobachtet« werden. Schließlich muss die Manipulations- und Fälschungssicherheit eingesetzter physikalischer Komponenten sichergestellt werden.

Sicherheitsanforderungen

Zwei für eingebettete Systeme spezifische Sicherheitsthemen, die in Forschung und Entwicklung stark beachtet werden, sind Seitenkanalangriffe (bzw. deren Abwehr) und die Nutzung von PUFs *(Physical Unclonable Functions)*.

Bei einem Seitenkanalangriff bzw. einer **Seitenkanalattacke** wird eine Systemkomponente bei der Ausführung eines kryptologischen Algorithmus beobachtet, um Korrelationen zwischen den beobachteten Daten und dem verwendeten Schlüssel zu finden. Grundlage kann dabei die Analyse der Laufzeit des Algorithmus, des Energieverbrauchs des Prozessors (während der Berechnungen) oder der elektromagnetischen Abstrahlung sein.

Seitenkanalangriffe

Bei einem solchen Seitenkanalangriff wird also nicht der kryptologische Algorithmus angegriffen, sondern die konkrete Implementierung bzw. die physikalische Umsetzung. Beispiele für in diesem Sinne angreifbare Seitenkanäle sind die Rechenzeit oder der Stromverbrauch bei verschiedenen Eingaben, elektromagnetische Strahlung oder von einem Drucker erzeugte Töne.

In den letzten Jahren haben einige spektakuläre Seitenkanalattacken Aufmerksamkeit erregt. Hier zwei Meldungen aus dem Jahre 2011: Zum Beispiel ist es Forschern der University of California gelungen, Tastenanschläge auf einer virtuellen Smartphonetastatur durch das Messen der Telefonbewegung beim Drücken der jeweiligen Taste zu erraten. Forscher der Universität Bochum konnten durch die Beobachtung von Stromverbrauch und elektromagnetischer Abstrahlung den von einer RFID-Chipkarte verwendeten geheimen Schlüssel innerhalb von 7 Stunden herausfinden.

Physical Unclonable Functions

PUFs dienen dazu, Systemkomponenten eindeutig zu identifizieren und auch zu authentifizieren, selbst wenn diese über keinen nicht-flüchtigen Speicher verfügen. Anders gesagt wird die Identität einer Komponente an ihren *individuellen physikalischen Eigenschaften* fest gemacht. Dies ist möglich, weil auch zwei identische automatisch produzierte reale Gegenstände stets kleinste Unterschiede aufweisen. Beispielsweise kann ausgenutzt werden, dass auch bei zwei integrierten Schaltkreisen mit identischem Layout unterschiedliche Verzögerungszeiten bei der Übertragung von Signalen auf den internen Leitungen auftreten.

Generell sind folgende Eigenschaften für PUFs charakteristisch:

- Basis ist ein physikalisches System.
- Die Funktionswerte sind leicht zu bestimmen.
- Der Output erscheint hinreichend zufällig.
- Der Output ist sogar für einen Angreifer mit physikalischem Zugriff unvorhersagbar.

Die Authentifizierung einer Systemkomponente mithilfe einer PUF kann beispielsweise über eine größere Anzahl von Challenge-Response-Paaren umgesetzt werden, die vor Inbetriebnahme dieser individuellen Komponente ermittelt und in einer Datenbank gespeichert wurden – bei jeder Authentifizierung muss die Komponente auf eine Challenge mit der gespeicherten Response antworten.

Ein großer Anteil bisher untersuchter PUFs basiert auf physikalischen Strukturen, die sich mit Standard-CMOS-Schaltkreisen umsetzen lassen. Ein bekanntes und intensiv untersuchtes Beispiel sind die Arbiter PUFs – siehe Abb. 3.6-1.

Arbiter PUF

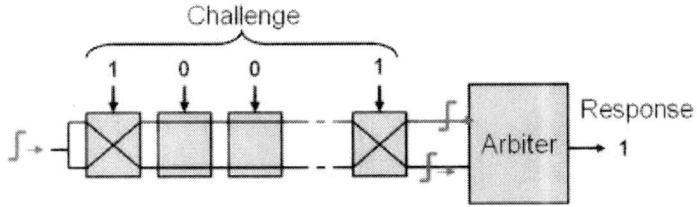

Abb. 3.6-1: Prinzip der Arbiter PUFs.

Ein Arbiter PUF basiert auf zwei Pfaden von Verzögerungsgliedern, von denen jedes (auf Grund von Schwankungen bei der Herstellung) ein in gewissem Rahmen zufälliges Verhalten zeigt. Die Challenge-Bits definieren die Zusammensetzung zweier Signalpfade durch die Komponenten. Ein Entscheider am Ende der beiden Pfade (arbiter) gibt eine 0 oder eine 1 aus – je nach dem, welches der beiden Signale zuerst ankam.

4 Sicherheit in Netzen *

In den Abschnitten dieses Kapitels werden die wichtigsten der heute in Kommunikationsnetzen eingesetzten Sicherheitsmaßnahmen vorgestellt. Insbesondere werden Firewalls sowie Vorkehrungen zur Absicherung der Kommunikation und der Anwendungsdienste behandelt.

4.1 Firewalls *

Als **Firewall** oder Firewall-System bezeichnet man ein Computersystem, das den Übergang von einem zu schützenden zu einem »unsicheren« öffentlichen Kommunikationsnetz – wie dem Internet – kontrolliert. Dabei übt eine Firewall diese Kontrolle im einfachsten Fall als **Paketfilter** durch eine reine Filterung der ein- und ausgehenden Nachrichten aus – gewisse Datenpakete dürfen passieren, andere nicht. Diese Grundfunktionalität einer Firewall hat mit Kryptographie nichts zu tun.

Firewalls können auch in komplexeren Szenarien eingesetzt sein, in denen Authentifikationsverfahren angewendet werden oder Paketfilter mit Verschlüsselungsfunktionen als **VPN**-Gateways fungieren. In diesen Fällen kommen die bekannten kryptographischen Verfahren und Protokolle wieder zum Tragen.

4.1.1 Aufgaben von Firewalls *

Eine Firewall bildet eine »Schutzmauer« zwischen unterschiedlichen Computersystemen und Netzen, indem sie den Datenverkehr zwischen den Systemen filtert. Dabei übernimmt sie in der Regel weitere Aufgaben wie z.B. *Network Address Translation*.

Eine **Firewall** bildet eine »Schutzmauer« zwischen einem Computer bzw. einem lokalen Netzwerk und dem Internet, die den Datenverkehr zwischen »innen« und »außen« filtert. Dieses »Filtern« ist die zentrale Aufgabe einer Firewall – mit Kryptographie hat eine Firewall zunächst nichts zu tun!

was ist eine Firewall?

Wie eine Brandschutzmauer in einem Haus die Ausbreitung eines Feuers eindämmen kann, soll ein Firewall-System vor An- und Übergriffen aus dem Internet schützen. Ein sol-

Firewall als Brandschutzmauer

ches System wird an einem Übergang zwischen zwei Netzen installiert, um diesen Übergang zu kontrollieren. Alle zwischen diesen Netzen ausgetauschten Daten müssen das Firewall-System durchlaufen und werden dabei – je nachdem – durchgelassen oder abgewiesen. Dazu analysiert das Firewall-System die Kommunikationsdaten, kontrolliert die Kommunikationsbeziehungen und Kommunikationspartner, reglementiert die Kommunikation entsprechend einer festgelegten Sicherheitspolitik, protokolliert hinsichtlich der Sicherheit relevante Ereignisse und alarmiert bei starken Verstößen den Sicherheits-Administrator.

Firewalls für Intranets Eine typische Konstellation ist, dass für ein an das Internet angeschlossenes Firmennetz der gesamte Verkehr das Firewall-System passieren muss, um dort kontrolliert zu werden.

In Abb. 4.1-1 ist diese Konstellation dargestellt.

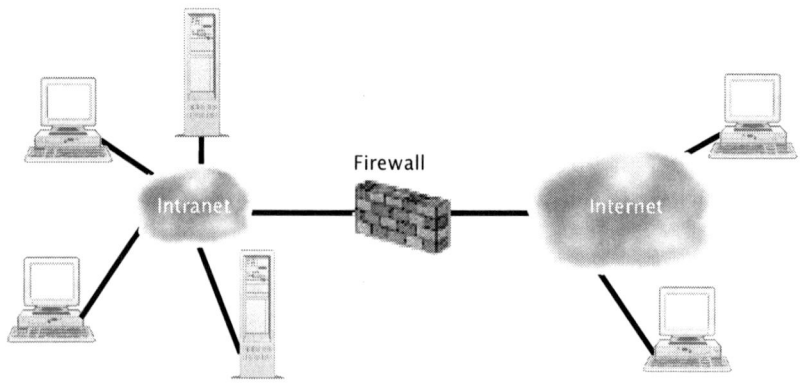

Abb. 4.1-1: Hier schirmt die Firewall ein ganzes Intranet gegenüber dem Internet ab.

Personal Firewall Im einfachsten Fall ist ein einzelnes Computersystem – z. B. für den Privatbereich – direkt mit einer Firewall geschützt (siehe Abb. 4.1-2). Ein solcher Fall tritt beispielsweise auf, wenn Sie sich über eine ISDN- oder DSL-Verbindung ins Internet einwählen.

Regeln Jedes Paket, das abgesendet oder empfangen werden soll, muss zunächst die Firewall passieren. Die Firewall prüft daraufhin, ob dies erlaubt oder verboten ist, und wird dementsprechend das Paket senden oder abweisen. Diese Erlaub-

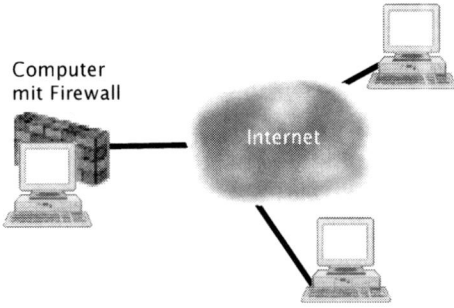

Computer
mit Firewall

Abb. 4.1-2: Eine Personal Firewall bildet eine Schutzmauer zwischen einem privaten Computer und dem Internet.

nisse und Verbote werden als Regeln bezeichnet. Firewall-Regeln werden von oben nach unten abgearbeitet.

Die folgenden Regeln zeigen ein Beispiel aus [Wettern, Komar, Beekelar 02]:

Beispiel

1 Netzwerkverkehr auf allen Ports abweisen.
2 Ausnahme: Netzwerkverkehr auf Port 80 (für HTTP benutzt) zulassen.
3 HTTP-Video-Inhalt abweisen.
4 Ausnahme: HTTP-Video-Inhalt für Ausbildungsgruppe zulassen.
5 Ausnahme: HTTP-Video-Inhalt durch die Ausbildungsgruppe außerhalb der Arbeitszeit zurückweisen.

Genauso wichtig wie der Einsatz einer Firewall selbst ist deren korrekte Konfiguration, d. h. die Festlegung der Regeln. Bei der Firewall für den Privatbenutzer kann eine automatische Konfiguration der Regeln erfolgen. Damit gibt man allerdings die Möglichkeit aus der Hand, selbst zu bestimmen, wer auf das eigene Computersystem zugreifen darf und welche Daten es verlassen dürfen.

Konfiguration

Ihre Firewall-Konfiguration
Verboten ist alles, was nicht erlaubt ist.

Tipp

Einem Firewall-System liegt eine Sicherheitsstrategie zugrunde. Diese kann beispielsweise besagen, dass gewisse Anwendungsprotokolle oder Dienste nicht oder nur zwischen bestimmten Rechnern unterstützt werden sollen. Damit diese Strategie auch umgesetzt werden kann, muss das System auf Informationen zugreifen, die in den »vorbeikommenden« Datenpaketen enthalten sind.

Basis-
Funktionalität

Eine Firewall sollte mindestens folgende Funktionalität besitzen (vgl. hierzu auch [Pohlmann 03]):

▨ **Paketfilterung**
Die Kopfdaten *(header)* aller Pakete, die durch die Firewall laufen, werden geprüft. Die Firewall trifft für jedes Paket die Entscheidung, ob es zugelassen oder blockiert wird.

▨ *Network Address Translation* (NAT)
Die Außenwelt sieht nur eine oder mehrere **IP-Adressen**, während das interne Netzwerk jeglichen privaten Adressraum nutzen kann. Interne und sichtbare IP-Adressen werden automatisch durch die Firewall hin- und herübersetzt.

▨ **Anwendungs-Proxy**
Die Firewall kann mehr als die Kopfdaten der Pakete prüfen. Dazu muss sie das spezifische Anwendungsprotokoll verstehen.

▨ **Überwachung und Protokollierung**
Die Firewall protokolliert alle wichtigen Aktivitäten, um spätere Analysen von Sicherheitsverletzungen zu ermöglichen.

erweiterte
Funktionalität

Viele Firewalls unterstützen folgende zusätzliche Funktionen:

▨ **Daten-Caching**
Daten können in einem ***Cache*** zwischengespeichert werden. Dadurch müssen sie *nicht* immer von den Websites besorgt werden, und das spart Zeit ein.

▨ **Einbruchserkennung**
Die Firewall erkennt Einbruchsversuche und kann Alarm geben.

▨ **Lastenausgleich**
Der ein- und ausgehende Datenverkehr kann auf mehrere Firewalls verteilt werden.

Auf die unterschiedlichen Arten von Firewall-Systemen wird in »Firewall-Systeme«, S. 193, eingegangen.

4.1.2 Firewall-Systeme *

Firewalls gibt es in unterschiedlichem Umfang und Komplexität: vom Schutz einzelner Computersysteme bis zum Schutz von Netzwerken mit Tausenden von Computern. Wichtig ist die sorgfältige Konfiguration einer Firewall.

Eine **Firewall** kann hardware- oder softwaremäßig realisiert sein.

Hardware-Firewalls bestehen aus einem Stück Hardware mit darin enthaltener Software. Sie führen ihre Funktionen aus, sobald sie angeschlossen sind. | Hardware-Firewall

Software-Firewalls sind Programme, die auf einem Computersystem installiert werden müssen, wobei das Computersystem noch für »normale« Anwendungsprogramme verwendet wird. | Software-Firewall

Man unterscheidet die verschiedenen Arten von Firewall-Systemen unter anderem danach, auf welcher Kommunikationsschicht sie arbeiten. Dabei kann ein Firewall-System aus den folgenden Grundelementen bestehen:

- *Packet Filter*
- *Stateful Inspection*
- *Application Gateway*
- *Proxy*
- *Adaptive Proxy*

Diese Grundelemente werden nun kurz erläutert.

Man spricht von einem **Paketfilter** *(Packet Filter)* oder paketfilternden Router, wenn eine selektive Paketfilterung auf der Netzzugangs-, der Netzwerk- und der Transportebene stattfindet. Die Netze werden durch den Filter physikalisch entkoppelt, der sich wie eine *Bridge* verhält. Ein Paketfilter schaut sich die Pakete an und verifiziert, ob die Daten in den entsprechenden *Headern* der Kommunikationsebenen den definierten Regeln entsprechen. | Paketfilter

In Abb. 4.1-3 ist eine Netzkonstellation mit Paketfilter dargestellt.

Auf den verschiedenen Kommunikationsebenen können von einem Paketfilter unterschiedliche Überprüfungen vorgenommen werden:

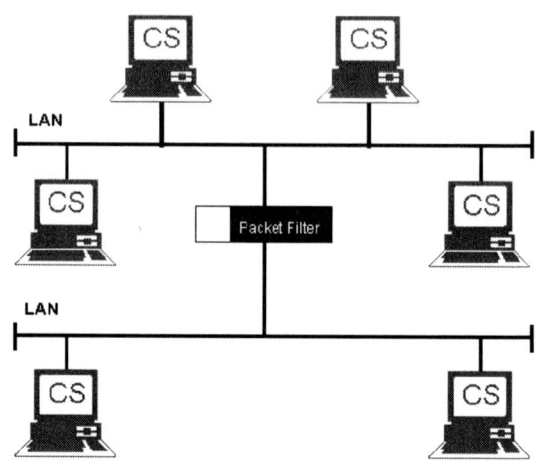

Abb. 4.1-3: Paketfilternder Router zwischen zwei Lokalen Netzen.

     Auf der Netzzugangsebene werden die Quell- und Zieladresse und der verwendete Protokolltyp kontrolliert.

     Auf der Netzwerkebene werden je nach Protokoll Ziel- und Quelladresse, das verwendete Schicht-4-Protokoll, Optionsfelder und Flags etc. überprüft.

     Auf Transportebene findet eine Überprüfung der Portnummern statt, eventuell (bei **TCP**) auch eine Überprüfung der Richtung des Verbindungsaufbaus.

     Zusätzlich kann auch überprüft werden, ob der Zugriff über den Paketfilter in einem definierten Zeitraum erfolgt (z. B. nur montags bis freitags zwischen 7 und 17 Uhr).

In »Einsatz eines Paketfilters«, S. 198, ist der Einsatz eines Paketfilters anhand eines kleinen Beispiels skizziert.

Stateful Inspection Das nächste Grundelement von Firewall-Systemen bilden die **zustandsorientierten Paketfilter** – im Englischen spricht man hier von *Stateful Inspection*. Hierbei wird die Interpretation der Pakete auch auf höheren Kommunikationsebenen durchgeführt, d. h. Statusinformationen für aktuelle Verbindungen werden auf den unterschiedlichen Ebenen bewertet und festgehalten. Solche Informationen können beispielsweise den Verbindungsaufbau, den Transferzustand oder den Verbindungsabbau betreffen. Ein besseres und sicheres Konzept der Analyse von Anwendungsdaten haben allerdings Application Gateways und Proxies vorzuweisen, über die als nächstes zu sprechen ist.

Bei einem *Application Gateway* handelt es sich um ein Software-System, das die Verbindungen eines Dienstes überwacht und z. B. auch einzelne Befehle sperren kann. Ein Benutzer, der über das Application Gateway kommunizieren möchte, muss sich zuerst identifizieren und authentisieren. Dazu baut der Benutzer eine Verbindung zu dem Application Gateway auf. Nach der Identifikation und Authentikation arbeitet das Application Gateway dann transparent, so dass es für den Benutzer so aussieht, als würde er direkt auf dem Ziel-Rechnersystem arbeiten. Ein Application Gateway arbeitet meist mit zwei Netzwerk-Anschlüssen (und heißt dann auch *Dual-homed Gateway*), so dass es die vollständige Kontrolle über die Pakete hat, die zwischen dem unsicheren und dem zu schützenden Netz übertragen werden sollen.

Application Gateway

Das Application Gateway empfängt die Pakete an den entsprechenden **Ports**. Soll etwa nur ein Dienst über einen entsprechenden Port möglich sein, muss das Application Gateway dafür sorgen, dass (nur) die entsprechenden Pakete von der einen zur anderen Netzwerkseite (und umgekehrt) übertragen werden. Eine Software, die die Paketübertragung für einen speziellen Dienst (FTP, http, Telnet etc.) im Application Gateway durchführt, wird als **Proxy** bezeichnet. Die Bezeichnung Proxy (englisch für: Stellvertreter) wird verwendet, weil es aus Sicht des Benutzers so aussieht, als würde er direkt mit dem Server-Prozess des Dienstes auf dem Ziel-Rechnersystem kommunizieren.

Proxy

Jeder Proxy auf dem Application Gateway kann für den Dienst, für den er zuständig ist, weitere Sicherheitsdienste anbieten. Trotzdem handelt es sich bei den Proxies um recht kleine und überschaubare Software-Module, so dass Fehlverhalten aufgrund von Implementierungsfehlern recht selten ist. Auf die Besonderheiten spezieller Proxies (SMTP Proxy, FTP Proxy, HTTP Proxy) wird hier nicht eingegangen.

Generell sollte ein Application Gateway immer dann eingesetzt werden, wenn Schutzmaßnahmen für die Anwendungen zur Verfügung gestellt werden sollen. Insbesondere werden hierdurch auch Möglichkeiten der Protokollierung auf Anwendungsebene geboten. Nachteil eines Application Gateway ist eine geringe Flexibilität, da für jeden Dienst ein eigener Proxy bereit gestellt werden muss. Auch sind die Kosten selbstverständlich höher als die für einen Paketfilter.

Adaptive Proxy Schließlich müssen noch die *Adaptive Proxies* erwähnt werden. Unter diesem Namen versucht man, die Vorteile von Paketfiltern mit denen der Application Gateways zu kombinieren. Der Ansatz besteht darin, dass das Firewall-System in der ersten Phase (Verbindungsaufbau) wie ein Application Gateway arbeitet und später wie ein Paketfilter. Unter der (durchaus richtigen) Annahme, dass die meisten Angriffe den Verbindungsaufbau betreffen, erzielt man mit diesem Ansatz eine befriedigende Sicherheit.

Wie man sieht, gibt es zahlreiche Möglichkeiten des Aufbaus eines Firewall-Systems. Entsprechend bieten die Hersteller eine schon schwer zu überschauende Vielfalt von Systemen auf dem Markt an, die sich selbstverständlich auch hinsichtlich ihrer Leistungsfähigkeit (sprich: dem möglichen Durchsatz) und des Preises stark unterscheiden können.

PC-Firewalls Neben den für Unternehmensnetze notwendigen Firewall-Systemen sind heute auch zunehmend sogenannte PC-Firewalls im Einsatz, die insbesondere für Telearbeiter bzw. auch für private Nutzer von Interesse sind. Hierbei geht es um den Schutz von Einzel-PCs, der angesichts der Zunahme von Telearbeit sowie der privaten Internet-Nutzung immer relevanter wird. Die angebotenen *Personal-Firewall*-Lösungen sind dabei sehr unterschiedlich. Die eher klassischen Firewall-Funktionen, die den ein- und ausgehenden Verkehr nach vorher festgelegten Regeln kontrollieren, sind in der Regel integriert.

Die neueren Windows-Betriebssysteme sind bereits mit einer Firewall-Lösung ausgestattet. Daneben gibt es für die unterschiedlichen Betriebssysteme eine Reihe zusätzlich zu installierender Software-Lösungen, deren Grundversionen häufig für den privaten Gebrauch kostenlos angeboten werden. Manche der angebotenen PC-Firewalls beinhalten auch einen **Antivirenschutz**. Beispiele deutscher Firmen, die entsprechende Produkte im Angebot haben, sind Avira und Gdata. Dieses Thema wird in anderen Kapiteln aufgegriffen.

Einige Produkte ergänzen diese Funktionalität um ein proaktives Sandbox-Prinzip. Dieses lässt unbekannte Anwendungen wie Exe-E-Mail-Anhänge oder in *JavaScript* oder *ActiveX* programmierte aktive Web-Inhalte in einer Art Quarantäne ablaufen und verhindert so, dass sie unerwünschte Aktionen auf dem PC ausführen können. Beispiele solcher Produkte werden angeboten von Sandboxie, Aladdin oder Finjan.

Bei anderen Produkten wie Blackice Defender oder Zonealarm steht ein *Intrusion-Detection*-Konzept im Vordergrund, d. h. der Netzverkehr wird nach bekannten Hackerangriffsmustern überwacht. Dabei können ein *Cookie*-Management sowie eine Inhalte-Kontrolle integriert sein, bei der E-Mails nach bestimmten Stichwörtern überwacht werden, damit z. B. kein Trojanisches Pferd Passwörter verschicken kann. Abb. 4.1-4 zeigt die Bedienoberfläche der aktuellen Version von Zonealarm, welches neben der Firewall-Funktionalität auch einen Antivirenschutz beinhaltet.

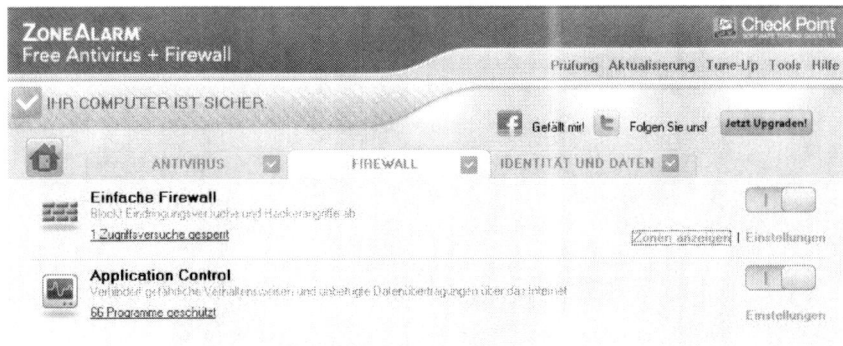

Abb. 4.1-4: Personal Firewall in Zonealarm.

Viele DSL-**Router** arbeiten als natürliche Firewall. Ein DSL-Router ermöglicht den Anschluss mehrerer, lokal vernetzter Computersysteme über DSL *(Digital Subscriber Line)* an das Internet. Das bedeutet, dass vom lokalen Netz unbeschränkt auf das Internet zugegriffen werden kann, aber Zugriffe vom Internet auf das lokale Netz *nicht* erlaubt sind. Der DSL-Router sorgt für das Blockieren der **Ports** und besitzt eine NAT-Unterstützung *(Network Address Translation),*

Router als »natürliche« Firewall

damit sich mehrere Benutzer eine einzige Internet-Verbindung teilen. Von außen repräsentiert sich das gesamte lokale Netzwerk durch eine einzige IP-Adresse, und die lokalen IP-Adressen der Computer sind »für das Internet unsichtbar«. Dann können zwar Verbindungen einfach von innen nach außen aufgebaut werden, aber für Angreifer ist es sehr viel schwieriger, in das lokale Netz zu gelangen.

4.1.2.1   Box: Einsatz eines Paketfilters **

In Abb. 4.1-5 sind zwei Netze X und Y dargestellt, Netz X mit den IP-Adressen 192.168.2.x und Netz Y mit den IP-Adressen 192.168.4.y. Zwischen beiden Netzen besteht keine direkte Verbindung.

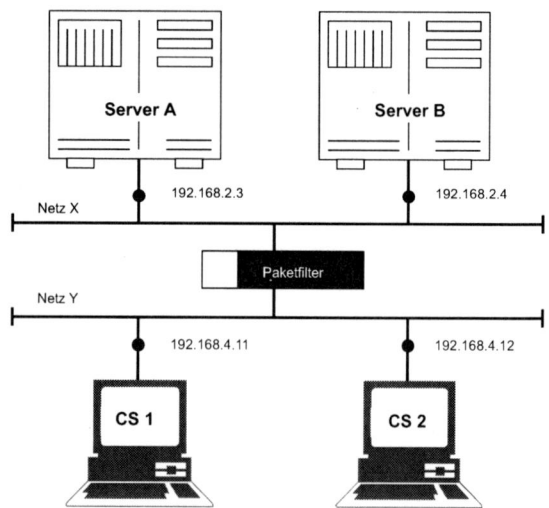

Abb. 4.1-5: Einsatz eines Paketfilters.

Durch die Konfiguration der Firewall soll erreicht werden, dass der Administrator des Servers A in Netz X von dem Computersystem 1 des Netzes Y aus »remote« per Telnet auf den Server A zugreifen kann. Jegliche weitere Kommunikation soll ausgeschlossen werden. Da ein Paketfilter stets mit Filterregeln der Art »Alles ist verboten, es sei denn, es wurde explizit erlaubt« arbeitet, stellen sich die für die Festlegungen der obigen Bedingungen notwendigen **Filterregeln** dar wie in Tab. 4.1-1 gezeigt.

Rech-ner-verbin-dung	Quell-adres-se	Ziel-adres-se	Trans-port-pro-tokoll	Quell-port	Ziel-port	Er-laub-nis	Wo-chen-tage	Zeit
CS 1 mit A	192.168. 4.11	192.168. 2.3	TCP	>1023	23	ja	Mo-Fr	8:00–17:00
A mit CS 1	192.168. 2.3	192.168. 4.11	TCP	23	>1023	nein	Mo-Fr	8:00–17:00

Tab. 4.1-1: Beispiel für Filterregeln.

Dazu muss man wissen, dass **Telnet** auf **TCP** basiert und die vom Telnet-Server verwendete Standard-**Port**nummer 23 ist; ein Telnet-Client kann eine beliebige Portnummer verwenden, die größer als 1023 ist.

Es bleibt noch hinzuzufügen, dass die (erlaubte) Kommunikation für den Administrator, das Computersystem 1 und den Server A transparent bleibt, m. a. W. ist der Paketfilter »unsichtbar« im Hintergrund.

An diesem Beispiel können auch die Grenzen eines Paketfilters gut verdeutlicht werden: Falls auf dem Server A am Port 23 ein anderer Dienst (und nicht Telnet) aktiviert wurde – sei es mit Absicht oder aufgrund eines Fehlers –, so kann auch dieser über den Paketfilter durchgeführt werden. Der Paketfilter kann nämlich nicht feststellen, ob wirklich eine Telnet-Sitzung oder aber eine andere Anwendung über den Port 23 abgewickelt wird. Diese potenzielle Schwachstelle muss bei der Planung selbstverständlich mit berücksichtigt werden.

4.1.2.2 Box: Wie kann man Angreifer identifizieren? ***

Wenn Ihre **Firewall** einen Angriff meldet, dann erhalten Sie zunächst nur die **IP-Adresse** des Angreifers. In Abb. 4.1-6 meldet die Norton Firewall einen – simulierten – Angriff.

Es gibt mehrere **Websites**, die für eine IP-Adresse alle relevanten Informationen beschaffen. Eine bequeme Möglichkeit bietet das Tool Visualroute, welches lokal installiert wird und bei einer Recherche auf das Internet zugreift. Bereits mit der kostenfreien »Liteversion« können Sie die Route durch das Internet verfolgen. Außerdem können Sie

Standort und Informationen

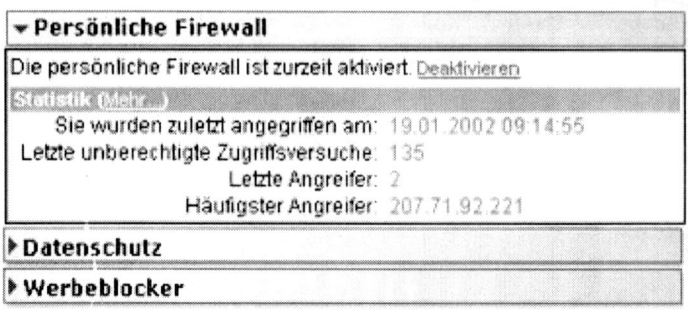

Abb. 4.1-6: So meldet die Norton Firewall einen Angriffsversuch.

sich per Mausklick für jeden Netzwerk-Knoten *(node name)* und für jedes Netzwerk *(network)* nähere Informationen anzeigen lassen. Beispielsweise sehen Sie in Abb. 4.1-7, dass sich hinter dem Angreifer mit der IP-Adresse 207.71.92.221 die Domäne grc.com verbirgt, von der hier mithilfe des Programms ShieldsUp! ein simulierter Angriff durchgeführt wurde. (Mit der sogenannten »Personal Edition« des Tools kann man sich sogar den geografischen Standort der IP-Adresse anzeigen lassen.)

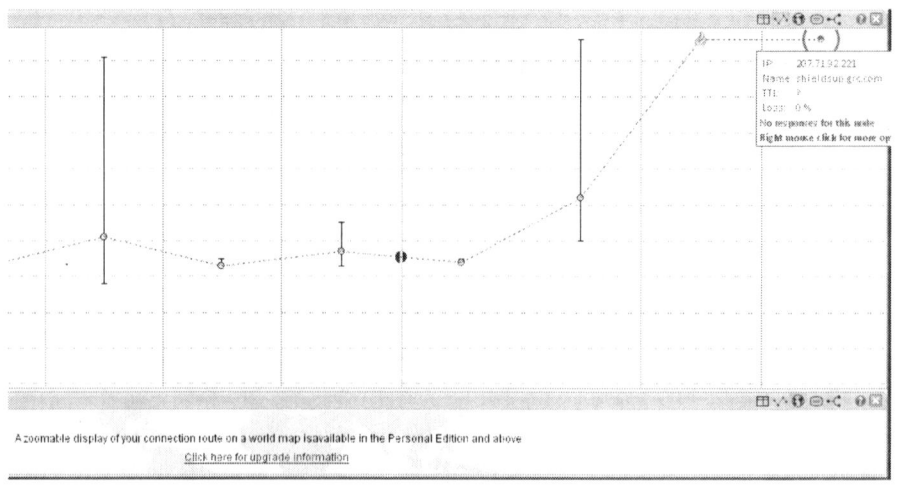

Abb. 4.1-7: Hier können Sie den Weg zur IP-Adresse 207.71.92.221 verfolgen.

Daneben gibt es zahlreiche Möglichkeiten, sich zu einer IP-Adresse oder bekannten Domäne weitere Informationen anzeigen zu lassen – beispielsweise über die Website all-nettools (http://www.all-nettools.com/tools1.htm). Gibt man dort in das Tool SmartWhois die obige IP-Adresse ein, erhält man die in Abb. 4.1-8 gezeigte Antwort.

shieldsup.grc.com (207.71.92.221)

207.71.64.0 - 207.71.127.255
NTT America, Inc.
8005 South Chester Street
Suite 200
Centennial, CO
US

Abb. 4.1-8: Hier sehen Sie weitere Informationen zu der IP-Adresse 207.71.92.221.

Außerdem gibt es noch offizielle Websites, auf denen Informationen zu IP-Adressen abgefragt werden können. Ursprünglich wurden alle IP-Adressen von der IANA (http://www.iana.org) zentral verwaltet. Inzwischen sind Teilbereiche an verschiedene Registrierungsstellen weitergegeben worden. Einen Überblick, welche IP-Adressbereiche von welcher Registrierungsstelle betreut werden, finden Sie hier: IP-Adressbereichsverwaltung (http://www.iana.org/assignments/ipv4-address-space). Beispielweise kann man dieser Liste entnehmen, dass eine IP-Adresse, die mit 217 beginnt, zu der Registrierungsstelle Ripe (http://www.ripe.net/) NCC gehört, die IP-Adressen im europäischen Raum verwaltet. Andere Registrierungsstellen sind die ARIN (http://www.arin.net) für Nord-, Mittel- und Süd-Amerika, APNIC (http://www.apnic.net) für den asiatischen und pazifischen Raum und das US-Verteidigungsministerium. Auf den Websites dieser Registrierungsstellen können Sie sich zu jeder IP-Adresse deren Eigentümer anzeigen lassen.

offizielle
Websites

4.1.3   Box: Intrusion-Detection-Systeme *

Als *Intrusion-Detection*-System (IDS) bezeichnet man eine Software zur Erkennung von Angriffen auf ein Computersystem oder Computernetz. Meist wird der Begriff im Zusammenhang mit dem Internet verwendet. Im Gegensatz zu einem *Firewall*-System, das eher passiv Angriffe von vornherein abzublocken versucht, gehören Intrusion-Detection-Systeme neben Security-Audit-Systemen, die die Schwachstellen aufzuspüren versuchen, zu den aktiven Abwehrmechanismen.

Allerdings beinhaltet der Begriff eines IDS nicht gleichzeitig irgendwelche Reaktionen auf einen entdeckten Angriff – ähnlich einer Videoüberwachung, die zunächst nur der Entdeckung von Unregelmäßigkeiten dient. Reaktionen müssen zusätzlich überlegt und praktisch umgesetzt werden.

Man unterscheidet rechnerbasierte und netzwerkbasierte Intrusion-Detection-Systeme. Ein rechnerbasiertes IDS kann zwar ein System umfassend überwachen, ist jedoch ebenfalls lahmgelegt, wenn das System nicht läuft. Ein netzwerkbasiertes IDS, das Pakete im Netzwerk aufzeichnet und analysiert, kann aufgrund hoher Übertragungsraten schon einmal überfordert sein, zudem muss für jedes Netzsegment ein »Sensor« spendiert werden. Es gibt auch hybride ID-Systeme, die sich aus einer Management-Komponente, rechnerbasierten und netzbasierten Sensoren zusammensetzen.

Grundsätzlich kann ein IDS auf zwei unterschiedliche Weisen arbeiten. Eine Möglichkeit besteht darin, Log-Daten oder Daten des Netzwerkverkehrs zu sammeln und diese auf bekannte Angriffsmuster zu untersuchen – in Abb. 4.1-9 ist dieses Prinzip dargestellt. Die Muster werden mitunter auch als Angriffssignaturen bezeichnet – mit digitalen Signaturen im Sinne von Unterschriften haben diese allerdings nichts zu tun!

Als zweite Möglichkeit kann ein IDS mit statistischer Analyse arbeiten: Hiermit wird versucht, Abweichungen von einem Normalzustand bzw. Normalverhalten zu registrieren. Dadurch wird es unter Umständen möglich, auch einen bislang unbekannten Angriff zu erkennen.

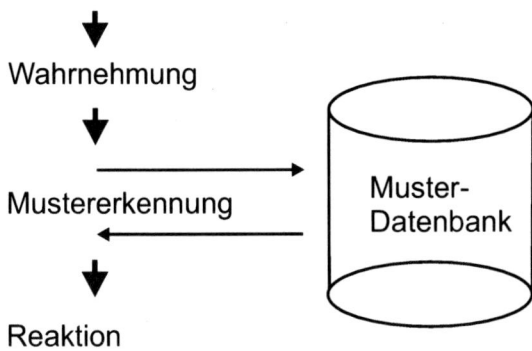

Abb. 4.1-9: Erkennung von Angriffsmustern in einem IDS.

Während ein IDS nur einen Alarm auslöst, ist ein **Intrusion-Prevention**-System sogar in der Lage, Datenpakete zu verwerfen, eine Verbindung zu unterbrechen oder übertragene Daten zu ändern. Es bietet sich an, ein solches IPS in ein Firewall-System zu integrieren.

Intrusion-Prevention-System

Im Zusammenhang mit Intrusion-Detection steht auch der Begriff des **Honeypot**. Man versteht darunter ein Computersystem im Kommunikationsnetz, das absichtlich »offene Flanken« besitzt und Hacker zu einem Angriff verleiten soll – um diese zu protokollieren und sich dann möglicherweise auf die Spur der Hacker begeben zu können.

Honeypot

Es sind zahlreiche Intrusion-Detection-Systeme unterschiedlicher Hersteller verfügbar. Ein bekanntes, für verschiedene Betriebssysteme kostenlos erhältliches Open-Source-IDS ist Snort (siehe Snort (http://www.snort.org)).

4.2 Sicherheit der Internet-Schichten *

Kommunikationsprotokolle werden üblicherweise in Schichten strukturiert, die jeweils Dienste für die darüber liegenden Schichten erbringen. Die bekannteste Strukturierung in insgesamt sieben solcher Schichten eines **Schichtenmodells** folgt dem **OSI-Referenzmodell**. Für die Internet-Protokollfamilie TCP/IP hat sich ein eigenes **TCP/IP-Referenzmodell** mit vier Schichten etabliert, das in Abb. 4.2-1 dargestellt ist.

Anwendungsschicht Darstellungsschicht Sicherungsschicht	Anwendungsschicht
Transportschicht	Transportschicht
Vermittlungsschicht	Netzwerkschicht
Sitzungsschicht	Netzzugangsschicht
Bitübertragungsschicht	

OSI - Referenzmodell   TCP/IP - Schichtenmodell

Abb. 4.2-1: OSI-Modell und TCP/IP-Schichten.

Die meisten Sicherheitsfunktionen, die die Internet-Kommunikation betreffen, lassen sich einer dieser Schichten zuordnen. Dies betrifft selbstverständlich nicht die Sicherheitsaspekte der beteiligten Computersysteme, bei denen Zugangsregeln oder Betriebssysteme eine wichtige Rolle spielen.

Auf welcher Schicht sollten Sicherheitsfunktionen angesiedelt werden? Auf diese Frage gibt es keine pauschale Antwort. Die Abschnitte dieses Kapitels gehen auf die vier Schichten ein und stellen die wichtigsten Sicherheitsstandards dar, die sich bislang im Internet etabliert haben und deren Beschreibung zum größten Teil in einem Internet-Standard **RFC** *(Request for Comments)* festgehalten ist – siehe »Sicherheit auf der Netzzugangsschicht«, S. 205, »Sicherheit auf der IP-Schicht«, S. 207, »Sicherheit auf der TCP-Schicht«, S. 220, »Sicherheit der Anwendungsschicht«, S. 228.

In Abb. 4.2-2 ist zusammenfassend dargestellt, wie sich die in den anderen Abschnitten behandelten Sicherheitsmechanismen in das Schichtenmodell einfügen. Generell kann Folgendes gesagt werden:

Die Ansiedlung von Sicherheitsprotokollen auf einer Schicht hat stets zur Folge, dass die Software der betreffenden

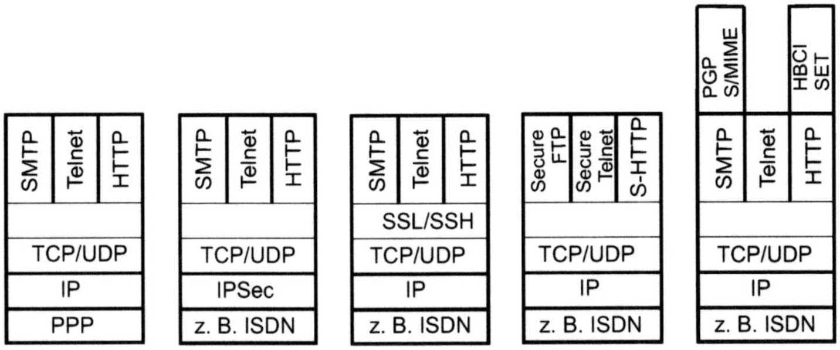

| | | | PGP S/MIME | | HBCI SET |
| SMTP | Telnet | HTTP | SMTP | Telnet | HTTP | Secure FTP | Secure Telnet | S-HTTP | SMTP | Telnet | HTTP |

Stack 1: SMTP | Telnet | HTTP — TCP/UDP — IP — PPP

Stack 2: SMTP | Telnet | HTTP — TCP/UDP — IPSec — z. B. ISDN

Stack 3: SMTP | Telnet | HTTP — SSL/SSH — TCP/UDP — IP — z. B. ISDN

Stack 4: Secure FTP | Secure Telnet | S-HTTP — TCP/UDP — IP — z. B. ISDN

Stack 5: SMTP | Telnet | HTTP (PGP S/MIME, HBCI SET) — TCP/UDP — IP — z. B. ISDN

Abb. 4.2-2: Sicherheitsprotokolle der Internet-Schichten.

Schicht geändert bzw. erweitert werden muss. Dies ist angesichts weit verbreiteter **TCP/IP**-Module in Betriebssystemen von Rechnern ein durchaus zu beachtender Punkt. Auf der anderen Seite hat die Ansiedlung von Sicherheit auf der IP- oder der TCP-Schicht (Beispiele: **IPSec** oder **SSL**) den Vorteil, dass keine Änderungen an der Anwendungssoftware notwendig sind. Letzteres ist selbstverständlich der Fall, wenn die Anwendungen selbst Sicherheit umsetzen sollen – Beispiele hierfür sind *Secure Telnet* oder **S-HTTP**. Möglich ist schließlich auch die Ansiedlung noch *oberhalb* der Anwendungsschicht: Beispielsweise kann der mit **PGP** verschlüsselte Inhalt einer E-Mail ohne Änderungen des E-Mail-Programms verschickt werden.

4.2.1 Sicherheit auf der Netzzugangsschicht *

Für die Sicherheit auf der Netzzugangsschicht haben sich nur wenige Standards durchgesetzt. Zu diesen gehört das *PPP (Point-to-Point-Protocol)*.

Die Netzzugangsschicht (Schicht 1) der **TCP/IP**-Protokollfamilie ist für den Pakettransport auf den physikalischen Medien zuständig. Insbesondere gehören hierzu die für Lokale Netze zuständigen Protokolle **Ethernet** (entsprechend dem Standard IEEE 802.3) oder *Token Ring* (nach IEEE 802.5) sowie das **Point-to-Point-Protocol** (PPP) für den Einwahlzugang zu einem Netz.

LAN- und MAN-Sicherheit

Ende der 80er Jahre wurden einige Bemühungen gestartet, unter dem Titel »IEEE 802.10« Sicherheitsstandards für *Local Area Networks* sowie *Metropolitan Area Networks* zu erarbeiten. Herausgekommen sind dabei eine Reihe von Standards für LAN/MAN-Sicherheit, die mit dem Kürzel **SILS** bezeichnet werden. Da sich diese Standards in der Praxis nicht durchgesetzt haben, wird hier nicht weiter darauf eingegangen.

Link-Verschlüsselung

Zu den Sicherheitsmechanismen auf Schicht 2 des OSI-Modells gehört auf jeden Fall die Link-Verschlüsselung: Sind zwei Systeme (dies können Computersysteme oder auch einfache digitale Telefone sein) durch eine physikalische Leitung miteinander verbunden, so kann entweder durch eine Hardware-Vorrichtung oder auch per Software eine Verschlüsselung installiert werden. Dies ist die »klassische« Methode der Verschlüsselung digitaler Kommunikation, die seit Jahrzehnten für die vertrauliche Kommunikation sowohl von militärischen Organisationen wie auch von Banken genutzt wird.

Es liegt auf der Hand, dass beim Verlassen der geschlossenen militärischen bzw. Bankennetze und dem Eintreten in die offene TCP/IP-Welt eine Verschlüsselung auf Link-Ebene nicht mehr ausreicht, weil zweckmäßigerweise die Zwischenstationen (wie *Router* im Internet) nicht zur Entschlüsselung befähigt sein sollten – man muss sich also mit der Verschlüsselung in eine höhere Schicht bewegen!

PPP-Authentikation

Das PPP *(Point-to-Point-Protocol)* wurde für die Kommunikation über Punkt-zu-Punkt-Verbindungen entwickelt und wird in der Regel für Einwählverbindungen verwendet, über die beispielsweise ein Benutzer Zugang zu seinem Internet-Provider herstellt. Auch die Verbindung zwischen Routern im Internet kann mit PPP betrieben werden. Die Sicherheitserweiterungen zu PPP beziehen sich nur auf die Authentikation, Verschlüsselung oder Integritätssicherung sind nicht vorgesehen. Dabei werden derzeit zwei Formen der Authentikation unterstützt, mit **Passwörtern** oder durch ein **Challenge-Response-Verfahren**. Eine zweiseitige Authentikation ist möglich, beim Einwahl-Zugang wird allerdings nur eine einseitige Authentikation verwendet.

4.2.2 Sicherheit auf der IP-Schicht *

Für die Sicherheit auf der IP-Schicht der Internet-Protokoll-familie TCP/IP wurde die IP-Erweiterung IPSec als Ansammlung von Sicherheitsprotokollen entwickelt und standardisiert.

Die IP-Schicht ist in den **TCP/IP**-Netzen für die verbindungslose Übermittlung der Datenpakete verantwortlich. Das Wort »verbindungslos« bedeutet dabei, dass die Pakete von den beteiligten Computersystemen mit einer Zieladresse versehen und sozusagen »ins Netz geworfen« werden, ohne dass Sender und Empfänger einen direkten Kontakt aufnehmen müssen (den man dann eine »Verbindung« nennen würde).

Die zwei wichtigsten Aufgaben von IP sind die Adressierung und die Fragmentierung. Ein Datenpaket muss möglicherweise an seiner Quelle oder in einem **Router** in mehrere IP-Pakete zerstückelt werden – die einzelnen Pakete werden unabhängig voneinander transportiert und dann im Zielsystem wieder zum ursprünglichen Datenpaket zusammengesetzt.

Aufgaben von IP

IP ist in den Endsystemen und in den Routern implementiert. Die in einem Endsystem entstehenden Anwendungsdaten (z. B. eine E-Mail-Nachricht) werden in ein IP-Paket gepackt (man sagt, sie werden dort gekapselt) und im Zielsystem wieder entpackt.

Sicherheitsvorkehrungen gibt es bei IP ursprünglich nicht. Als die TCP/IP-Protokollfamilie entworfen wurde, war dies noch kein Thema. Erst im Jahre 1994 stellte das IAB *(Internet Architecture Board)* fest, dass im Internet mehr für die Sicherheit getan werden müsse. Insbesondere wurden Verschlüsselung und Authentifikation als notwendige Sicherheitsmechanismen für das IP der nächsten Generation (**IPv6**) festgelegt. Dadurch wurde die Entwicklung und Standardisierung von **IPSec** ins Rollen gebracht. Die Entwicklung sah von vornherein vor, dass die Sicherheitsmechanismen auch mit dem nach wie vor verbreiteten IPv4 umsetzbar sind. Die meisten Equipment-Hersteller haben heute IPSec-Funktionalitäten in ihre Produkte integriert.

IP und IPSec

IPSec ist eine Zusammenfassung einer Reihe von Protokollen für den Schutz von TCP/IP. Sie sehen vor:

was IPSec kann...

- die Authentifikation der Datenquelle
- den Schutz der Datenintegrität
- den Schutz der Vertraulichkeit
- den Schutz vor Replay-Attacken

Die Authentifikation der Datenquelle stellt sicher, dass der im Datenpaket angegebene Absender tatsächlich der Versender der Daten war. Der verwendete Sicherheitsmechanismus sorgt auch dafür, dass die Daten unterwegs nicht unbemerkt geändert werden können (Integrität). Die Vertraulichkeit kann über eine Verschlüsselung der Daten zwischen den Kommunikationspartnern hergestellt werden. Der Schutz vor Replay-Attacken stellt schließlich sicher, dass abgefangene Pakete nicht missbräuchlich verwendet werden können.

In einer Reihe von Abschnitten wird eine Übersicht über IPSec gegeben und die Archtiektur von IPSec dargestellt (siehe »Eine Übersicht zu IPSec«, S. 208, und »Die Architektur von IPSec«, S. 211), ferner wird genauer beleuchtet, wie IPSec funktioniert (»Authentication Header«, S. 216, »Encapsulating Security Payload«, S. 213), und es werden Einsatzbeispiele vorgestellt (»Einsatzbeispiele IPSec«, S. 217).

4.2.2.1 Eine Übersicht zu IPSec *

Mit IPSec kann jeglicher Verkehr auf der IP-Schicht durch Verschlüsselung oder Authentifikation abgesichert werden.

IPSec-Ansatz Der generelle Ansatz von **IPSec** ist eine Absicherung der Daten auf der IP-Schicht. Für die Verschlüsselung eines IP-Pakets bedeutet dies, dass die aus den höheren Schichten (also aus der Anwendungs- und der TCP-Schicht) stammenden Daten verschlüsselt werden und erst das so entstandene veränderte Datenpaket von IP mit dem IP-Header ausgestattet wird. Die Anwendungen wie E-Mail usw. »sehen« diesen Verschlüsselungsdienst von IPSec gar nicht, ebensowenig die unterwegs beteiligten Router. In Abb. 4.2-3 ist dies verdeutlicht.

In Computersystemen, die diese Art der Ende-zu-Ende-Verschlüsselung nutzen, muss selbstverständlich geeignete IPSec-Software vorhanden sein.

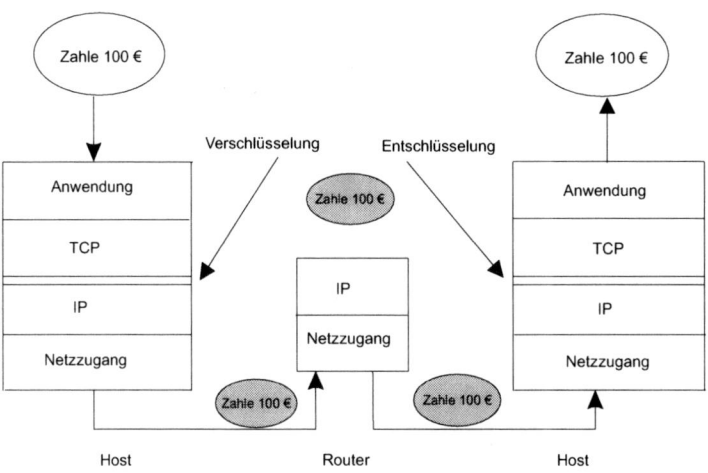

Abb. 4.2-3: IPSec mit Ende-zu-Ende-Verschlüsselung.

In Abb. 4.2-4 ist ein typisches Szenario gezeigt, in dem **LANs** an unterschiedlichen Standorten für den Datenverkehr über ein öffentliches Netz IPSec benutzen. Die Abwicklung von IPSec geschieht in **Routern** oder **Firewalls**, die das jeweilige LAN mit der Außenwelt verbinden. Die Workstations und Server innerhalb der LANs bleiben von dieser Verschlüsselung und Authentifikation des gesamten Datenverkehrs unberührt. Wie in der Abbildung zu sehen, kann auch ein einzelnes Computersystem an dieser abgesicherten Kommunikation teilnehmen, sofern es über eine Implementation der IPSec-Protokolle verfügt.

ein IPSec-Szenario

Allgemein spricht man vom Transport-Modus von IPSec, wenn nur die oberen Schichten (also ab TCP) damit geschützt werden. IPSec kann allerdings in einem zweiten Modus verwendet werden, dem sogenannten Tunnel-Modus. In diesem Fall werden nicht nur die Daten der oberen Schichten, sondern *das ganze IP-Paket* geschützt. Damit auf dem Wege liegende Router das Paket richtig behandeln können, muss das Paket in diesem Fall mit einem zusätzlichen IP-Header ausgestattet werden.

Transport- und Tunnel-Modus

In Abb. 4.2-5 sind die beiden Varianten der Veränderung von Datenpaketen durch IPSec dargestellt.

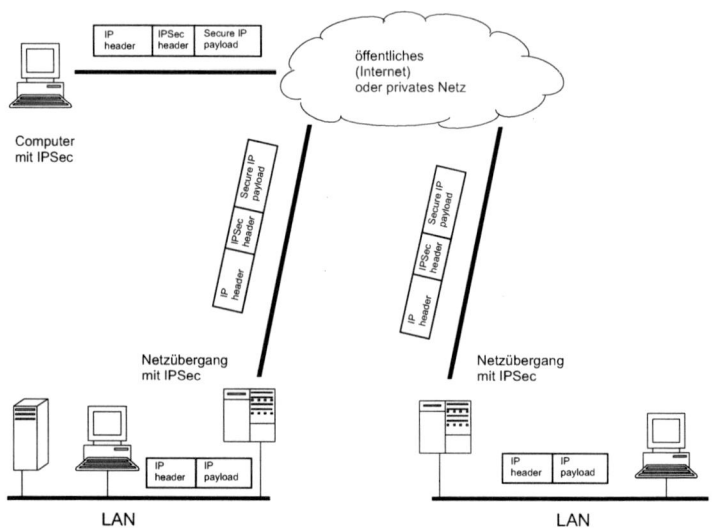

Abb. 4.2-4: Einsatzszenario von IPSec.

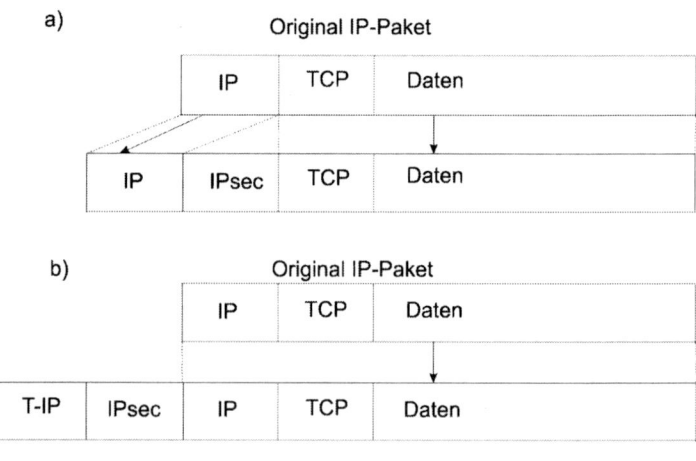

Abb. 4.2-5: Erweiterung der IP-Pakete mit IPsec-Daten.

In »Die Architektur von IPSec«, S. 211, ist beschrieben, aus welchen Komponenten IPSec besteht und wie diese mitein-ander agieren.

4.2.2.2 Die Architektur von IPSec *

Die Protokolle von IPSec bestehen aus mehreren Komponenten, die für die Verschlüsselung, die Authentifizierung und weitere Sicherheitsdienste verantwortlich sind sowie Regeln für die Verständigung von Computersystemen beinhalten, die über IPSec kommunizieren wollen.

Generell findet sich **IPSec** in den IP-Paketen als zusätzlicher Header wieder, der dem IP-Header folgt und auch als IPSec-Header bezeichnet wird (siehe hierzu »Eine Übersicht zu IPSec«, S. 208).

In Abb. 4.2-6 sind die einzelnen interagierenden Komponenten dargestellt, aus denen sich IPSec insgesamt zusammensetzt.

IPSec-Komponenten

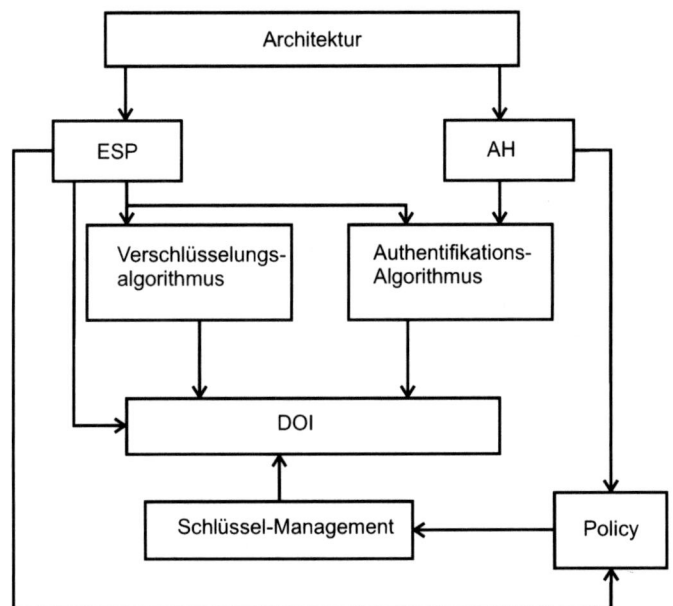

Abb. 4.2-6: Die Architektur von IPSec.

Das IPSec-Protokoll, welches für die Verschlüsselung sorgt, heißt ESP *(Encapsulating Security Payload)*. ESP sorgt auch für die Datenintegrität, die Authentifizierung der Datenquelle der IP-Pakete und den Schutz vor Replay-Attacken.

ESP

AH   **AH** *(Authentication Header)* bietet dieselben Möglichkeiten wie ESP außer der Verschlüsselung.

SA   Wenn zwei Systeme für ihre Kommunikation IPSec nutzen, müssen sie eine **SA** *(Security Association)* aufbauen, in der festgelegt wird, welcher Schutz angewendet wird, welche Schlüssel verwendet werden usw. Die zugehörige SA kann aus dem IPSec-Header abgelesen werden, sie ergibt sich aus der IP-Zieladresse und dem **SPI**-Feld *(Security Parameter Index)*. Die einzelnen SA können manuell oder dynamisch erzeugt werden, sie werden in der **SADB** *(Security Association Database)* verwaltet.

Die IPSec-Architektur erlaubt es dem Nutzer, verschiedene Schutzniveaus für einzelne Anwendungen einzustellen. Beispielsweise kann das Sicherheits-Gateway so eingerichtet werden, dass der gesamte Webverkehr mit anderen Servern mit **IDEA** verschlüsselt und mit HMAC-RIPEMD (einem speziellen **MAC**) authentifiziert wird, während der gesamte Verkehr zwischen dem lokalen zu schützenden Subnetz und einem entfernten Subnetz mit **DES** verschlüsselt wird. Die IPSec-Policy wird in der **SPD** *(Security Policy Database)* festgehalten; für jedes Paket, das in den IP-Stack eintritt oder diesen verlässt, prüft der IPSec-Kern mithilfe der SPD, welche Art von Sicherheit möglicherweise anzuwenden ist.

IKE   Für die dynamische Erzeugung der SA ist **IKE** (***Internet Key Exchange***) verantwortlich. IKE kann entweder vom Kern oder von einer anderen IKE-Instanz des Kommunikationspartners angestoßen werden, um Schlüssel festzulegen.

Der **DOI**-Block *(Domain of Interpretation)* enthält Werte, die von anderen Komponenten gebraucht werden, wie beispielsweise Identifikationsparameter der verwendeten Algorithmen oder Operationsparameter wie die Gültigkeitsdauer von Schlüsseln.

Transport- und Tunnel-Modus   Wie bereits in »Eine Übersicht zu IPSec«, S. 208, angesprochen, kann IPSec in zwei verschiedenen Modi betrieben werden, dem **Transport-** und dem **Tunnel-Modus**.

Beim Transport-Modus wird ein IPSec-Header zwischen IP-Header und dem Header der nächsthöheren Protokollschicht (meist TCP) eingefügt. Die Sicherung findet "Ende-zu-Ende" statt. Beim Tunnel-Modus wird das ganze IP-Paket geschützt. Dieser Modus kann insbesondere von Security-Gateways genutzt werden, beispielsweise um ein VPN (*Virtual Private Network*) aufzubauen.

Die beiden Modi kommen bei der Beschreibung von ESP (siehe»Encapsulating Security Payload«, S. 213) und AH (siehe »Authentication Header«, S. 216) wieder zur Sprache.

4.2.2.3 Encapsulating Security Payload **

ESP ist ein IPSec-Protokoll, das bei IP für Verschlüsselung, Authentifizierung der Datenquelle, Datenintegrität und den Schutz vor Replay-Attacken verwendet werden kann.

ESP fügt einen sogenannten ESP-Header zwischen den IP-Header und die zu schützenden Daten, ferner wird ein ESP-Trailer angefügt (siehe Abb. 4.2-7). Die geschützten Daten werden also»gekapselt«, wobei eine Verschlüsselung stattfindet.

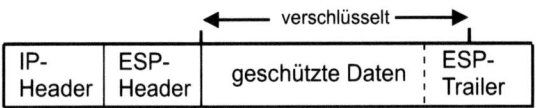

Abb. 4.2-7: ESP-geschütztes IP-Paket.

Ein ESP-Paket wird durch das Protokollfeld des IP-Headers als solches erkannt, der betreffende Wert ist 50. Die spezifischen für Verschlüsselung und Authentifizierung verwendeten Algorithmen werden durch die entsprechenden Komponenten in der SA (*Security Association*, vgl.»Die Architektur von IPSec«, S. 211), festgelegt. Durch die Trennung der ESP-Grundstruktur von den verwendeten Algorithmen bleibt ESP flexibel, und detailliertere Festlegungen sind der Spezifikation für die Implementierung vorbehalten.

Nach der aktuellen Spezifikation muss **DES** im CBC-Modus unterstützt werden (siehe»Das DES-Verfahren«, S. 45, und»Betriebsmodi von Blockchiffren«, S. 55). Eine Reihe weiterer Algorithmen können benutzt werden, wie 3DES-CBC, Blowfish-CBC, RC5-CBC, IDEA-CBC oder CAST-CBC. Der für den CBC-Modus notwendige Initialisierungsvektor ist im Payload-Feld enthalten, das die geschützten Daten umfasst.

Verschlüsselung

Die Schlüsselvereinbarung basiert auf dem Standard *Internet Key Exchange* (IKE), der in RFC2409 beschrieben ist. Das für IPSec vorgesehene Schlüsselmanagement-Protokoll wird als *ISAKMP/Oakley* bezeichnet, wobei Oakley für ein Protokoll zur Schlüsselerzeugung steht, das mit dem **Diffie-Hellman-Algorithmus** arbeitet. ISAKMP steht für *Internet Security Association and Key Management Protocol*; hier werden Prozeduren und Paketformate zum Auf- und Abbau der *Security Associations* (siehe »Die Architektur von IPSec«, S. 211), festgelegt.

Authentifizierung

ESP unterstützt einen **MAC** *(Message Authentication Code)* mit in der Regel 96 Bits. Dazu kann nach derzeitigem Stand HMAC-MD5 oder HMAC-SHA verwendet werden (siehe Abb. 4.2-8), **MD5** bzw. **SHA** ist die jeweils verwendete Hashfunktion. Die Authentifizierungsdaten sind im ESP-Trailer enthalten.

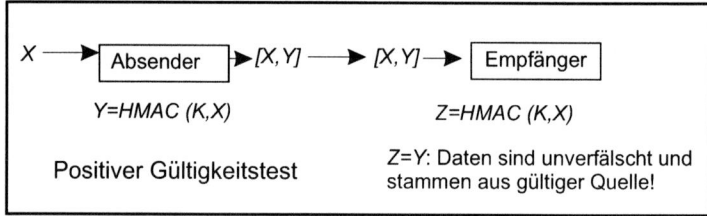

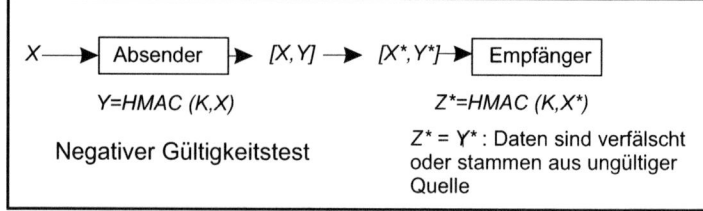

HMAC: Keyed-Hashoperation
K: gemeinsamer und geheimer Schlüssel
X: Daten   Y: Prüfsumme

Abb. 4.2-8: Absicherung einer Nachricht X mit HMAC.

Schutz der Datenfelder

Der ESP-Header ist – im Gegensatz zum größten Teil des ESP-Trailers – nicht verschlüsselt. Beispielsweise muss der SPI *(Security Parameter Index)*, der den ESP-Header anführt, im

Klartext übertragen werden, da mit seiner Hilfe die relevante SA *(Security Association)* identifiziert wird. Auch die 32-Bit-Folgenummer, die vor Replay-Attacken schützt, ist nicht verschlüsselt, das gleiche gilt für die Authentifizierungsdaten im ESP-Trailer. Dass dies alles so sein muss, liegt an der Reihenfolge der Verarbeitung der IP-Pakete: Zuerst wird die Folgenummer geprüft, dann die Datenintegrität, erst danach findet Entschlüsselung statt.

Im Transport-Modus von IPSec wird der ESP-Header zwischen IP-Header und Protokoll-Header der höheren Schicht (meist TCP) eingefügt, der ESP-Trailer wird angehängt. Falls eine Authentifizierung stattfindet, wird das entsprechende Datenfeld hinter dem ESP-Trailer ergänzt. Die Verschlüsselung beginnt nach dem ESP-Header und endet nach dem ESP-Trailer (siehe Abb. 4.2-9, mittleres Bild).

Original - Paket

IP	TCP	Daten

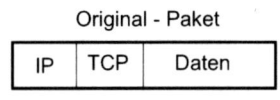

Paket mit ESP (Transport-Modus)

IP	ESP´	TCP	Daten	ESP´´	AD

← verschlüsselter Bereich →

← authentifizierter Bereich →

Paket mit ESP (Tunnel-Modus)

T - IP	ESP´	IP	TCP	Daten	ESP´´	AD

← verschlüsselter Bereich →

← authentifizierter Bereich →

Abb. 4.2-9: Pakete mit Encapsulating Payload.

Im Tunnel-Modus wird das ganze Originalpaket durch ESP gekapselt und mit einem neuen IP-Header versehen (Abb. 4.2-9, unteres Bild).

4.2.2.4　Authentication Header ****

Das Protokoll AH als Bestandteil von IPSec unterstützt die Authentifikation und Integritätssicherung von IP-Paketen.

Wie ESP kann auch *AH* für den Schutz der höheren Schichten (Transport-Modus) oder des ganzen IP-Datenpakets genutzt werden (Tunnel-Modus). AH bietet allerdings keine Verschlüsselung. AH kann allein oder auch in Verbindung mit ESP angewendet werden.

Wenn AH und ESP kombiniert zum Schutz derselben Daten eingesetzt werden, wird der AH-Header stets hinter dem ESP-Header eingefügt. Dabei hat der AH-Header einen einfacheren Aufbau, da keine Verschlüsselung unterstützt werden muss.

AH-Header　Die genaue Lage des AH-Headers ist für die beiden Modi in Abb. 4.2-10 dargestellt. Das Bild zeigt in der Mitte ein modifiziertes Paket für den Tansport-Modus. Wie hier zu sehen ist, wird AH hinter dem Original-IP-Header vor dem *Payload* (hier ein TCP-Segment) eingefügt.

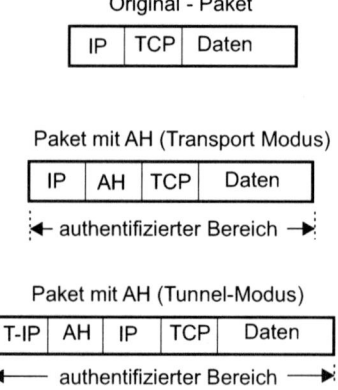

Abb. 4.2-10: Pakete mit Authentication Header.

Im Tunnel-Modus (unteres Bild) wird mit AH das ganze Original-IP-Paket authentifiziert, und der AH wird zwischen dem Original-IP-Header und dem neuen äußeren IP-Header eingefügt. Der innere IP-Header trägt die eigentlichen Ursprungs- und Zieladressen, der äußere IP-Header kann davon verschiedene Adressen tragen (z. B. von *Firewalls* oder anderen Gateways). Hierbei wird das gesamte Original-Paket geschützt, einschließlich des inneren IP-Headers.

4.2.2.5 Einsatzbeispiele IPSec **

IPSec ermöglicht den Aufbau zahlreicher Arten virtueller privater Netze (VPNs), wobei die beiden Modi (Transport- und Tunnel-Modus) in unterschiedlicher Weise kombiniert werden können.

Wie in den Kapiteln zu den Protokollen von **IPSec** dargelegt, ist IPSec als Sicherheitsvorrichtung auf der IP-Schicht angesiedelt. Dies bedeutet, dass sich alle in der obersten Schicht agierenden Anwendungen ohne Modifikationen der IPSec-Protokolle bedienen können. Dies ist ein grundlegender Unterschied zu **SSL** (siehe »Secure Socket Layer«, S. 223), welches »oberhalb« von **TCP** angesiedelt ist und Modifikationen in den Anwendungen voraussetzt. (Beispiel: Ein Web-Browser muss SSL »können«.)

Wie wird IPSec angewendet, wie werden der Transport- bzw. der Tunnel-Modus eingesetzt?

Die einfachste Konstellation mit Nutzung des Transport-Modus ist in Abb. 4.2-11 dargestellt: Ende-zu-Ende

Es findet eine Ende-zu-Ende-Absicherung der IP-Pakete zwischen den beteiligten Computersystemen statt, die jeweils zu einem Lokalen Netz gehören, wobei das Internet als Weitverkehrsnetz zwischengeschaltet ist.

Die Grundkonstellation des IPSec-Einsatzes für ein **VPN** (virtuelles privates Netz) ist in Abb. 4.2-12 zu sehen. Mit dem Tunnel-Modus werden die Original-IP-Pakete nochmals verpackt, so dass (zwischen den beteiligten **Routern**) ein »Tunnel« durch das Internet entsteht, wodurch aus Sicht der beteiligten Zubringernetze ein privates Subnetz des Internet existiert – eben ein virtuelles privates Netz. virtuelles privates Netz

Die zahlreichen Arten des Einsatzes von IPSec ergeben sich durch die Möglichkeiten, Transport- und Tunnel-Modus je nach Netzkonstellation unterschiedlich zu kombinieren. Bei einem Standort-zu-Standort-VPN wie in Abb. 4.2-12 besteht beispielsweise die Möglichkeit, auf beiden Seiten des Tunnels innerhalb der Lokalen Netze IPSec im Transport-Modus einzusetzen. Mischformen

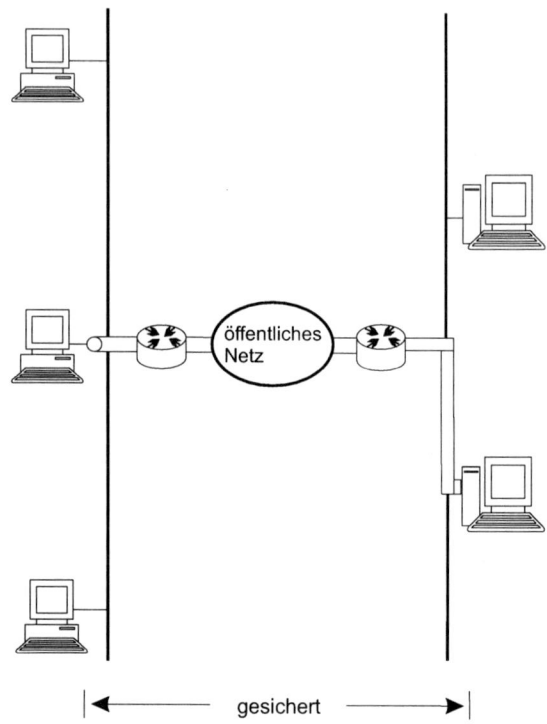

Abb. 4.2-11: gesicherte Verbindung im Transport-Modus.

Zwei Varianten des IPSec-Einsatzes zum Aufbau eines *Remote Access VPN* sind in Abb. 4.2-13 dargestellt – weitere Varianten sind möglich.

Bei Fall a) wird IPSec im Zugangsbereich im Transport-Modus eingesetzt. Dies heißt, dass eine *Security Association* (SA) über eine **PPP**-Verbindung eingerichtet wird.

Bei Fall b) wird IPSec im Tunnel-Modus sowohl über das IP-WAN als auch über das Zubringernetz eingesetzt. Der Tunnel reicht bis in den gesicherten Teil des Unternehmensnetzes, die Kommunikation zwischen einem Endsystem und dem Security Gateway SG2 bedient sich des Transport-Modus.

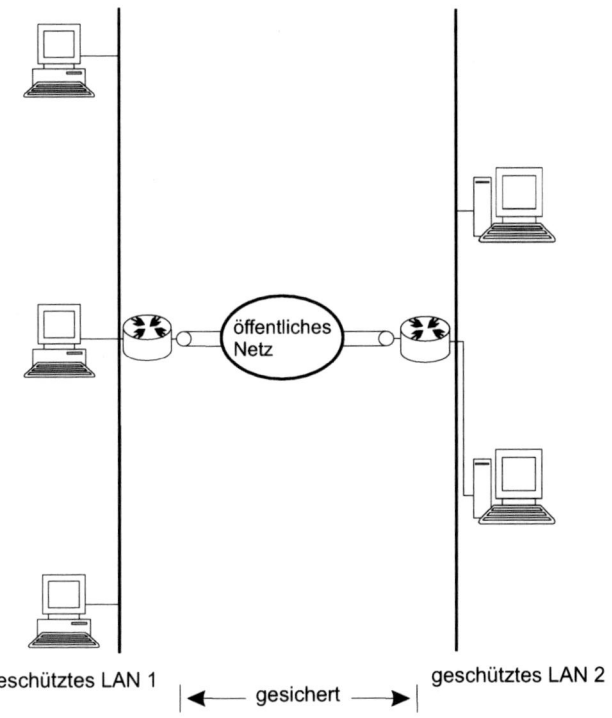

geschütztes LAN 1 |◄─── gesichert ───►| geschütztes LAN 2

Abb. 4.2-12: gesicherte Verbindung im Tunnel-Modus.

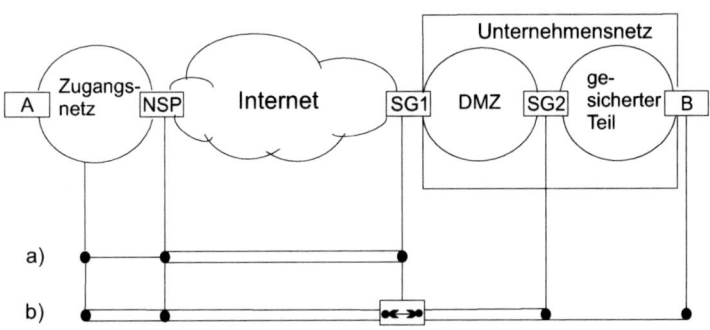

A, B : Computersysteme
NSP : Network Service Provider
SG   : Security Gateway (Firewall)
DMZ : demilitarisierte Zone
•─• : Transport-Modus
•═• : Tunnel-Modus

Abb. 4.2-13: Beispielkonstellationen für ein Remote-Access-VPN.

4.2.3 Sicherheit auf der TCP-Schicht *

Für die oberhalb von IP angesiedelte TCP-Schicht der Internet-Protokollfamilie TCP/IP gibt es eine Reihe von Sicherheitsprotokollen, von denen sich SSL und SSH am meisten durchgesetzt haben.

Aufgaben der TCP-Schicht

Die auf der TCP-Schicht angesiedelten Aufgaben lassen sich folgendermaßen zusammenfassen:

- verbindungsorientierter oder verbindungsloser Transport von IP-Paketen
- zuverlässiger oder nicht-zuverlässiger Transport
- Sicherheitsmechanismen oberhalb von IP

Für die beiden erstgenannten Aufgaben sind die Protokolle **TCP** und **UDP** zuständig. Welches dieser beiden verwendet wird, hängt von der betreffenden Anwendung ab, die die Dienste der TCP-Schicht nutzen will. Die dritte Aufgabe – Sicherheitsmechanismen – ist erst im Laufe der Weiterentwicklung der **TCP/IP**-Protokolle dazugekommen.

Sicherheit

Es wurden eine Reihe von TCP-Sicherheitsprotokollen vorgeschlagen, bevor sich die *IETF Transport Layer Security Working Group* (IETF TLS WG) konstituierte. Beispiele hierfür sind das *Transport Layer Security Protocol* (TLSP) der ISO oder der *Encryption Session Manager* (ESM) der Firma AT&T. Als bedeutendste Protokolle, die weltweit akzeptiert und angewendet werden, haben sich *Secure Shell* (**SSH**) und *Secure Socket Layer* (**SSL**) bzw. der daraus abgeleitete Internet-Standard *Transport Layer Security* (TLS) etabliert, die in eigenen Abschnitten genauer betrachtet werden (siehe »Secure Shell«, S. 220, und »Secure Socket Layer«, S. 223).

4.2.3.1 Secure Shell *

Das Protokoll *Secure Shell* (SSH) dient dem Aufbau gesicherter Terminalverbindungen und dem sicheren Dateitransfer im Internet.

Das Protokoll *Secure Shell* (**SSH**) wurde entwickelt, um die in der UNIX-Welt verbreiteten *r-tools* wie rlogin (remote login), rsh (remote shell), rcp (remote file copy) und rdist (remote file distribution) zu ersetzen. Es dient auch als Ersatz für **Telnet**.

Wie **SSL** (vgl. »Secure Socket Layer«, S. 223) ist auch SSH in der Internet-Protokollfamilie oberhalb der **TCP**-Schicht angesiedelt. Für SSH ist der **Port** 22 vorgesehen.

Ursprünglich wurde SSH im Jahre 1995 von dem Finnen Tatu Ylönen an der Universität Helsinki als Freeware entwickelt, später gründete dieser die Firma *SSH Communications Security*, um SSH zu vermarkten und weiter zu entwickeln. Heute sind sowohl eine Open-Source-Version (*OpenSSH*, basierend auf SSH-2) als auch kommerzielle Versionen verfügbar.

Historie

Ab der Version SSH-2, die nicht mit SSH-1 kompatibel ist, basiert das Protokoll auf bekannter »offener« Kryptographie.

SSH unterstützt die folgenden Mechanismen:

was leistet SSH?

- Authentifikation von Host und Benutzer
- Schutz von Vertraulichkeit und Integrität der Daten
- Datenkompression

Das SSH-Protokoll besteht aus drei Unterprotokollen: Das *SSH Transport Layer Protocol* sorgt für die Authentifikation des Servers sowie Vertraulichkeit und Integrität der Daten, das *SSH User Authentication Protocol* für die Authentifikation des Clients, und das *SSH Connection Protocol* ist dafür zuständig, den »verschlüsselten Tunnel« in mehrere logische Kanäle aufzuteilen.

Aufbau von SSH

Es werden unterschiedliche Algorithmen für Schlüsselaustausch, Verschlüsselung und **MAC**-Bildung unterstützt, deren Verwendung während des Verbindungsaufbaus ausgehandelt wird. Beim Aufbau einer TCP-Verbindung zwischen Client und Server tauschen die beiden Seiten zunächst Informationen über die verwendete SSH- bzw. Softwareversion aus. In der Anfangsphase findet zunächst keine Authentifikation oder Verschlüsselung statt, jedoch werden nach der Algorithmen-Absprache und dem Schlüsselaustausch Kompression, Verschlüsselung und Authentifikation auf den gesamten folgenden Nachrichtenverkehr angewandt.

SSH Transport Layer Protocol

Abb. 4.2-14 zeigt in vereinfachter Form die Nachrichten zwischen Client und Server. In der Phase des Schlüsselaustausches teilen sich Client und Server (in der Nachricht SSH_msg_kexinit) gegenseitig mit, welche Algorithmen zur Verschlüsselung, Kompression und MAC-Bildung sie jeweils unterstützen bzw. bevorzugen. Die folgenden Algorithmen werden derzeit in SSH definiert:

- Datenverschlüsselung: **3DES** im CBC-Modus, **IDEA** im CBC-Modus, **Stromverschlüsselung** ARCFOUR, Blowfish im CBC-Modus
- Nachrichtenauthentifikation: HMAC-**MD5**, HMAC-**SHA**, MD5–8 (dies sind die ersten acht Bytes von Schlüssel+Daten+Schlüssel), SHA-8

Der eigentliche Schlüsselaustausch wird mit der Nachricht SSH_msg_kexrsa_hostkey eingeleitet, die den öffentlichen Schlüssel des Servers enthält. (SSH sieht hierfür nicht selbst eine **Public-Key-Infrastruktur** vor.) Der Client erzeugt nun einen aus 256 Bits bestehenden Zufallsschlüssel K und bildet aus diesem zusammen mit »gehashten« ausgetauschten Daten aus den vorigen Nachrichten eine session id, die sicherstellen soll, dass der Schlüsselaustausch nicht manipuliert wird. Die an den Server geschickte Nachricht SSH_msg_kexrsa_sessionkey ist mit dem öffentlichen Schlüssel des Servers verschlüsselt und enthält im Wesentlichen die session id und den Schlüssel K. Aus dem gemeinsamen Geheimnis K werden auf beiden die verwendeten Schlüssel für die Verschlüsselung und die MAC-Bildung abgeleitet. Jede Seite kann später den Austausch neuer Schlüssel initiieren. Standardmäßig ist dies nach einem Gigabyte ausgetauschter Daten oder nach einer Stunde Verbindungszeit vorgesehen.

Nach der gegenseitigen Verständigung über den anzuwendenden Dienst (Service) findet der eigentliche Datenaustausch statt. Dabei können für die beiden Übertragungsrichtungen durchaus unterschiedliche Verschlüsselungsalgorithmen verwendet werden, das gleiche gilt für die Integritätssicherung durch MAC-Bildung. Das Ende einer Datenübertragung wird durch die Nachricht SSH-stream_eof signalisiert. Jede Seite kann mit SSH_stream_close das Ende der SSH-Verbindung einleiten. Weitere mögliche Steuernachrichten sind hier nicht näher beschrieben.

SSH Authentication Protocol

Das *SSH Authentication Protocol* setzt auf dem *SSH Transport Layer Protocol* auf, nachdem dieses bereits den Server authentifiziert und einen verschlüsselten Kommunikationskanal aufgebaut hat. Es sind mehrere Methoden der Benutzer-Authentifikation vorgesehen (z. B. Passwort-Verfahren oder

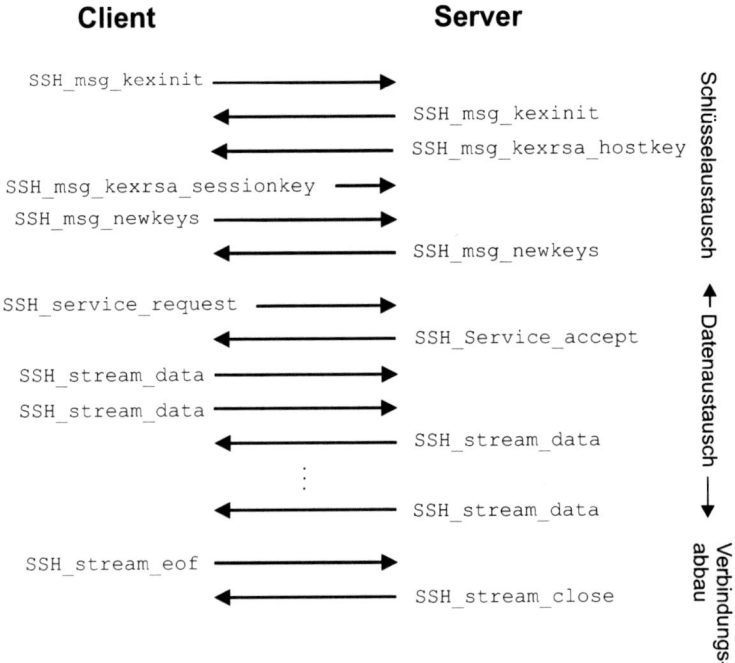

Client   **Server**

Abb. 4.2-14: Nachrichten im SSH-Transport-Protokoll.

Authentifikation auf Basis von **Kerberos**, siehe dazu »Kerberos«, S. 151), wobei der Server mehrere »Vorschläge« unterbreitet und der Client darunter auswählen kann.

Das *SSH Connection Protocol* setzt auf den beiden anderen Protokollen auf (Transport Layer und Authentication) und sorgt dafür, dass mehrere unterschiedliche Kanäle (zum Beispiel eine Terminalsitzung und eine weitergeleitete TCP-Verbindung) in einem verschlüsselten Tunnel zusammengefasst (man sagt auch: »gemultiplext«) werden.

SSH Connection Protocol

4.2.3.2 Secure Socket Layer *

Grundkonzept von SSL *(Secure Socket Layer)* ist es, oberhalb von TCP eine weitere Protokollschicht als Sicherungsschicht einzuziehen. SSL ist das bisher erfolgreichste Sicherheitskonzept im Internet, das vorwiegend im Web eingesetzt wird.

Bei **SSL** handelt es sich um ein Protokoll, das auf den **TCP/IP**-Protokollen aufbaut und eine Basis für höhere Protokolle der Anwendungsschicht wie z. B. **HTTP** bildet. Das SSL-Protokoll liegt oberhalb der TCP/IP-Schicht und besteht im Wesentlichen aus den zwei Teilprotokollen *SSL-Handshake*-Protokoll und *SSL-Record*-Protokoll. Abb. 4.2-15 zeigt, wo SSL im Schichtenaufbau der Internet-Datenübertragung angesiedelt ist.

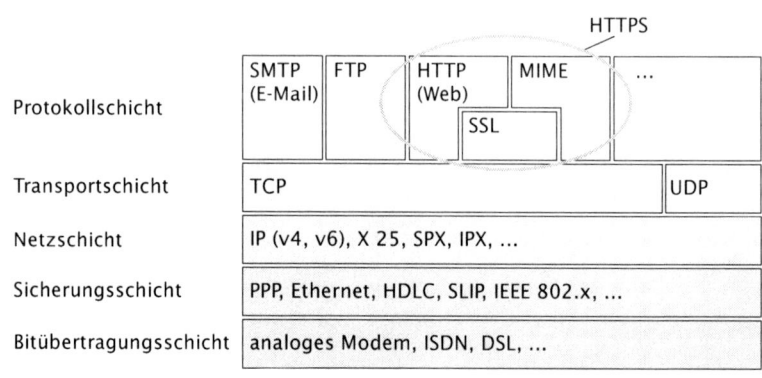

Abb. 4.2-15: So sehen die Schichten aus, die dazu beitragen, dass Daten im Internet übertragen werden.

Historie SSL wurde ursprünglich von der Firma Netscape entwickelt und in den Browser Netscape Navigator aufgenommen. Etwa seit 1994 hat sich SSL kontinuierlich zu dem vorherrschenden Protokoll für Sicherheit auf der TCP-Schicht, insbesondere zur Absicherung von HTTP-Verkehr, entwickelt. Die aktuelle Version SSL 3.0 wird mittlerweile von allen Browsern (also auch dem Internet Explorer der Firma Microsoft) unterstützt.

was leistet SSL? SSL sorgt für Verbindungssicherheit für TCP-Verbindungen durch die folgenden Eigenschaften:

- Die Verbindung ist vertraulich. Im Handshake-Protokoll werden geheime Schlüssel vereinbart, mit denen anschließend **symmetrisch verschlüsselt** wird.
- Die Kommunikationspartner können sich mit **asymmetrischen Verfahren** authentifizieren.
- Der Nachrichtentransport beinhaltet einen Integritätsschutz durch die Verwendung eines *keyed* **MAC**.

In Abb. 4.2-16 ist beispielhaft dargestellt, wie eine im Internet übertragene Anwendungsinformation (»Zahle 100 Euro«) kryptographisch geschützt wird.

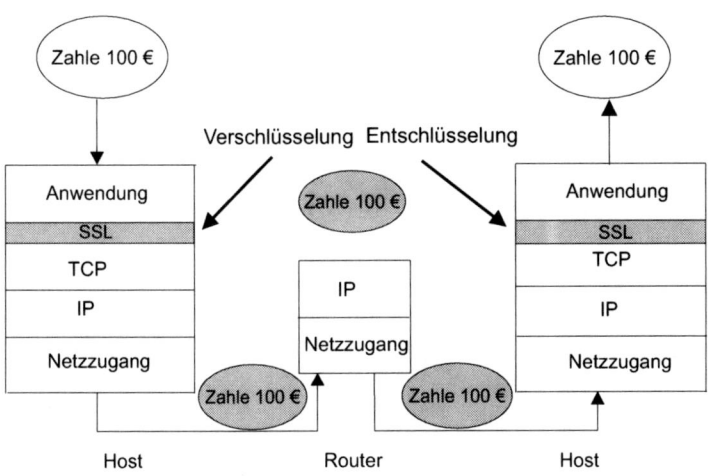

Abb. 4.2-16: Verschlüsselung mit SSL.

SSL schützt Kopf- und Nutzdaten der Anwendung, jedoch werden die Kontrolldaten der tieferen Schichten ungeschützt übertragen. In Abb. 4.2-17 ist dies verdeutlicht.

Header Netzzugangs- schicht	IP- Header	TCP- Header	Header Anwendungs- schicht	Anwendungsdaten

verschlüsselt ⟶

Abb. 4.2-17: Format eines SSL-Pakets.

Um über SSL kommunizieren zu können, müssen Client und Server wissen, dass der jeweils andere SSL nutzt. Eine Möglichkeit dazu ist die Nutzung reservierter Portnummern – beispielsweise ist für https (also http über SSL) **Port** 443 vorgesehen. Eine andere Möglichkeit besteht darin, dass jede Anwendung den »normalen« Port nutzt und das modifizierte Anwendungsprotokoll die Sicherheitsoptionen aushandelt.

Die Browser zeigen durch ein kleines Schloss an, wenn SSL aktiviert ist (siehe Marginalie). Außerdem beginnt die Adresse anstelle mit http mit https.

In »Kryptologische Verfahren und Protokolle«, S. 37, sind die Grundkonzepte der **symmetrischen** und der **asymmetrischen Verschlüsselung** erläutert. Wie sich zeigt, haben beide Verschlüsselungsarten ihre Vor- und Nachteile. Bei SSL ist eine Kombination beider Verfahren realisiert.

SSL-Handshake

Eine SSL-Übertragung beginnt immer mit einem Austausch von Nachrichten, der **SSL-Handshake** (Händedruck) genannt wird. Am Beispiel der http-Kommunikation stellt sich das folgendermaßen dar:

Der Browser eines Online-Kunden holt sich zunächst vom Server des Online-Shops dessen öffentlichen Schlüssel. (Der private Schlüssel des Servers wird selbstverständlich nicht herausgegeben.) Der Browser generiert einen weiteren Schlüssel *(session key)*, der mit dem öffentlichen Schlüssel des Servers codiert und dann an diesen übertragen wird. Dort kann er nur mithilfe des privaten Schlüssels des Servers decodiert werden.

Nun verfügen Sender und Empfänger über einen gemeinsamen Schlüssel, der keinem Dritten bekannt ist, und können alle Daten mittels symmetrischer Verschlüsselung übertragen.

SSL-Record-Protokoll

Die eigentliche verschlüsselte Datenübertragung erfolgt mit dem **SSL-Record**-Protokoll. Die zu übertragenen Daten werden in Pakete geeigneter Größe unterteilt, optional wird noch eine Komprimierung angewendet. Dann wird das Paket verschlüsselt und mit dem **MAC** (*(Message Authentication Code)* signiert. Anschließend wird es auf dem üblichen Weg mittels **TCP/IP** übertragen. Auf der Empfängerseite werden wieder die Originaldaten gewonnen. Während die Verschlüsselung vor passiven Angriffen schützt, sorgt die Signierung dafür, dass die Daten nicht unbemerkt manipuliert werden können.

Schichten von SSL

Die genauere Architektur von SSL zeigt intern noch einmal zwei Schichten (siehe Abb. 4.2-18). Neben dem Handshake-Protokoll sind oberhalb des Record-Protokolls noch das *Change Cipher Spec Protocol* und das *Alert Protocol* angesiedelt. Das erstere dient der Signalisierung, dass man auf

die neu ausgehandelten kryptographischen Parameter um-
schaltet, im zweiten sind eine Reihe möglicher Fehlermel-
dungen zusammengefasst – auf Details wird hier nicht eingegangen.

SSL Handshake Protocol	SSL Change Cipher Spec Protocol	SSL Alert Protocol
SSL Record Protocol		

Abb. 4.2-18: Architektur von SSL.

Wie kann man im Web garantieren, dass sich hinter dem kon-   Zertifikate
taktierten Server (zum Beispiel eines Online-Shops) nicht ein
ganz anderer Anbieter verbirgt, weil beispielsweise der Do-
mänenname verkauft wurde? Dies geschieht durch den Gebrauch von **Zertifikaten**, welche die Authentizität des Anbieters sicherstellen. Ein solches Zertifikat ist eine Art »Beglaubigung« für den öffentlichen Schlüssel des Servers –
vgl. die näheren Erläuterungen zu Zertifikaten in »Zertifikate«, S. 116. Für SSL wird ein Zertifikat von einer der
verschiedenen Zertifizierungsstellen erstellt, z. B. Thawte
Consulting (http://www.thawte.com) oder Verisign (http://www.
verisign.com). Diese Stellen überprüfen die Identität des Anbieters und seines Servers und stellen darauf ein Zertifikat
aus, das unter anderem folgende Angaben enthält:

- Zertifizierungsstelle
- Gültigkeitszeitraum des Zertifikats
- Name des Antragstellers, für den das Zertifikat ausge-
  stellt wird
- Öffentlicher Schüssel
- Verwendeter Verschlüsselungsalgorithmus

In den meisten Fällen reicht es aus, mit einem Zertifikat die   Authentizität
Authentizität des Servers zu garantieren. Prinzipiell kann je-   des Servers
doch die gleiche Technik auch genutzt werden, um die Au-
thentizität des Client sicherzustellen. Das ist beispielsweise
wichtig, wenn eine Bank vertrauliche Informationen an einen
Client schicken will und daher sicherstellen muss, dass es
sich beim Empfänger wirklich um den gewünschten Kunden
handelt.

Die Browser-Hersteller haben SSL so implementiert, dass sich der Nutzer in der Regel nicht um die Zertifikate kümmern muss: Durch Anklicken eines https-Links erfolgt die Verbindung mit einer SSL-geschützten Seite. Dies funktioniert deshalb, weil in jedem Browser bereits eine Liste sogenannter Wurzelzertifikate enthalten ist. (Dies lassen sich die Browserhersteller übrigens von den Anbietern dieser Wurzelzertifikate – wie Thawte Consulting oder Verisign – bezahlen.) Baut der Browser eine SSL-Verbindung zu einer Website auf, deren Zertifikat mithilfe eines dieser Wurzelzertifikate überprüft werden kann, so wird die Website als vertrauenswürdig angesehen. Klappt letzteres nicht, weil das SSL-Zertifikat des Servers nicht mit einem dieser Wurzelzertifikate überprüfbar ist, so bekommt der Benutzer eine SSL-Warnmeldung – damit kann allerdings der »normale« Internet-Nutzer nichts anfangen.

Wie erhält man SSL? Es sind zahlreiche Implementierungen des SSL-Protokolls verfügbar – gemeint ist hier die Software für den Server. Eine Möglichkeit ist beispielsweise Apache-SSL, der die sichere Variante des weit verbreiteten Apache-Webservers darstellt. Diese Software kann von apache-ssl (http://www.apache-ssl.org) kostenlos geladen und genutzt werden. Wenn die sichere SSL-Verbindung technisch funktioniert, muss man sich an eine der Zertifizierungsstellen wenden. Das genaue Vorgehen ist auf deren Webseiten beschrieben.

TLS SSL 3.0 wurde mit einigen wenigen Änderungen als *TLS Protocol* (steht für: *Transaction Layer Security*) zum Internet-Standard, dessen aktuelle Version 1.2 in RFC 5246 beschrieben ist. Eine kryptographisch interessante Änderung betrifft die Nachrichten-Absicherung, wo in TLS der HMAC-Standard benutzt wird, mit dem aus einer beliebigen **Hashfunktion** ein **MAC** konstruiert werden kann.

4.2.4 Sicherheit der Anwendungsschicht *

Die Ansiedlung von Sicherheitsfunktionen auf der Anwendungsschicht des TCP/IP-Modells hat den Vorteil, dass die »darunter liegenden« Protokolle bzw. deren existierende Umsetzung in Software nicht geändert werden müssen.

Werden Sicherheitsfunktionen auf der Anwendungsschicht realisiert, so sind Änderungen nur an den Anwendungsprotokollen nötig. Auf diese Weise können – dies ist ein weiterer Vorteil – je nach spezifischer Anwendung unterschiedliche Sicherheitsfunktionen mit unterschiedlichem Hauptfokus eingebracht werden.

Neben der Notwendigkeit von Änderungen der Anwendungssoftware besteht ein Nachteil darin, dass beide Kommunikationspartner über die geänderte »neue« Anwendung verfügen müssen, damit die Sicherheitsvorteile greifen.

In den Abschnitten zur Sicherheit der Anwendungen werden E-Mail, Remote Terminal Access, Network File System und File Transfer behandelt (siehe »Sicherheit bei Remote Terminal Access, File Transfer und Network File System«, S. 229, »Sicherheit von E-Mail«, S. 232). Das Web-Protokoll **HTTP** ist hier ausgenommen, da dem Themenbereich der Web-Sicherheit eigene Abschnitte gewidmet sind.

4.2.4.1 Sicherheit bei Remote Terminal Access, File Transfer und Network File System *

Die Anwendungsdienste *Remote Terminal Access, File Transfer* und *Network File System* bieten in ihrer ursprünglichen Form geringe Sicherheit und müssen deshalb um Sicherheitsfunktionen ergänzt werden.

Der Standard für *Remote Terminal Access* im Internet ist bisher **Telnet**. Eine Telnet-Sitzung wird vom Benutzer initiiert, der eine Verbindung zu einem entfernten Host aufbauen will, dabei handeln Client und Server die Verbindung aus. Nachdem der Benutzer seine Kennung und das ihm zugeordnete Passwort erfolgreich eingegeben hat, startet die Terminal-Sitzung. Üblicherweise wird die Sitzung später auch durch den Benutzer wieder beendet.

Remote Terminal Access

Trotz der vorgesehenen Authentifikation durch Kennung und Passwort muss Telnet als sehr unsicher angesehen werden, denn sämtliche ausgetauschten Daten werden unverschlüsselt übertragen. Dadurch ist Telnet besonders zwei möglichen Angriffen ausgesetzt:

▪ *Sniffing*: Die ausgetauschten Datagramme können von Unbefugten mitgelesen werden.

■ *Hijacking*: Ein Angreifer kann eine ordnungsgemäß aufgebaute Telnet-Sitzung übernehmen.

Letzteres ist besonders dann ein Problem, wenn sich der Benutzer als »root« oder »Administrator« eingeloggt hat, in diesem Fall kann der Angreifer sogar das Superuser-Passwort ändern.

Aus diesen Gründen kann Telnet heute nicht mehr als Standard für *Remote Terminal Access* empfohlen werden. Die verfügbaren Softwarepakete, die unter dem Namen **Secure Telnet** das Telnet-Protokoll um Sicherheitsfunktionen anreichern, haben sich nicht allgemein durchsetzen können. Empfohlen wird vielmehr die Nutzung von **SSH** (siehe »Secure Shell«, S. 220) oder die Nutzung von Telnet auf einer verschlüsselten Verbindung, die auf der **VPN** basiert (siehe hierzu »Einsatzbeispiele IPSec«, S. 217).

File Transfer

Das **File Transfer Protocol** dient dem Zugriff eines Clients auf das File-System eines Servers, wobei generell ein voller Zugriff auf Dateien erlaubt werden kann (Löschen eingeschlossen). Die gängigen Web-Browser unterstützen FTP, welches durch die Angabe des Protokolls ftp:// in der Adresszeile statt des üblichen http:// aktiviert werden kann.

Eine FTP-Site kann öffentlich *(public)* sein oder privat, möglich ist auch eine Kombination von beidem. Einem privaten Nutzer kann Zugriff auf das ganze Verzeichnissystem oder nur auf Teile eingeräumt werden. Im Internet gibt es zahlreiche allgemein zugängliche Server, bei denen jeder beliebige Benutzer auf spezifische Verzeichnisse zugreifen kann – dies wird anonymous ftp genannt; üblicherweise meldet sich ein Benutzer hier mit der Kennung »anonymous« an, als Passwort wird die E-Mail-Adresse angegeben. (Diese wird jedoch nicht überprüft.)

FTP besitzt die üblichen Sicherheitsschwächen, indem alle Daten (Passwörter eingeschlossen) unverschlüsselt übertragen werden. Zudem können durch die Nutzung von anonymous ftp versierte Angreifer unter Umständen Zugang zu privaten Bereichen des Servers erhalten oder das ganze System »übernehmen«. Ähnlich wie bei *Remote Terminal Access* haben sich auch bei FTP um Sicherheitsfunktionen erweiterte

Protokolle nicht durchsetzen können, so dass hier ebenfalls eher die Nutzung von SSH empfohlen wird.

Man spricht allgemein von *File Sharing*, wenn Computersysteme mit Dateien arbeiten, die physikalisch auf anderen Systemen abgelegt sind. Im Unterschied zu FTP geht es nicht nur um die *Übertragung* der Dateien, sondern es soll voller Zugriff möglich sein (read/write/execute, man spricht von *rich access*), und für den Benutzer soll es keinen Unterschied zur Arbeit mit lokalen Dateien geben *(transparency)*.

Die bekanntesten File-Sharing-Systeme sind das UNIX-basierte **NFS** *(Network File System)* und das CFIS *(Common Internet File System)* unter Microsoft Windows.

NFS kann auf unterschiedlichen Plattformen betrieben werden, was durch die Nutzung von **RPC** (Remote Procedure Call) ermöglicht wird. Die genauere Architektur ist in Abb. 4.2-19 dargestellt: RPC bedient sich wiederum der durch das Protokoll XDR *(eXternal Data Representation)* definierten Datentypen, um von den Details architekturabhängiger Datendarstellung unabhängig zu sein.

Network File System

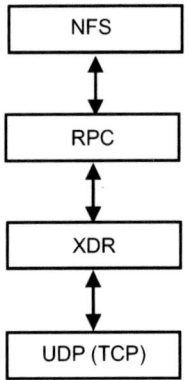

Abb. 4.2-19: NFS über RPC und XDR.

Mittels RPC führt ein Client analog zu einem lokalen Prozeduraufruf in einer verteilten Umgebung einen entfernten Aufruf durch. RPC beinhaltet auch wieder weder Verschlüsselung noch Authentifizierung, jedoch kann durch die Verwendung von *Secure RPC* beides umgesetzt werden. Die Mechanismen basieren auf dem **DES**-Algorithmus, wobei die Schlüsselvereinbarung das **Diffie-Hellman-Verfahren** nutzt.

Als Alternativen zu NFS sind zwei verteilte Filesysteme entwickelt worden, die bereits Sicherheitsfunktionen integriert, jedoch bislang keine große Verbreitung gefunden haben – es sind dies:

- AFS *(Andrew File System)*
- CFS *(Cryptographic File System)*

AFS nutzt das bekannte Authentifikationssystem **Kerberos** (vgl. »Kerberos«, S. 151), was einerseits ein Sicherheitsvorteil ist, auf der anderen Seite aber nicht ganz einfach technisch aufzusetzen und zu pflegen ist. Das Grundprinzip von CFS ist, das UNIX-Filesystem mit Verschlüsselungsdiensten zu versehen; CFS kann auf jedes zugrunde liegende Filesystem angewendet werden, so auch auf NFS.

4.2.4.2   Sicherheit von E-Mail *

Electronic mail (kurz: E-Mail) hat sich – neben dem Web – zu einer der populärsten Internet-Anwendungen entwickelt. Dabei werden die meisten E-Mails ungeschützt übertragen und sind einer Reihe von Gefahren ausgesetzt.

Welchen Gefährdungen sind E-Mails ausgesetzt? Ein Angreifer kann möglicherweise unter anderem

- beliebiege E-Mails lesen,
- den Inhalt einer E-Mail ändern,
- den Namen von Absender oder Empfänger ändern,
- E-Mails abfangen und löschen,
- E-Mails mit schädlichen Anhängen versehen.

Um die Gefahren genauer einschätzen und über Gegenmaßnahmen nachdenken zu können, sollte man sich die Struktur von E-Mail-Nachrichten noch einmal vergegenwärtigen.

Aufbau von
E-Mails

Nach **RFC** 822 ist eine E-Mail-Nachricht generell in den E-Mail-Kopf (englisch: *Header*) und den E-Mail-Rumpf (englisch: *Body*) eingeteilt. Auf diese beiden Teile wird nun eingegangen. Anschließend wird das Thema **MIME** behandelt, welches für den Transport weiterer Inhalte (neben reinem Text) relevant ist.

Der Kopf enthält administrative Daten, wozu neben Absender- und Empfängeradresse einige weitere für die Zustellung der E-Mail-Nachricht nötige Informationen zählen. Die Aufstellung in Tab. 4.2-1 zeigt einige typische E-Mail-Kopffelder.

E-Mail-Kopffeld	Bedeutung
From oder Sender	E-Mail-Adresse des Absenders
Return-Path	Adresse, an die unzustellbare Nachrichten bzw. Fehlermeldungen zu senden sind
Received	Hier trägt jeder Rechner, den die Nachricht auf ihrem Weg durchläuft, seine Identität und weitere Angaben ein; dies kann bei der Fehlersuche hilfreich sein.
Message-ID	Diese Zahl wird vom absendenden Rechner einer E-Mail zugeordnet und von jedem unterwegs beteiligten Rechner in eine Log-Datei eingetragen.
Date	Datum und Zeitpunkt des Absendens der Nachricht. Bei der Konfigurierung des Mail-Programms werden i. d. R. die Startwerte eingegeben.
Subject	Betreff
To	Empfänger der Nachricht; dies kann auch eine Mailing-Liste oder ein Alias-Name sein.
CC	Steht für: Carbon Copy; hier werden die Empfänger angegeben, die eine Kopie der Nachricht erhalten.

Tab. 4.2-1: Einige E-Mail-Kopffelder.

Der Kopf einer E-Mail-Nachricht kann die einzelnen Kopffelder in beliebiger Reihenfolge enthalten. Dabei sind nur einige der Kopffelder zwingend vorhanden, die meisten sind optional (d. h. können auch fehlen). Vorhanden sein müssen die Date-, From- und To-Kopffelder. Deren Inhalte werden bei der Erstellung einer E-Mail automatisch von der E-Mail-Software eingetragen.

Unterschiedliche E-Mail-Programme definieren allerdings den Empfangszeitpunkt einer E-Mail unterschiedlich: Während manche die Date-Angabe aus der E-Mail selbst übernehmen, zeigen andere den Zeitpunkt an, zu dem die E-Mail vom zugehörigen Mail-Server herunter geladen wurde. (Es gibt noch weitere Varianten.)

Die Kopffelder von E-Mails sind in der Regel nicht zu sehen, wobei die E-Mail-Programme jedoch stets die Möglichkeit bieten, alle Kopffelder einzublenden.

Nach den Kopffeldern und einer Leerzeile folgt der E-Mail-Rumpf. Der Rumpf enthält die eigentliche Nachricht und besteht im einfachsten Fall aus einer oder mehreren Textzeilen, generell gibt es keinerlei Formatvorgaben. Entsprechend dem Standard ist der Rumpf vom Kopf durch eine Leerzeile getrennt.

MIME Heute enthalten die »E-Mail-Bodies« meist mehrere Teile mit Daten unterschiedlichen Inhaltstyps (z. B. Texte oder Bilder). Da durch RFC-822-Mail zunächst nur Textmail mit 7-Bit-ASCII-Codierung unterstützt wird, gab es bis vor wenigen Jahren noch das Problem, dass der Benutzer seine zu versendenden Binärdaten selbst umcodieren musste (zum Beispiel mit *uuencode*), der Empfänger hatte wiederum zu »decodieren«. Heute wird generell der **MIME**-Standard verwendet (für: *Multipurpose Internet Mail Extensions*), der dafür sorgt, dass der Benutzer sich nicht mehr um diese Probleme kümmern muss. Die gängigen E-Mail-Programme unterstützen MIME, so dass die Kodierung automatisch erfolgt.

Die MIME-Spezifikationen sind in den RFC 2045 bis 2049 niedergelegt. Es werden sechs weitere Kopffelder eingeführt, die vom Absender erzeugt werden können, um dem Empfänger mitzuteilen, auf welche Weise die Originaldaten wieder hergestellt werden können:

▨ MIME-Version
Aktuell im Sinne von RFC 2045 bis 2049 ist der Wert 1.0.

▨ Content-Type
Hier werden die im Rumpf enthaltenen Daten bzw. die einzelnen Teile hinreichend genau charakterisiert, so dass der Empfänger mit den Daten adäquat umgehen kann. Die möglichen Parameter sind in Tab. 4.2-2 dargestellt.

▨ Content-Transfer-Encoding
Hier wird die Codierung (im Sinne des vorigen Abschnitts) angegeben, die für den betreffenden Teil des Rumpfs verwendet wurde. Die möglichen Parameterwerte sind:

– 7-Bit

- 8-Bit
- binary
- quoted-printable
- base-64

Die ersten drei Möglichkeiten bedeuten, dass keine explizite (Um-)Codierung verwendet wird.

Type	Subtype
Text	plain / enriched
multipart	mixed / alternative / parallel / digest
message	rfc822 / partial / external-body
image	gif / jpeg
video	mpeg
audio	basic
application	postscript / octet-stream

Tab. 4.2-2: Content-Type bei MIME.

Während die bisherigen drei MIME-Kopffelder zwingend vohanden sein müssen, sind die anderen drei optional:

▓ Content-ID
Hiermit kann ein MIME-Objekt eindeutig identifiziert werden.

▓ Content-Description
Hier können zusätzliche beschreibende Informationen zum Inhalt eines MIME-Objekts eingetragen werden.

▓ Content-Disposition
Hier können Angaben darüber abgelegt werden, wie auf Empfängerseite mit dem MIME-Objekt umgegangen werden soll.

Besonders interessant ist der Fall, dass der Nachrichtenrumpf aus mehreren Teilen besteht – dies wird durch den Content-Type multipart signalisiert.

In diesem Fall wird im Content-Type auch eine Trennungslinie definiert (boundary), die der Abgrenzung der einzelnen Teile voneinander dient; hierfür kann im Prinzip irgendeine »verrückte« Zeichenfolge genommen werden, die möglichst ansonsten nicht in der Nachricht vorkommt; die E-Mail-Software wählt eine solche Folge selbstständig aus. In Abb. 4.2-20 ist zur Illustration eine E-Mail-Nachricht einschließlich der MIME-Informationen dargestellt, die eine Winword-Datei als Anhang enthält. (Der Anhang selbst, welcher als sehr lange Folge von ASCII-Zeichen erscheint, ist aus Gründen der Platzersparnis bis auf einige wenige Zeichen herausgelöscht, ebenso fehlen die Standard-Kopffelder.)

......

```
MIME-Version: 1.0
To: strapog@t-online.de
Subject: Re: Nr33
References: <45475AF7.15838.617E7D0@localhost>
In-Reply-To: <45475AF7.15838.617E7D0@localhost>
Content-Type: multipart/mixed;
  boundary="------------010908010908040601070506"
```

......

```
This is a multi-part message in MIME format.
--------------010908010908040601070506
Content-Type: text/plain; charset=ISO-8859-1; format=flowed
Content-Transfer-Encoding: 8bit
```

```
Guten Tag,
vielen Dank für Ihr Interesse. Ich übersende Ihnen zunächst
eine Objektbeschreibung.
mfg
Dirk Schneider
```

```
--------------010908010908040601070506
Content-Type: application/msword;
  name="=?ISO-8859-1?Q?Expos=E9=2Edoc?="
Content-Transfer-Encoding: base64
Content-Disposition: inline;
  filename="=?ISO-8859-1?Q?Expos=E9=2Edoc?="
```

0M8R4KGxGuEAAAAAAAAAAAAAAAAAAAAAAPgADAP7/C
QAG

......

AAAAAAAAAAAAAAAAAAAAAAAAAAAAAAAAAAAAAAA=
--------------010908010908040601070506--

Abb. 4.2-20: E-Mail mit MIME-Informationen.

Die bis hierhin beschriebene E-Mail-Technik beinhaltet keinerlei Sicherheitsmechanismen, die verhindern könnten,
dass E-Mails unbefugt mitgelesen, geändert oder an andere
Empfänger umgeleitet werden können.

Daher gab es von Beginn an für den E-Mail-Benutzer die Möglichkeit, durch den Einsatz *zusätzlicher* Software durch Verschlüsselung oder digitale Unterschriften mehr Sicherheit
herzustellen. Das Problem ist allerdings, dass diese Software für den »Normalbürger« nicht leicht durchschaubar ist
(»Was ist ein asymmetrischer Schlüssel?«) und sich somit die
Bedienung ebenfalls nicht immer einfach gestaltet.

Die bekannteste Software zur Unterstützung der E-Mail-Si-   PGP
cherheit ist PGP. **PGP** *(Pretty Good Privacy)* ist ein Programm,
das E-Mails zuverlässig verschlüsselt und signiert. Dieses
Programm hat sich als eine Art de-facto-Standard etabliert
und wird zur Verschlüsselung von E-Mails vielfach eingesetzt. In Abb. 4.2-21 ist dargestellt, wie PGP innerhalb von
Outlook aktiviert wird.

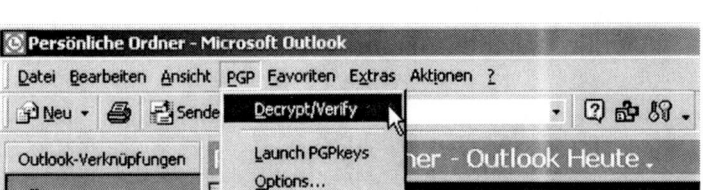

Abb. 4.2-21: So sieht es aus, wenn Sie PGP für Outlook installieren.

PGP verwendet ein **asymmetrisches Verschlüsselungsverfahren** mit einem öffentlichen und einem privaten
Schlüssel (siehe: »Asymmetrische Kryptosysteme«, S. 69).   öffentlicher &
privater
Wenn man PGP installiert hat und verwenden will, muss   Schlüssel
man sich zunächst ein eigenes Schlüsselpaar aus öffentlichem und privatem Schlüssel erzeugen. Dabei kann man
zwischen einigen Optionen auswählen – ob das Schlüsselpaar nach dem **Diffie-Hellman-Verfahren** oder mit **RSA**
erzeugt wird, und welche Schlüssellängen gewünscht sind.
Der private Schlüssel wird dann – geschützt durch ein Passwort, welches hier Passphrase genannt wird – auf der eigenen Festplatte aufbewahrt.

PGP benutzt den privaten Schlüssel für das Erzeugen von Signaturen, mit denen Sie Ihre E-Mails unterschreiben können. Dann kann der Empfänger mit Ihrem öffentlichen Schlüssel die Echtheit der Unterschrift überprüfen. Falls das Ergebnis positiv ist, kann er sicher sein, dass diese E-Mail von Ihnen stammt. Außerdem wird der private Schlüssel zum Entschlüsseln von E-Mails benutzt.

Damit Ihnen irgendjemand eine verschlüsselte E-Mail senden kann, muss er Ihren öffentlichen Schlüssel kennen. Sie müssen ihm daher diesen Schlüssel mitteilen. Das kann beispielsweise durch eine E-Mail geschehen. Er kann Ihren öffentlichen Schlüssel aber auch von einem *Key-Server* abfragen, auf dem die öffentlichen Schlüssel der PGP-Benutzer liegen.

Der Absender, der Ihnen eine vertrauliche E-Mail schicken will, verschlüsselt diese mit Ihrem öffentlichen Schlüssel. (In Wahrheit wird bei PGP mit einem symmetrischen Verfahren verschlüsselt, der dazu verwendete Schlüssel wird sozusagen »asymmetrisch verschlüsselt mitgeschickt«.) Nur Sie können die E-Mail mit Ihrem privaten Schlüssel wieder lesbar machen.

Wollen Sie umgekehrt eine verschlüsselte E-Mail senden, dann müssen Sie den *public key* des Empfängers in Erfahrung bringen und Ihre E-Mail damit verschlüsseln. Dann können Sie sicher sein, dass nur der Empfänger Ihre E-Mail lesen kann.

Die Echtheit öffentlicher Schlüssel wird durch **Zertifikate** garantiert, die man sich bei PGP gegenseitig ausstellt, wodurch ein sogenanntes »web of trust « entsteht. (Zum Begriff des Zertifikats siehe auch »Zertifikate«, S. 116.)

S/MIME   Mit dem Standard **S/MIME** wurden ab dem Jahre 1998 die MIME-Typen um Sicherheitsfunktionen erweitert, die Verschlüsselung und Signatur zulassen. S/MIME ist in den RFCs 2632 und 2633 beschrieben. Der Vorteil gegenüber PGP ist, dass Verschlüsselung und Signatur innerhalb der E-Mail-Programme wie Outlook Express sehr einfach zu bedienen sind. Nachteil von S/MIME ist allerdings, dass die öffentlichen Schlüssel durch Zertifikate ausgetauscht werden müssen – hier muss also der Benutzer aktiv werden und sich ein Zertifikat besorgen. Daher hat sich S/MIME bislang nicht umfassend gegenüber PGP durchsetzen können, jedoch wird es immer häufiger eingesetzt.

Es folgen nun einige kurze Einblicke in die Technik von S/MIME. S/MIME definiert einen zusätzlichen Inhaltstyp `application/x-pkcs7-mime`. Allgemein gilt, dass jeder Part einer Multipart-MIME-Mail separat verschlüsselt und ggf. signiert wird. Dabei wird der jeweilige Inhalt stets in einen »Umschlag« gepackt, wobei die Kombination von verschlüsselter Nachricht, verwendetem (symmetrischem) Schlüssel und weiteren Informationen als *envelope* bezeichnet wird. Die beiden genannten RFCs widmen sich dabei den folgenden Themen:

- Zertifikate und PKI
- Format des *envelope*

Nach RFC 2632 ist eine hierarchische **Public-Key-Infrastruktur** nach dem Standard **X.509** vorgesehen. RFC 2633 legt fest, in welcher Weise der Standard CMS (*Cryptographic Message Syntax*, beschrieben in RFC 2630) auf MIME angewendet wird. CMS ist wiederum von dem Standard PKCS#7 (RFC 2315) abgeleitet, der unter anderem die Content-Typen für verschlüsselte/signierte Daten sowie die unterstützten Algorithmen spezifiziert. (Die Empfehlungen der PKCS-Reihe wurden ursprünglich von der Firma RSA forciert, haben sich jedoch danach allgemein etabliert und werden nicht nur in S/MIME verwendet.)

Ein MIME-Objekt wird somit in drei Schritten verschlüsselt:

- Vorbereitung des Objekts durch Transport-Codierung (z. B. base64)
- Zusammenfassung von verschlüsseltem MIME-Objekt und verschlüsseltem Datenschlüssel zu einem CMS-Objekt vom Typ `envelopedData`. Für jeden Empfänger muss der verwendete Datenschlüssel – verschlüsselt mit dessen öffentlichem Schlüssel – im CMS-Objekt enthalten sein.
- Einbettung des CMS-Objektes in ein `application/x-pkcs7-mime`-Objekt.

Als asymmetrische Algorithmen sind in Version 3 von S/MIME vorgesehen

- **SHA-1** und **MD5** (optional) für die Bildung von Hashwerten
- **Diffie-Hellman-Verfahren** und **RSA** (optional) für asymmetrische Verschlüsselung bzw. Schlüsselvereinbarung
- **DSA** und **RSA** (optional) für die Signatur

OpenPGP und S/MIME

Im Jahre 2007 wurde OpenPGP, welches in seinen Algorithmen und Formaten auf PGP basiert, als RFC 4880 standardisiert. Nachdem das ursprüngliche PGP – nach wechselvoller Geschichte – nur noch als kommerzielle Version gepflegt wird, entstand GnuPG als Implementierung von OpenPGP. Eine Windows-Version wird unter deem Namen Gpg4win in einem eigenen internationalen Projekt gepflegt.

Heute (Anfang 2013) gelten OpenPGP und S/MIME als die beiden relevanten kryptographischen Standards für die Verschlüsselung von E-Mails und weitere Zwecke. Sie werden beide von Gpg4win unterstützt.

Viren, Würmer und Trojaner Spam

Auf Viren, Würmer und Trojaner wird an anderen Stellen eingegangen (siehe »Viren und Co.«, S. 171). In den letzten Jahren ist ein weiteres Problem aufgekommen: das der **Spam**-Mails. Manche Schätzungen gehen davon aus, dass heute 90 % des Mailaufkommens im Internet aus Spam besteht. Es handelt sich um massenhaft versandte E-Mails mit meist kommerziellem Inhalt, die der Empfänger gar nicht bekommen möchte und deren Empfang störend ist. Solche E-Mails stellen in der Regel kein Sicherheitsproblem im engeren Sinne dar, da durch deren bloßen Empfang keine Ihrer Daten preisgegeben oder verändert werden. Es stellt sich allerdings die Frage, wie der »Spammer« an Ihre E-Mail-Adresse gekommen ist – dies gehört zum Thema Datenschutz. Jedenfalls kann der tägliche zig-fache Empfang solcher E-Mails nicht nur lästig sein, sondern ab einem gewissen Ausmaß auch die eigentliche Arbeit behindern. Ferner werden durch Spam enorme Kosten verursacht – einerseits um umfangreiche Filtersysteme zu installieren, um Unerwünschtes von Erwünschtem zu trennen, auf der anderen Seite werden für den Versand von Spam Hunderttausende infizierter Rechner missbraucht.

Ein besonderes Problem stellen die **Phishing**-Mails dar, mit denen versucht wird, einen Internet-Nutzer per Link auf eine vorgetäuschte Webseite zu locken (z. B. die gefälschte Website einer Bank) und dort dazu zu bringen, irgendwelche Geheimnisse (z. B. durch Eingabe eines Kennworts) preiszugeben.

Sie sollten folgende Regeln beherzigen, um die Gefahren von Viren, Spam und ähnlichen Ärgernissen so klein wie möglich zu halten:

Regeln beachten

▓ Offensichtlich nicht erwünschte E-Mails von unbekannten Absendern sofort ungeöffnet löschen.

▓ Bei E-Mail auch von vermeintlich bekannten bzw. vertrauenswürdigen Absendern prüfen, ob der Text der Nachricht auch zum Absender passt (englischer Text von deutschem Partner, zweifelhafter Text oder fehlender Bezug zu konkreten Vorgängen etc.) und ob die Anlage (Attachment) auch erwartet wurde.

▓ Keinen "Doppelklick" ausführen bei ausführbaren Programmen (*.COM, *.EXE) oder Script-Sprachen (*.VBS, *.BAT), Vorsicht auch bei Office-Dateien (*.DOC, *.XLS, *.PPT) sowie Bildschirmschonern (*.SCR).

▓ Beachten, dass auch eine E-Mail im HTML-Format aktive Inhalte mit Schadensfunktion enthalten kann.

▓ Nur vertrauenswürdige E-Mail-Attachments öffnen (z. B. nach tel. Absprache).
Es ist zu beachten, dass die Art des Datei-Anhangs (Attachment) bei Sabotageangriffen oft getarnt ist und über ein Icon nicht sicher erkannt werden kann.

▓ E-Mails nicht im HTML-Format versenden, auch wenn es vom eingesetzten Mail-Programm her möglich wäre; ebenso sind aktive Inhalte in E-Mails zu vermeiden.

▓ Gelegentlich prüfen, ob E-Mails im Ausgangs-Postkorb stehen, die nicht vom Benutzer selbst verfasst wurden.

▓ Einsatz eines Spam-Filters
In Unternehmensnetzen gehört ein solcher Filter heute neben einem Viren-Scanner zur Standardausstattung eines Mail-Servers. Viele E-Mail-Anbieter im Internet (wie web.de) bieten heute ebenfalls einen Spam- und Virenfilter an.

▓ Möglichst sparsame Streuung Ihrer E-Mail-Adresse
Es kann sinnvoll sein, sich eine zusätzliche Gratis-Mailadresse zuzulegen, die man angibt, wenn man irgendwo – z. B. in einem Webformular – eine E-Mail-Adresse

angeben muss. Die »eigentliche« E-Mail-Adresse gibt man nur engen Freunden oder Kooperationspartnern.

▓ Niemals auf eine Spam-Mail antworten oder sich über deren Empang beschweren.
Für den Versender ist dies nur die Bestätigung, dass Ihre E-Mail-Adresse »lebt«.

▓ Niemals auf einen in einer Spam-Mail angegebenen Link klicken.
Erstens ist dies bereits eine Art Antwort auf die Spam-Mail, und zweitens können bei ungünstiger Konfiguration Ihres Browsers bzw. Computers hierdurch bereits Sicherheitsgefahren heraufbeschworen werden.

▓ Einstellungen im E-Mail-Programm kontrollieren.
Der Vorschau-Modus im E-Mail-Programm sollte niemals aktiviert sein, da dadurch – je nach E-Mail-Programm – von Ihnen nicht beabsichtigte Aktivitäten ausgelöst werden können (z. B. Verbindung zu einer Website mit Übertragung Ihrer E-Mail-Adresse).

Zum Problem des *Phishing* ist zu raten: Vertrauen Sie nie E-Mails, in denen Sie von Banken zur Übermittlung vertraulicher Daten aufgefordert werden! Die richtigen Banken tun so etwas nicht! Also: Nicht reagieren, Nachricht löschen!

4.3 Sicherheit im Web *

Das World Wide Web wurde ursprünglich eingeführt, um Dokumente öffentlich zugänglich zu machen, und enthielt daher keine Mechanismen, um den Zugang zu Informationen einzuschränken. Mit der Ausweitung der über das Web abgewickelten Dienste – insbesondere im Zuge des E-Commerce – sind jedoch die Sicherheitsanforderungen immer weiter gestiegen.

Bei der Untersuchung der Web-Sicherheitsrisiken ist nicht nur das Protokoll **HTTP** zum Abruf der Webseiten zu betrachten, vielmehr kommen auch Aspekte der Systemsicherheit ins Spiel, die den **Web-Server** und den **Web-Client** betreffen.

Sicherheitsrisiken im Web

Grob kann man drei Arten von Web-Sicherheitsrisiken unterscheiden, die jedoch nicht immer scharf gegeneinander abgegrenzt werden können:

▨ Bugs oder falsche Konfigurationen auf Seiten des Web-Servers, wodurch sich Unbefugten folgende Möglichkeiten eröffnen können:
  – Diebstahl vertraulicher Dokumente
  – Aufspielen von Dateien auf den Server
  – Ausführen von Kommandos auf dem Serverrechner, die möglicherweise das System modifizieren
  – Ausspähen von Informationen über den Serverrechner, die für Einbrüche ausgenutzt werden können
  – Ausführen von **Denial-of-Service-Attacken**, die das System zeitweise unbrauchbar machen
▨ Risiken auf Seiten des Browsers, wie beispielsweise
  – **aktiver Inhalt**, der den Browser zum Absturz bringt, das Computersystem des Nutzers beeinträchtigt, die Privatsphäre des Nutzers verletzt oder einfach nur ein Ärgernis bereitet – Missbrauch persönlicher Informationen, die der Nutzer bewusst oder unbewusst preisgegeben hat
▨ Abhören der zwischen Server und Browser ausgetauschten Daten

Auf Server- und Client-Seite sind unterschiedliche Aspekte zu berücksichtigen, um den Risiken zu begegnen.

Server-Sicht und Client-Sicht

Aus Sicht eines Netzwerk-Administrators stellt ein Web-Server ein weiteres potenzielles »Sicherheitsloch« im Intranet dar. Vor allem der Abstimmung mit dem installierten Firewall-System kommt eine große Bedeutung zu: Ein schlecht konfigurierter Web-Server kann die sorgfältig konfigurierte Firewall »durchlöchern«, und eine schlecht konigurierte Firewall kann die Nutzung einer Web-Site blockieren.

Auf Client-Seite – aus Sicht des Nutzers – stellt sich das Web als weder sicher noch anonym heraus. Insbesondere aktive Inhalte bergen die Gefahr, dass **Viren** oder andere bösartige Software in das System des Benutzers geholt werden. Der Web-Surfer hinterlässt ferner Datenspuren, mit deren Hilfe ein Nutzerprofil erstellt werden kann.

Schließlich sind sowohl Server als auch Client von der Abhörgefahr betroffen: Der Server übermittelt möglicherweise ein vertrauliches Dokument an den Client, der Nutzer füllt umgekehrt vielleicht ein Web-Formular mit persönlichen Daten aus.

Es muss noch einmal festgehalten werden, dass neben der Vertraulichkeit der Datenübermittlung zwischen Server und Browser, die beispielsweise mit **SSL** hergestellt werden kann (siehe »Secure Socket Layer«, S. 223), die Systemsicherheit auf Server- und Client-Seite zu betrachten ist – siehe hierzu »Web-Sicherheit: Server«, S. 250, und »Web-Sicherheit: Clients«, S. 244. Aktive Inhalte werden in »Aktive Inhalte«, S. 246, untersucht.

4.3.1 Web-Sicherheit: Clients *

Beim Umgang mit dem Web sind auf der Seite des Nutzers vor allem der Umgang mit Cookies sowie die Einstellungen des verwendeten Browsers zu beachten.

Viren & Co
Aktive Inhalte

Auf der Seite des **Web-Clients** – also des Nutzers und seines Browsers – sind die Gefahren zu beachten, die durch **Viren**, **Würmer** und **Trojaner** oder durch **aktive Inhalte** drohen. Insbesondere sind hier die Techniken *JavaScript*, *Java* und *ActiveX* angesprochen. Diese Themen werden in »Viren und Co.«, S. 171, »Schutz vor Viren und aktiven Inhalten«, S. 177, und »Aktive Inhalte«, S. 246, behandelt. Im vorliegenden Abschnitt wird auf *Cookies* eingegangen.

Cookies

Cookies (deutsch: Kekse) sind kleine Textinformationen, die von einem Server im Internet auf der Festplatte von Webbenutzern abgelegt werden. Bei einem erneuten Besuch der gleichen *Website* kann dieses Cookie wieder gelesen werden. Jede Website kann jedoch *nur* die von ihr eingerichteten Cookies lesen.

Wozu gibt es überhaupt Cookies? Wenn Sie im Internet surfen, nutzen Sie das **HTTP**-Protokoll, bei dem jede Anforderung einer Webseite unabhängig von allen anderen ist, d. h. der Webserver, mit dem Sie kommunizieren, weiß nicht, welche Seiten Sie vorher abgerufen haben. Wenn Sie beispielsweise in einem Online-Shop einkaufen, wäre es so nicht ohne weiteres möglich, nach und nach den Warenkorb zu füllen, da sich der Server nichts »merken« kann.

Cookies können dazu verwendet werden, das Verhalten im Web zu ermitteln und ein Profil anzulegen. Mithilfe dieses Profils können Websites personalisiert werden, und Sie als Nutzer erhalten genau die Informationen, die Sie wollen. Es kann aber auch dem Zweck dienen, Ihnen ganz gezielt Werbe-Banner zu schicken. Hier muss jeder selbst entscheiden, ob man Cookies als Eingriff in die Privatsphäre empfindet oder nicht.

Wo Cookies auf der Festplatte gespeichert werden, hängt vom verwendeten Browser ab. Der Internet Explorer speichert jedes Cookie als separate Datei in einem Unterverzeichnis des Windows-Betriebssystems. Firefox und Netscape speichern alle Cookies in einer einzigen Datei (cookies.txt).

Es gibt verschiedene Cookie-Typen: dauerhafte und temporäre.

Ein **dauerhaftes Cookie** wird auf Ihrem Computersystem gespeichert und verbleibt dort, wenn Sie den Browser schließen. Das Cookie kann beim nächsten Besuch der Website, die dieses Cookie eingerichtet hat, gelesen werden.

Ein **temporäres Cookie** oder **Sitzungscookie** wird nur für Ihre aktuelle Browsersitzung gespeichert und vom Computersystem gelöscht, wenn Sie den Browser schließen. Viele Online-Shops merken sich mithilfe von Sitzungscookies, was Sie bereits in den Warenkorb gelegt haben.

Des Weiteren unterscheidet man bei den Quellen der Cookies zwischen Erstanbietern und Drittanbietern.

Bei einem Cookie eines Erstanbieters handelt es sich um ein Cookie, das entweder von der aktuell angezeigten Website stammt oder an diese Website gesendet wird. Diese Cookies speichern gewöhnlich Informationen wie z. B. Ihre Einstellungen beim Besuch dieser Website.

Bei einem Cookie eines Drittanbieters handelt es sich um ein Cookie, das entweder von einer anderen als der aktuell angezeigten Website stammt oder das an eine andere Website gesendet wird. Websites von Drittanbietern stellen gewöhnlich einige Inhalte auf der aktuell angezeigten Website zur Verfügung. In vielen Websites werden beispielsweise Werbeinhalte von anderen Websites verwendet. Diese Websites von Drittanbietern arbeiten möglicherweise mit Cookies. Ein üblicher Verwendungszweck für diesen Cookietyp ist die Verfolgung Ihrer Webseitenverwendung zu Werbungs-

und Marketingzwecken. Cookies von Drittanbietern können sowohl dauerhaft als auch temporär sein.

Wie mit Cookies umgehen?
Alle Browser sind so vorkonfiguriert, dass Cookies zugelassen sind. Wer sein Benutzerverhalten nicht offen legen will, sollte daher Cookies sperren. Die Alternative zum Sperren ist die »Eingabeaufforderung«, die aber beim Surfen sehr lästig werden kann, weil viele Websites Dutzende Mal einen Versuch starten. Für vertrauenswürdige Websites können Sie dann die Sperrung außer Kraft setzen und deren Cookies zulassen.

Sitzungscookies können Sie grundsätzlich zulassen, da diese anschließend gelöscht werden.

Da bereits vorhandene dauerhafte Cookies nicht gelöscht werden, sollten Sie diese explizit löschen, wenn Sie Ihre Datenschutzeinstellungen ändern.

Browser-
einstellungen

Alle angebotenen Browser ermöglichen den Benutzern, eine Reihe von Sicherheitseinstellungen vorzunehmen – sei es der **Internet Explorer**, **Firefox**, **Google Chrome**, **Opera** oder eine andere Browsersoftware. Die Einstellungen betreffen insbesondere

- den Umgang mit Cookies (siehe oben) und
- den Umgang mit aktiven Inhalten und Pop-Up-Fenstern.

Aus **Datenschutzsicht** ist auch die Möglichkeit von Interesse, den Verlauf aufgerufener WWW-Addressen oder vormals herunter geladene Inhalte, die auf dem Computersystem noch gespeichert sind (bei Windows-Systemen im Ordner Temporary Internet Files), zu löschen.

Auf die Details der unterschiedlichen Browser (mit diversen Versionen) wird hier nicht eingegangen.

4.3.1.1 Aktive Inhalte *

Mit dem Begriff *aktive Inhalte* bezeichnet man im Web gebräuchliche Techniken (*Java*, *JavaScript*, *ActiceX*), kleinere Programme zusammen mit einer HTML-Seite auf den Computer des Benutzers zu laden und dort auszuführen. Solche aktiven Inhalte stellen ein Sicherheitsproblem dar.

Der Begriff **aktive** oder ausführbare Inhalte (im Englischen *executable content*) wird meist nur im Zusammenhang mit dem **World Wide Web** und **HTML** verwendet. Gebräuchlich ist auch die Bezeichnung mobiler Code. Unter diesen Begriffen fasst man Programme zusammen, deren Code auf einem entfernten (und möglicherweise nicht vertrauenswürdigen) Computersystem erzeugt wurde und die auf Gastsystemen, nachdem sie dorthin übertragen wurden, ausgeführt werden. aktiver Inhalt
mobiler Code

HTML-Seiten haben ursprünglich die Eigenschaft, dass ihr Inhalt vom Anwender nicht verändert werden kann, die (statische) Datei wird vom Webserver heruntergeladen und im Browser des Benutzers angezeigt. Mit der Zeit wurden jedoch mehrere Techniken entwickelt, eine Interaktion mit dem Benutzer zu ermöglichen, so dass als Reaktion auf Benutzeraktionen Seiteninhalte verändert werden können. Es handelt sich dabei in der Regel um Programme, die vom Server zum Rechner des Anwenders übertragen und dort ausgeführt werden, was zu einer »dynamischen« Erzeugung der Inhalte auf dem Rechner des Anwenders führt. Dass durch eine solche Ausführung eines »fremden« Programms auf dem Rechner des Anwenders Sicherheitsprobleme entstehen können, liegt auf der Hand. Die angesprochenen Techniken sind **Java**, **JavaScript** und **ActiveX**.

Viren, die eine ähnliche Art der Bedrohung darstellen (siehe »Viren und Co.«, S. 171), sich jedoch nicht nur über das Web verbreiten können (sondern z. B. auch durch eine »verseuchte« CD/DVD), werden im Allgemeinen nicht zu den aktiven Inhalten gerechnet.

Java ist eine objektorientierte Programmiersprache, die Anfang der 90er Jahre entwickelt wurde und sich zu der im Internet am meisten eingesetzten Sprache entwickelt hat. Der Hauptunterschied zu den anderen Programmiersprachen besteht darin, dass Java-Programme nicht direkt in hardwareabhängigen Maschinencode übersetzt werden, sondern zunächst in einen plattformunabhängigen *Bytecode*. Java

Für jede spezielle Art von Hardware gibt es ein besonderes Programm, das JVM *(Java Virtual Machine)* heißt, welches in der Lage ist, diesen Bytecode auszuführen.

Vor der Ausführung durch die JVM wird der Bytecode in den Arbeitsspeicher des Computers geladen.

Ein Java-Programm, das aus dem Internet geladen und von einer JVM innerhalb des Browsers interpretiert und ausgeführt wird, heißt **Applet**. In Abb. 4.3-1 ist gezeigt, wie ein solches Applet mithilfe des entsprechenden HTML-Tags in eine HTML-Seite eingebunden wird. Beim Laden der Seite wird das Applet ausgeführt.

```
<HTML>
<HEAD>
<TITLE>Eine Seite mit Applet</TITLE>
</HEAD>
<BODY>Hier ist ein Java-Applet eingebaut:<P>
<APPLET code="gauss.class" width=400 height=400>
</APPLET><P>
Das war es auch schon.
</BODY>
</HTML>
```

Abb. 4.3-1: Einbindung eines Java-Applets in eine HTML-Seite.

Offenbar besteht die Gefahr, dass Java-Applets auf dem Computer, auf dem sie ausgeführt werden, Schaden anrichten – sei es, dass das Applet von vornherein »in böser Absicht« programmiert wurde, sei es, dass ein harmloses Applet unterwegs im Internet manipuliert wurde. Daher wurden bereits bei der Entwicklung von Java eine Reihe von Sicherheitsanforderungen definiert (Beispiel: Kontrolle der Einhaltung der Grenzen bei verwendeten Array- oder String-Variablen). Zusätzlich durchläuft jedes Applet vor seiner Ausführung weitere Sicherheitsstufen, in denen der sogenannte *Bytecode-Verifier*, der *Class-Loader* sowie der *Security-Manager* zum Einsatz kommen. Letzterer sorgt u. a. dafür, dass Java-Applets nur in einer eingeschränkten Umgebung mit eingeschränkten Rechten ablaufen (Sandbox-Prinzip). Auf weitere Details wird hier verzichtet.

Die Programmiersprache Java erlaubt es auch, eigenständige Programme in Java zu erstellen, die (wie andere Sprachen auch) für ihren Ablauf keinen Browser benötigen – diese Programme nennt man Java-Applikationen. Applikationen benötigen zur Ausführung natürlich entweder einen speziellen *Bytecode-Interpreter* oder einen Compiler. Die Popularität von Java im Internet hat dazu geführt, dass Java heute auch außerhalb des Internet (in Form von Applikationen) häufig verwendet wird.

JavaScript ist eine einfache Programmiersprache, die ursprünglich von der Firma Netscape entwickelt wurde, um die Erzeugung aktiver Inhalte in HTML-Seiten zu ermöglichen. Es kann innerhalb von HTML-Seiten (und mittlerweile beispielsweise auch in PDF-Dateien) angewendet werden und ergänzt sozusagen HTML um einige dynamische Elemente, es ist im strengen Sinne eigentlich keine eigenständige Programmiersprache. Obwohl der Name »JavaScript« vermuten lassen könnte, dass eine Verwandtschaft zu Java gegeben ist, haben die beiden Sprachen nichts miteinander zu tun. Immerhin ist JavaScript eingeschränkt objektorientiert, man spricht von »objektbasiert«.

JavaScript

Der Anfang eines JavaScript-Programms wird innerhalb einer HTML-Seite durch das Tag

`<SCRIPT Language="JavaScript>`

angezeigt, das entsprechende Ende-Tag ist

`</SCRIPT>`.

JavaScript kann im Wesentlichen nur mit den Objekten einer WWW-Seite umgehen. Dabei können zu Beginn der HTML-Seite eigene Funktionen in JavaScript definiert werden, die an späterer Stelle verwendet werden.

Um den Gefährdungen, die bei der Ausführung von Java-Script entstehen können, zu begegnen, wurden verschiedene Sicherheitstechniken eingeführt. Die wichtigsten sind *Same Origin Policy, Data Tainting* und *Signed Script Policy.*

Generell können durch JavaScript unterschiedliche Schäden verursacht werden. Beispielsweise gibt es die Möglichkeit, beliebig viele Fenster mit Meldungen zu öffnen (auch Alert-Boxen oder Pop-Ups genannt), so dass der betroffene Benutzer diese »Flut« nur mit dem Abschalten des Computers stoppen kann. Es gibt auch die Möglichkeit, Eingabefenster zu simulieren und auf diese Weise Benutzernamen, Passwörter oder andere kritische Informationen abzufangen.

Der von der Firma Microsoft eingeführten **ActiveX**-Technik zur Übertragung ausführbarer Programme im Internet liegt ein Konzept zugrunde, das nicht wie Java auf einer eigenen Programmiersprache basiert, vielmehr wird hier die OLE-

ActiveX

Technik *(Object Linking and Embedding)* erweitert, die beispielsweise auch beim Einfügen einer Excel-Tabelle in ein Winword-Dokument verwendet wird. Man kann also sagen, dass ActiveX Teil der Microsoft-Betriebssysteme ist.

Die von ActiveX genutzten Softwarekomponenten, die in binärer Form vorliegen, heißen *Controls* und entsprechen dem sogenannten COM-Standard (für: *Component Object Model*). Die Controls können dabei ursprünglich in einer beliebigen Programmiersprache geschrieben worden sein.

Innerhalb einer HTML-Seite werden ActiveX-Controls durch das OBJECT-Tag gekennzeichnet. Neben einem Namen für das Control wird hier mit dem Parameter *CLASSID* ein weltweit eindeutiges Kennzeichen für das Control angesprochen, und der Parameter CODEBASE sagt dem Browser, wo (im Internet) er eine Kopie des Controls finden kann.

ActiveX-Controls haben Zugriff auf alle Systemressourcen einschließlich der lokal gespeicherten Daten und Programme. Damit die Technik trotz dieser Sicherheitsgefahren überhaupt Verwendung findet, hat Microsoft eine Reihe von Forderungen aufgestellt, die von allen Entwicklern von Controls beachtet werden sollen. Insbesondere soll ein Control immer digital signiert werden (siehe »Die Digitale Unterschrift«, S. 82, und »Zertifikate«, S. 116). Auch dies bleibt jedoch problematisch, da es dem Anwender nicht möglich ist, sich die Zertifizierungsstelle selbst auszusuchen, der er genügend vertraut, um die digitale Signatur zu akzeptieren.

In einem eigenen Abschnitt (siehe »Schutz vor Viren und aktiven Inhalten«, S. 177), sind die wichtigsten Sicherheitsmaßnahmen für den Anwender bei der Verwendung ausführbarer Inhalte zusammengefasst.

4.3.2   Web-Sicherheit: Server *

Bei der Sicherheit eines Web-Servers sind neben möglichen Beschränkungen des Zugriffs auf Webseiten vor allem CGI-Skripte zu beachten, die auf dem Server Schaden anrichten können. Ein weiteres Thema ist die Protokollierung aller Nutzerzugriffe.

Zu Beginn sollte man noch einmal klarstellen, dass mit dem Begriff **Web-Server** eine Software gemeint ist, die auf einem (meist unter UNIX betriebenen) Computersystem abläuft und als **HTTP**-Server fungiert. Auf demselben Computersystem kann auch weitere Software ablaufen. Ein bekanntes und vielgenutztes Beispiel ist der Apache HTTP-Server.

Im Allgemeinen bieten Web-Server Informationen an, die öffentlich zugänglich sein sollen, so dass sich eine Zugriffskontrolle für die Nutzer erübrigt. Zunehmend werden jedoch auch Inhalte nur für einen beschränkten Nutzerkreis – beispielsweise für die Mitarbeiter eines Unternehmens – angeboten; bei kostenpflichtigen Angeboten soll der Zugriff auf registrierte Benutzer, die möglicherweise eine Gebühr oder ein Abonnement bezahlt haben, eingeschränkt sein. In all diesen Fällen ist eine Zugriffskontrolle mit einer Authentifizierung der Nutzer notwendig.

Ein weiterer Sicherheitsaspekt von Web-Servern sind **CGI**-Skripte, die den Ablauf von Programmen auf dem Web-Server veranlassen und so eventuell Schäden verursachen können.

Der dritte Aspekt betrifft den Datenschutz: Web-Server protokollieren in der Regel alle Zugriffe und halten in ihren Log-Files **IP-Adresse** und andere Informationen über den zugreifenden Client fest, die missbräuchlich verwendet werden könnten.

Die meisten Web-Server erlauben die Beschränkung von Zugriffen aufgrund der IP-Adressen der Absender in den anfragenden Datenpaketen, auch Beschränkungen auf Subnetze oder bestimmte Domänen sind möglich. Auf diese Weise können sowohl individuelle Dokumente wie auch ganze Verzeichnisse geschützt werden. Da Absenderadressen gefälscht werden können (zum **IP-Spoofing** siehe »Die Unsicherheit des Internet: TCP/IP«, S. 16), kann ein versierter Angreifer diesen Schutz allerdings umgehen. Falls der Web-Server *hinter* der **Firewall** des **Intranets** installiert ist, kann diese zumindest den Fall entdecken, dass ein von aussen kommendes Datenpaket eine IP-Adresse des internen Netzes trägt. Ein anderes Problem ergibt sich in diesem Kontext aus der häufigen Verwendung von **Proxy**-Servern: Wenn die IP-Adresse des Proxy-Servers für Zugriffe akzeptiert wird, so gilt dies auch für alle Clients, die diesen Proxy-Server nutzen.

Zugriffskontrolle

Bei der Verwendung von Host- oder Domänen-Namen für die Beschränkung der Zugriffe gibt es das zusätzliche Problem, dass sich als Resultat von *DNS-Spoofing* hinter einem vertrauenswürdigen Host-Namen für eine Weile eine falsche IP-Adresse verbergen kann.

HTTP erlaubt es auch, den Zugriff auf Webseiten von der **Authentifikation des Nutzers** mit Namen und Passwort abhängig zu machen. Bei der simplen *HTTP Basic Authentication* schickt der Server nach dem ersten Zugriffsversuch an den Client einen *WWW Authenticate Response Header*, worauf der Browser den Nutzer zur Eingabe von Benutzernamen und Passwort auffordert (siehe Abb. 4.3-2).

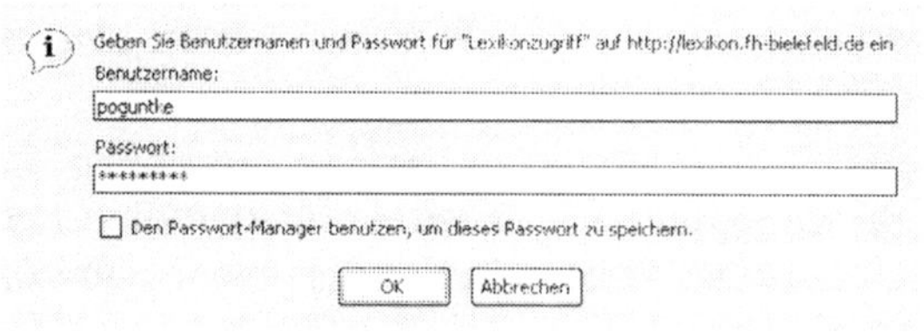

Abb. 4.3-2: Authentifikations-Fenster bei HTTP.

Mit diesen Daten, die unverschlüsselt übertragen werden, wird die Anforderung erneut an den Server geschickt, der sie überprüft und im positiven Fall die Antwort übermittelt. (Der Web-Server muss also die zugelassenen Benutzer mit ihren Passwörtern gespeichert haben.) In Abb. 4.3-3 sieht man mithilfe des Netzwerkanalyse-Programms **Ethereal** (welches mittlerweile seinen Namen in **Wireshark** geändert hat), dass bei der in Abb. 4.3-2 dargestellten Authentifikation das Passwort »mickymaus« übertragen wurde.

Da das HTTP-Protokoll »zustandslos« und jede Anfrage separat zu behandeln ist, müssen Name und Passwort bei weiteren Anforderungen an denselben Server immer wieder mitgeschickt werden – der Browser ist jedoch so »klug«, diese Daten auch immer wieder automatisch ohne Eingriff des Benutzers mit zu übertragen.

Seit der Version 1.1 von HTTP haben Web-Server die Möglichkeit, eine verbesserte Methode – *HTTP Digest Authentication* – anzuwenden. Hierbei schickt der Server nach der ersten Anfrage mit der Aufforderung zur Authentifikation eine

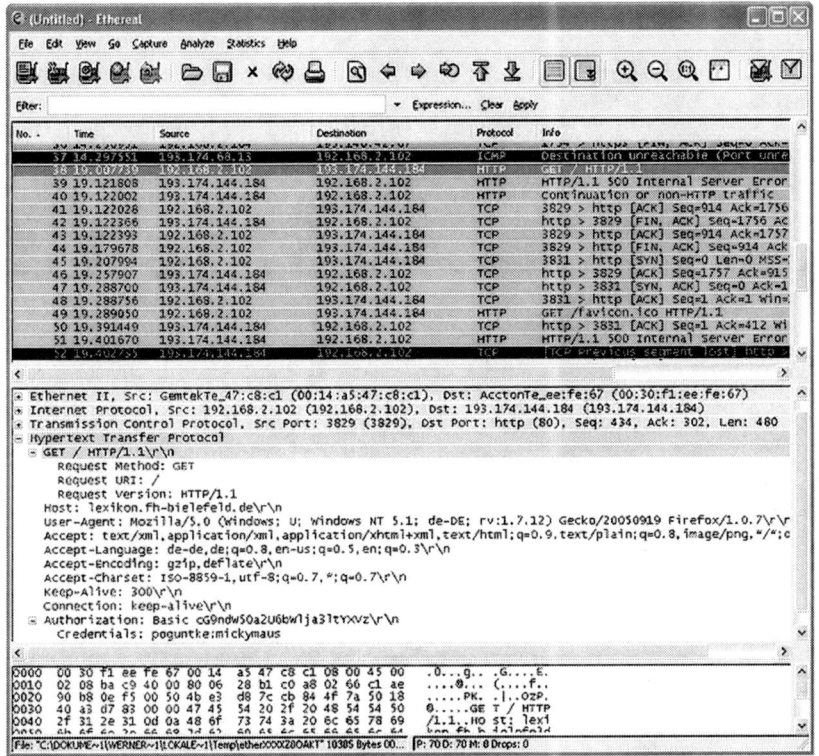

Abb. 4.3-3: Bei der HTTP-Basic-Authentication übertragene Daten.

Marke *(Nonce)*, die als *Challenge* fungiert (siehe »Authentifikation durch Wissen«, S. 129). Der Client bildet aus seinem Benutzernamen, seinem Passwort und der Marke mit der Hashfunktion **MD5** (siehe hierzu »Hashfunktionen«, S. 91), die passende Antwort, die der Server für eine erfolgreiche Authentifikation erwartet.

Das Problem bei diesem Verfahren ist folgendes: Da der Server sich (aufgrund der »Zustandslosigkeit«) eine herausgegebene Marke nicht merkt, muss diese aus den Daten der Anforderung und den auf dem Server liegenden Daten ableitbar sein – dies öffnet jedoch die Tür für potenzielle Replay-Attacken. Das sich daraus ergebende Risiko ist freilich recht klein, wenn bei der Nonce-Berechnung sogar die volle URL einbezogen wird. Da die Marken unter der alleinigen

Verantwortung des jeweiligen Web-Servers ausgewählt werden, können in dieser Beziehung eine Reihe von Varianten nebeneinander existieren.

Als generelles Fazit zur Authentifikation kann festgehalten werden, dass die Verfahren keine große Sicherheit bieten, so dass bei erhöhten Sicherheitsanforderungen zur Verwendung von **SSL** oder **S-HTTP** geraten werden muss.

CGI-Skripte
Bei **CGI** *(Common Gateway Interface)* handelt es sich um eine Programmiersprache für Skripte, die auf unterschiedlichen Plattformen ablaufen können. CGI wird auf Web-Servern eingesetzt, um **URLs** zu befähigen, mit einer »dynamischen Antwort« statt mit einer statischen Webseite auf eine Nutzeranfrage zu antworten. Beispielsweise kann so die Antwort von den Angaben des Nutzers in einem Webformular abhängig gemacht werden.

CGI ist keine volle Programmiersprache, sondern vielmehr ein Mittel, um von einer URL auf ein ablauffähiges Programm zuzugreifen. Ein solches Programm kann prinzipiell in einer beliebigen Sprache verfasst sein, allerdings haben sich einige Sprachen – beispielsweise Perl oder Java – plattformübergreifend etabliert. Da CGI mit Programmen »redet«, muss es in der Lage sein, Argumente zu senden und Werte zu empfangen – dies geschieht in URLs oder Webformularen.

Es dürfte klar sein, dass CGI-Skripte – wie der Web-Server selbst – mit großer Sorgfalt programmiert sein müssen, um unbefugten Angreifern keine Angriffsflächen zu bieten. Die zwei hauptsächlichen Problemfelder sind folgende:

- CGI-Skripte können Informationen über den Server preisgeben, durch die Unbefugte das System »entern« können.
- CGI-Skripte, die Eingaben des Nutzers verarbeiten, können möglicherweise vom Nutzer »ausgetrickst « und veranlasst werden, weitere Befehle auszuführen.

Um auf dem Web-Server die Übersicht zu behalten, ist auf jeden Fall anzuraten, alle CGI-Skripte in *einem* Verzeichnis aufzubewahren (dieses heißt meist `.cgi-bin`) und dieses Verzeichnis ausreichend zu schützen.

Entwicklung sicherer Webanwendungen
Durch ständig neue Techniken, Webanwendungen flexibler und leistungsfähiger zu gestalten, ergeben sich auch stets

neue Sicherheitsgefahren. In »Sichere Webanwendungen«, S. 255, wird darauf kurz eingegangen. Für eine ausführlichere Behandlung dieser Themen wäre ein eigenständiges Buch notwendig.

Die meisten Web-Server protokollieren jeden Zugriff und halten so eine Vielzahl von Informationen über den zugreifenden Nutzer fest wie die verwendete IP-Adresse, den genauen Zeitpunkt des Zugriffs, die nachgefragte URL usw. Manche Browser schicken an den Server auch die *vorige* URL, auf die der Nutzer zugegriffen hat, sowie seine E-Mail-Adresse. Ein Web-Server kann alle diese Daten nicht nur speichern, sondern sie wiederum CGI-Skripten zugänglich machen, die daraufhin irgendwelche Aktionen einleiten (beispielsweise eine E-Mail an den Nutzer schicken).

<aside>Server-Logs und Privatsphäre</aside>

Es liegt auf der Hand, dass hier die Problematik des Datenschutzes bzw. des Schutzes der Privatsphäre angesprochen ist. Generell geht man davon aus, dass ein korrekt administrierter Web-Server die Log-Files nur für statistische Zwecke speichert. Besonders im Kontext des E-Commerce gibt es hier einen Konflikt mit den Interessen des Betreibers eines Web-Servers, die Identität eines Kunden feststellen oder auch eine betrügerische Bestellung unter falschen Namen verhindern zu können. In diesem Zusammenhang sei auch auf »Anonymität in Netzen«, S. 270, verwiesen.

Auch **Proxy**-Server sind bei diesem Thema zu berücksichtigen: Ein Proxy-Server, der für den Zugang zu Web-Diensten außerhalb der Unternehmens-Firewall sorgt, wird üblicherweise jeden Zugriff nach außen vollständig protokollieren, so dass ein schlecht konfigurierter Proxy-Server eine ernstzunehmende Bedrohung der Privatsphäre darstellt.

4.3.3 Sichere Webanwendungen **

Der Sicherheit von Web-Anwendungen kommt eine täglich wachsende Bedeutung zu. Eine Sensibilisierung für die häufigsten Sicherheitsrisiken ist sowohl für Entwickler als auch für Unternehmen und Organisationen wichtig.

Webanwendungen werden immer flexibler, leistungsfähiger und »schneller« – ob es sich um einen Online-Shop, ein Reservierungssystem oder ein *Social Web* Portal handelt. Dahinter stehen ständig neue technische Entwicklungen, die das Ziel haben, die Logik der ablaufenden Prozesse auf Servern und Clients möglichst optimal in Implementierungen umzusetzen. Bei den Basistechniken, die hier in bewährter oder auch neuer Weise kombiniert werden, handelt es sich insbesondere um HTML, JavaScript, PHP oder SQL.

Es liegt auf der Hand, dass in diesem Kontext Sicherheitsaspekten eine große Bedeutung zukommt – was (wie so oft) auf einen »Spagat« zwischen Sicherheitsaspekten und Benutzerfreundlichkeit hinausläuft.

Ajax Eine häufig verwendete Technik zur Entwicklung von Webanwendungen ist **Ajax**. Das Kürzel Ajax steht für *Asynchronous JavaScript and XML*. Dahinter steht ein Konzept der asynchronen Datenübertragung zwischen Server und Browser, nach dem *innerhalb* einer HTML-Seite eine HTTP-Anfrage durchgeführt wird, ohne dass die komplette Seite nochmals geladen werden muss. Dadurch kann eine Webanwendung schneller auf Benutzereingaben reagieren, da statischer Inhalt nicht immer wieder übertragen werden muss. Auch hier spielt JavaScript eine bedeutende Rolle, sowohl zur Manipulation des *Document Object Models* als auch bei der Schnittstelle zwischen den verschiedenen Komponenten.

Ajax steht also zunächst für eine innovative Webtechnik. Aus Sicht der IT-Sicherheit sind bei der Verwendung von Ajax eine Reihe von Punkten relevant. Besondere Beachtung verdient dabei die XHR-Technik, innerhalb einer Seite auf eine beliebige andere Seite zugreifen und dann inerhalb der eigenen Seite die Antwort verarbeiten zu können. Generell kann ein Problem darin gesehen werden, dass eine Verlagerung von Teilen der »Applikationslogik« vom Server hin zum Client stattfindet. An dieser Stelle muss darauf geachtet werden, dass diese Verlagerung auf das Nötigste beschränkt wird, um nicht neue Angriffsflächen zu bieten.

Je nach eingesetztem Datenbanksystem und Konfiguration sind unter Umständen Umgehung einer Authentifikation, Informationsdiebstahl oder andere Angriffe möglich. Die nötigen Vorsichtsmaßnahmen sind ebenso variantenreich wie die möglichen Angriffsformen.

Neue Herausforderungen Einen Grundbaustein für die Sicherheit in Netzen stellen **Firewalls** dar, die primär den nicht-autorisierten Zugriff auf angebotene Dienste verhindern sollen (siehe »Firewalls«, S. 189). Im Kern steht dabei das Filterkonzept, dessen Umsetzung dafür sorgt, dass nur Clients aus einem bestimmten IP-Adressbereich auf bestimmte IP- und Portadressen auf der Seite des Servers zugreifen können. Je nach Art der Firewall gibt es weitere Filtermöglichkeiten. Bei der Verwendung von **HTTP** kommen *Proxies* hinzu, die primär andere Aufgaben haben, jedoch auch Firewall-Funktionen übernehmen können (siehe »Firewall-Systeme«, S. 193).

Mit der Zunahme dynamischer Webinhalte reichen die Firewall-Konzepte jedoch nicht mehr aus. Moderne Webanwendungen bringen neue Angriffsmuster mit sich, die sowohl Server als auch Clients (also die Browser der Benutzer) betreffen können – dazu im Folgenden mehr.

Es gibt eine Reihe von gemeinnützigen Organisationen, die sich die Aufklärung über Web-Sicherheitsrisiken und Beratung zu deren Bewältigung auf die Fahnen geschrieben haben. Stellvertretend werden hier die von dem *Open Web Application Security Project* im Jahre 2010 ermittelten zehn wichtigsten Sicherheitsrisiken für Webanwendungen vorgestellt – kurz als **OWASP Top 10–2010** bezeichnet. Die aufgeführten Risiken werden anschließend kurz besprochen. Wenn Sie hier tiefer einsteigen wollen, müssen Sie speziellere Literatur zu Rate ziehen, wie z. B. [Heiderich et al. 09].

OWASP Top 10–2010

1 Injection
2 Cross-Site Scripting
3 Fehler in Authentifizierung und Session Management
4 Unsichere direkte Objektreferenzen
5 Cross-Site-Request Forgery
6 Sicherheitsrelevante Fehlkonfiguration
7 Kryptografisch unsichere Speicherung
8 Mangelhafter URL-Zugriffsschutz
9 Unzureichende Absicherung der Transportschicht
10 Ungeprüfte Um- und Weiterleitungen

Bei dieser Liste handelt es sich nicht um die am weitesten verbreiteten Schwachstellen, sondern tatsächlich um die TOP 10 der Risiken – d. h. neben ihrer Häufigkeit ist auch die Schwere der möglichen Folgen einbezogen.

Was mit den aufgeführten Risiken gemeint ist, ist bei einigen auf Grund der Formulierung unmittelbar verständlich.

Im Folgenden werden die beiden »Spitzenreiter« Injection und Cross-Site Scripting sowie Cross-Site-Request Forgery etwas näher erläutert.

Injection Webanwendungen beinhalten in der Regel eine Schnittstelle zwischen dem Webanwender und einem Datenbanksystem. Beispielsweise werden bei einem Online-Shop entsprechend den Eingaben des Benutzers Daten in einer (in der Regel relationalen) Datenbank abgelegt oder von dort abgeholt – Datenbankabfragen werden also von den Benutzereingaben beeinflusst. Als **SQL-Injection** bezeichnet man eine Angriffsform, bei der es gelingt, in die **SQL**-Abfrage einen »bösen« Befehl einzuschleusen.

Man spricht allgemein immer dann von einer Injection-Schwachstelle, wenn eine Anwendung nicht-vertrauenswürdige Daten an einen Interpreter weiter leitet – SQL-Injection ist hierbei die gängigste Variante. Injection-Angriffe sind nur durch die konsequente Trennung von Eingabedaten und Befehlen zu verhindern.

Cross Site Scripting Einige Sicherheitsschwächen haben mit **JavaScript** zu tun und ergeben sich aus der Kombination von HTML, JavaScript und sogenanntem *User Generated Content*. Der als **Cross Site Scripting** (kurz: XSS) bezeichnete Angriff folgt dem Grundmuster, schädlichen Code (meist JavaScript) auf einer fremden HTML-Seite zu platzieren, der dann in einem Browser, der diese Seite lädt, ausgeführt wird. Das Problem rührt daher, dass Browser reine anzeigebezogene Kommandos und aktive Inhalte vermischt verarbeiten. So kann Script-Code in Kommandos für Bildschirmausgaben eingefügt und »getarnt« werden.

Gegen unterschiedliche Varianten von XSS müssen unterschiedliche Schutzmaßnahmen ergriffen werden. Generell sind vor allem die Entwickler von Webanwendungen gefragt, die dafür sorgen sollten, dass jegliche Eingaben auf unzulässige Zeichen überprüft werden (z. B. Sonderzeichen zu Beginn von Script-Code).

Cross-Site-Request Forgery Mit **Cross-Site-Request Forgery** wird einem Webbrowser ohne Wissen des Benutzers ein HTTP-Request untergeschoben, so dass die Webanwendung eine vom Angreifer beabsichtigte Aktion ausführt. Aus Sicht des Angreifers ist dies besonders dann interessant, wenn das Opfer mit seinem

Browser bei der Webanwendung angemeldet (und authentifiziert) ist und die Anwendung mit sensiblen Daten umgeht.

CSRF-Angriffe werden am besten dadurch verhindert, dass unvorhersagbare »Token« in HTTP-Requests eingebaut werden – so können Angreifer keine gefälschten Requests unterschieben.

4.4 Sicherheit in GSM-Netzen *

Die nach dem GSM-Standard aufgebauten Mobilfunknetze waren in Deutschland die ersten öffentlichen Netze, welche von vornherein technische Maßnahmen zum Schutz gegen absichtlichen Missbrauch vorsahen.

Während militärische Kommunikationsnetze schon seit langem vor Abhören und anderem Missbrauch geschützt sind, hat man Schutzmaßnahmen für öffentliche Telefon- und Datennetze lange Zeit nicht für erforderlich gehalten. So ist es beim »alten« analogen Telefonnetz kein Problem, sich irgendwo an eine Leitung zu »klemmen« und Gespräche mitzuhören. Technisch etwas aufwendiger – jedoch nicht unmöglich – ist das Mithören im ISDN-Netz, wegen der digitalen Übertragung braucht man hierbei anspruchsvolleres technisches Gerät und auch Know-How.

Die **GSM**-Netze, die in Deutschland unter den Begriffen D- und E-Netze betrieben werden, waren die ersten öffentlichen Netze, die Verschlüsselung und andere Sicherheitsmaßnahmen von vornherein vorsahen.

Die wichtigsten von den GSM-Netzen vorgesehenen Sicherheitsmaßnahmen sind:

Sicherheitsmaßnahmen

- Authentifikation des Teilnehmers bzw. Endgerätes gegenüber dem Netz
- Verschlüsselung der auf den Funkstrecken ausgetauschten Signalisier- und Nutzdaten
- Anonymisierung eines mobilen Teilnehmers gegenüber einem mithörenden Dritten durch wechselnde Kennungen

Mit dem Authentifikationsverfahren weist sich der Teilnehmer als legitimer Benutzer des Netzes aus. Das Verfahren ist zweistufig in dem Sinne, dass bei jedem Einbuchen und

Authentifikation

bei jedem Verbindungsaufbau der Teilnehmer seine sich in einem Endgerät befindende SIM-Karte nur mit einem Kennwort (PIN) aktivieren kann und anschließend sich sowohl SIM-Karte als auch Gerät gegenüber dem Netz ausweisen.

Diese Authentifikation gegenüber dem Netz findet nach einem **Challenge-Response-Verfahren** statt, so dass auch ein mithörender Unbefugter sich danach nicht ohne Weiteres als der rechtmäßige Teilnehmer ausgeben kann. Das Verfahren basiert auf einem Algorithmus A3 und ist in »Authentifikation bei GSM«, S. 144, genauer beschrieben.

Wichtig ist hierbei, dass der zu der SIM-Karte gehörende geheime Schlüssel aus Sicherheitsgründen niemals übertragen wird – auch dann nicht, wenn sich der Teilnehmer in einem »fremden« Netz einbuchen will. Vielmehr gibt das *Authentication Center* des »Heimatnetzes«, welches diesen Schlüssel kennt, stets Zahlenpaare heraus, die jeweils aus einer Zufallszahl und dem zugehörigen errechneten Wert bestehen.

Verschlüsselung   Die bei der Authentifikation beim Verbindungsaufbau beteiligte Zufallszahl $rand$ und der geheime Schlüssel k_I werden auch verwendet, um anschließend mittels des Algorithmus A8 einen Schlüssel k_C zu erzeugen, der für die Verschlüsselung der Nutz- und Signalisierdaten auf der Funkstrecke verwendet wird. (Die Verbindung eines GSM-Teilnehmers zu einem anderen Teilnehmer ist also innerhalb des Festnetzes nicht verschlüsselt.) Diese Verschlüsselung erfolgt mit dem Algorithmus A5. In Abb. 4.4-1 sind diese Zusammenhänge veranschaulicht.

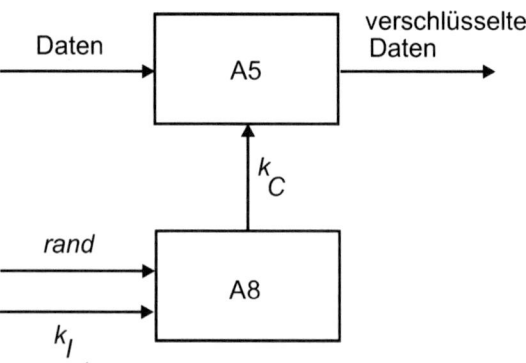

Abb. 4.4-1: Verschlüsselung bei GSM.

Beim Einbuchen eines GSM-Gerätes wird die *IMSI* *(International Mobile Subscriber Identity)* der SIM-Karte an das *Authentication Center* des Netzes übertragen. Danach wird eine *TMSI (Temporary Mobile Subscriber Identity)* vergeben und an den Teilnehmer übertragen, die jedoch mehrfach geändert wird (z. B. bei jedem *Location Update*). Teilnehmergerät und Netz verwenden bei ihrer Kommunikation nur diese TMSI, so dass die IMSI nur selten übertragen wird. Dies sorgt dafür, dass Mithörer die Teilnehmer nicht identifizieren und insbesondere auch kein Bewegungsprofil erstellen können.

Anonymisierung

Wie bereits erwähnt, wird für die Authentifikation ein Algorithmus A3, für die Schlüsselerzeugung ein Algorithmus A8 und für die Verschlüsselung ein Algorithmus A5 verwendet.

die Algorithmen A3, A5 und A8

A3

Die Auswahl des konkret eingesetzten Algorithmus A3, der aus der Anwendung einer Einwegfunktion besteht, ist jedem Netzbetreiber überlassen. Damit sich ein Teilnehmer auch in ein fremdes Netz einbuchen kann (dies wird *Roaming* genannt), ist es (wie oben schon einmal angesprochen) notwendig, dass vom Heimatnetz zu dem Fremdnetz zusammengehörige Paare von Zufallszahl und erwarteter »Response« übertragen werden.

A5

Der für die Verschlüsselung der Daten auf den Funkstrecken verwendete Algorithmus A5 ist europaweit standardisiert. Es handelt sich um ein Stromverschlüsselungsverfahren, das auf drei Schieberegistern mit linearer Rückkopplung basiert – siehe dazu »Der Algorithmus A5«, S. 65. Ohne diese einheitliche Verwendung des Algorithmus A5 wäre der Gebrauch von Mobilgeräten in fremden Netzen nicht möglich. In Wahrheit gibt es jedoch eine Einschränkung: Aufgrund von Exportbeschränkungen für Verschlüsselungstechnologien werden unterschiedlich starke Varianten von A5 in verschiedenen Ländern eingesetzt, die sämtlich auf den SIM-Karten implementiert sind.

A8

A8 ist wie A3 netzabhängig. Die meisten Netzbetreiber realisieren A3 und A8 mithilfe der als COMP128 bekannten Hashfunktion.

4.5　Smartphones und Appstores *

Mit dem Trend zum Mobile Computing haben Smartphones und Tablet-PCs in letzter Zeit eine enorme Verbreitung gefunden. Auch Standard-PCs kommen immer mehr als Notebooks oder Netbooks daher. Neben den für mobile Geräte typischen Gefährdungen durch Verlust oder Diebstahl ergeben sich neue Sicherheitsprobleme durch die Popularität der *Appstores*, von denen unzählige Anwendungsprogramme bezogen werden können.

Smartphone als Schweizermesser

Als Nachfolger der GSM-Handys haben sich in den letzten Jahren die Smartphones etabliert, die neben ihrer Funktion als GSM- und UMTS-Telefone standardmäßig WLAN- und Bluetooth-Kommunikation unterstützen. Charakteristisch sind ferner Internetzugang und die Nutzung des Gerätes als E-Mail-Client oder Zugangsweg zu sozialen Netzwerken. Unterstützt wird dies durch mittlerweile recht günstige Flatrate-Tarife bei Mobilfunk-Providern. Hinzu kommen die beliebten **Apps** – kleine Anwendungsprogramme vom Barcode-Reader bis zur Taschenlampe, die zum großen Teil kostenlos von diversen **Appstores** herunter geladen werden können. Nicht ohne Grund werden Smartphones heute auch als die »Schweizermesser des digitalen Zeitalters« bezeichnet.

Zitat des BSI

Aber es gibt auch Probleme. Wir zitieren aus einer Broschüre des **BSI** – siehe auch http://www.bsi.de (http://www.bsi.de):

»Die zahlreich verfügbaren Informations- und Kommunikationsdienste bieten eine große Bandbreite der Nutzung sowohl im privaten, als auch im professionellen beruflichen Einsatz. Mit integrierten Anwendungen wie Terminplanung, elektronischem Notizblock oder E-Mail-Anwendungen leisten sie viel zur Unterstützung des Anwenders. Insbesondere bei Behörden und Unternehmen wächst der Druck, die Produktivität und Effizienz durch Nutzung dieser Geräte zu erhöhen. Trotz der bereits implementierten Sicherheitsmechanismen der Geräte und Dienste existieren viele Schwachstellen und potentielle Bedrohungen, die beim Einsatz mobiler Endgeräte gezielt beachtet und wirksam abgewehrt werden müssen.«

Generell spielen mobile Endgeräte und mobile Dienste bzw. mobile Dienstleister zusammen. Vorhandene Schutzmechanismen sind in den unterschiedlichen mobilen Betriebssystemen verankert oder in die mobilen Dienste integriert – beispielsweise durch eine Authentifizierung des Nutzers gegenüber dem Dienst oder durch Verschlüsselung der Kommunikationsdaten. Angesichts der Vielfalt möglicher Bedrohungen reicht dies jedoch nicht aus.

Endgeräte und Dienste

Die möglichen Bedrohungen können grob wie in Abb. 4.5-1 dargestellt strukturiert werden.

Strukturierung der Bedrohungen

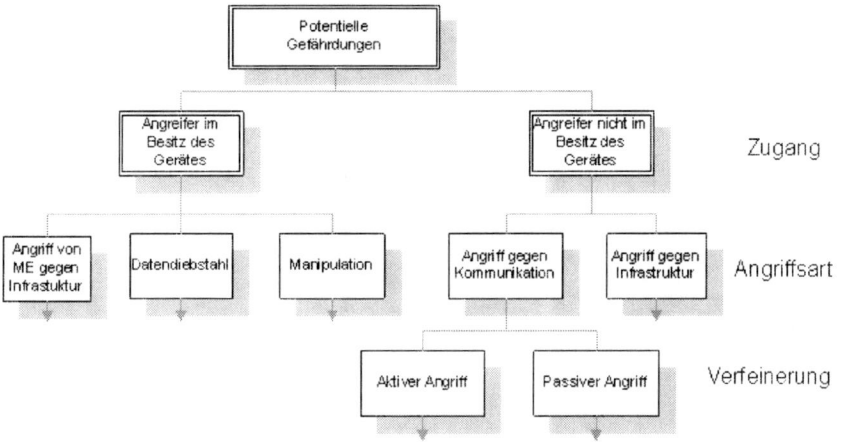

Abb. 4.5-1: Baum möglicher Smartphone-Gefährdungen. Quelle: BSI.

Zunächst kann danach unterschieden werden, ob der potenzielle Angreifer im Besitz des Gerätes ist oder nicht. Im ersten Fall kann er die auf dem Gerät befindlichen Daten stehlen oder diese bzw. auch die dort installierte Software manipulieren. Eine weitere Gefahr kann sich dadurch auftun, dass das Gerät anschließend dem Benutzer wieder »untergeschoben« wird, ohne dass dieser den stattgefundenen Angriff bemerkt. Das mobile Endgerät kann u. U. auch für einen

Angriff auf die Kommunikations-Infrastruktur benutzt werden.

Ist der Angreifer nicht im Besitz des Gerätes, so sind Angriffe über die Kommunikationskanäle möglich, wobei zwischen aktiven (Beeinflussung des Datenverkehrs oder der auf dem Endgerät befindlichen Daten) und passiven Angriffen (reines Abhören) unterschieden werden kann. Auch in diesem Fall können sich Möglichkeiten zum Angriff auf die Kommunikations-Infrastruktur ergeben.

Endgerät und Infrastruktur   In Abb. 4.5-2 sind die Komponenten eines mobilen Endgeräts sowie die notwendige Infrastruktur grafisch verdeutlicht. An Hand dieser Strukturierung kann eine detailliertere Betrachtung der einzelnen Bedrohungspotenziale erfolgen. Darauf wird hier nicht weiter eingegangen.

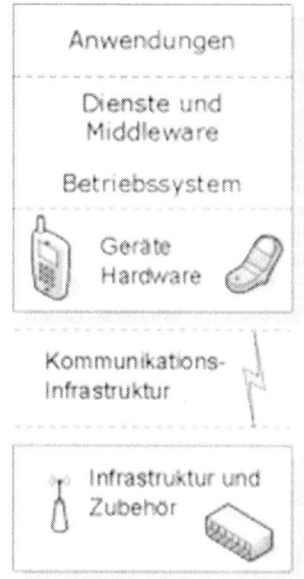

Abb. 4.5-2: Mobiles Endgerät und Infrastruktur. Quelle: BSI.

Weitere Bedrohungen   Es gibt weitere übergeordnete Bedrohungen, die sich nicht in die obige Strukturierung einfügen lassen und in der Regel Einfluss auf mehrere der genannten Komponenten haben können. Als wichtigste nennen wir:

▨ Schadsoftware (Viren, Würmer, Trojaner, Backdoors)

▨ Mangelnde Trennung zwischen privatem und dienstlichem Einsatz mobiler Endgeräte

Vielfältig wie die Angriffsformen sind auch mögliche Schutzmaßnahmen. Eine grobe Kategorisierung kann folgendermaßen erfolgen:

Schutzmaßnahmen

▨ Technische Absicherung mobiler Endgeräte

Hierzu gehört physikalischer Schutz vor Verlust (z. B. durch abschließbares Gehäuse oder »Anketten«) sowie Schutz gegen Datendiebstahl durch Verschlüsselung oder speziell abgesicherte Speicher. Ferner können die Kommunikation durch Ende-zu-Ende-Verschlüsselung geschützt und Kommunikationsschnittstellen bei Nichtbenutzung ausgeschaltet werden (z. B. Bluetooth).

Weitere technische Absicherungsmaßnahmen können durch den Einsatz von zusätzlicher Software erfolgen. Hierunter fällt Virenschutz, zusätzliche Zugriffskontrollen, Verschlüsselungsprogramme oder *Personal Firewalls*.

▨ Nutzung abgesicherter Protokolle

Hierunter fällt die Nutzung eines **VPN** oder von **SSL/TLS**. Wie an anderer Stelle bereits betont, kommt es jedoch nicht nur auf den Einsatz starker kryprografischer Protokolle an, vielmehr müssen diese auch sicher implementiert werden – dies betrifft den Umgang mit Passwörtern, Schlüsseln und Zertifikaten.

Wie in »Secure Socket Layer«, S. 223, beschrieben, muss beim Aufbau einer gesicherten SSL-Verbindung der Client Zugang zum korrekten öffentlichen Schlüssel des Servers bekommen. Zu diesem Zweck schickt der Server diesen Schlüssel zusammen mit einem Zertifikat an den Client – letzterer muss den öffentlichen Schlüssel der *Certificate Authority* kennen, um das Zertifikat prüfen zu können.

Dass hier Einiges im Argen liegt, ist an Folgendem zu sehen: Eine Forschergruppe der Universität Hannover hat im Sommer des Jahres 2012 eine große Anzahl kostenlos verfügbarer Android-Apps auf die korrekte Umsetzung von SSL untersucht und (neben anderen Mängeln) festgestellt, dass fast 10 Prozent der Apps *alle* Zertifikate akzeptierten. (Entsprechende Untersuchungen würden bei den anderen Smartphone-Betriebssystemen sicher zu ähnlichen Ergebnissen führen.)

▓ Organisatorische Maßnahmen

Hier sind insbesondere folgende Maßnahmen zu nennen:

- ▓ Regelmäßige Softwareupdates
- ▓ Beaufsichtigung von Endgeräten
- ▓ Schaffen vertraulicher Umgebungen (z. B. Ausschalten bestimmter Geräte in Besprechungen)
- ▓ Kontrolle von Protokollen und Logfiles
- ▓ Nutzung entfernbarer Speicherkarten

Für Unternehmen ergibt sich die Notwendigkeit der Formulierung einer **Unternehmens-Policy**, möglichst in Form eines Leitfadens für die Nutzung mobiler Endgeräte.

Fazit Die Angriffe auf mobile Endgeräte sind teilweise von den stationären Geräten (PC, Workstation und Server) bekannt, teilweise ergeben sich aufgrund der Mobilität und der speziellen Anwendungen neuartige Gefährdungen. Insbesondere durch Diebstahl und Verlust ergeben sich besondere Gefährdungen für die Geräte mit den darauf gespeicherten Daten: Ein Unbefugter, der im Besitz des Gerätes ist, kann das mobile Endgerät beliebig manipulieren und die Vertraulichkeit und Integrität der Daten beeinflussen.

Besondere Vorsicht ist im professionellen Einsatz geboten – hier kann schon ein kurzes »aus den Augen verlieren« des Endgerätes zum Problem werden. Es ist die Entwicklung und Umsetzung einer unternehmensweiten Sicherheitspolicy zu empfehlen – Resultat kann hier etwa das Verbot des Einsatzes eines persönlichen Endgerätes gleichzeitig für dienstliche und private Zwecke sein.

Eine besondere Rolle spielen die auf den Geräten ausgeführten Applikationen – den *Apps* und *Appstores* sind eigene Wissensboxen gewidmet (siehe »Sichere Entwicklung von Apps«, S. 269, und »Appstore-Sicherheit«, S. 266).

4.5.1 Box: Appstore-Sicherheit *

Zu Smartphones gehören *Appstores* – diese sind nichts Anderes als Bezugsquellen für die beliebten *Apps*. Sowohl im **Appstore von Apple** als auch im Android-Appstore **Google Play** sind Hunderttausende von Apps zu finden. Neben diesen und dem von Microsoft für Windows Phone gibt es eine Reihe weiterer Appstores – manche Unternehmen unterhalten sogar einen eigenen Appstore für ihre Beschäftigten. In »Smartphones und Appstores«, S. 262, wird die Sicherheit beim Umgang mit Smartphones und Appstores allgemein in den Blick genommen. In diesem Abschnitt sowie in »Sichere Entwicklung von Apps«, S. 269, werden speziellere Sicherheitsaspekte betrachtet, die beim Betreiben von Appstores und der Entwicklung von Apps relevant sind. Bei genauerer Betrachtung stellt sich heraus, dass Appstores Einiges zur Vermeidung von Malware und unsicheren Apps beitragen können.

Im Vergleich zur Situation bei PCs sind die gegen Smartphones gerichteten Attacken durch **Malware** immer noch wesentlich seltener. Zum Teil ist dies sicher durch das im Vergleich zu PCs bessere »Sicherheitsdesign« erklärbar. Um diesen Stand zu halten, hat sich die **ENISA** die Untersuchung von Malware-Bedrohungen gegenüber App-Ökosystemen als eine ihrer Aktivitäten auf die Fahnen geschrieben. *App-Ökosysteme*

In einem solchen App-Ökosystem gibt es App-Entwickler, die Apps erzeugen und an Benutzer verkaufen bzw. verteilen. Die Appstores agieren dabei als eine Art »Broker«, die Apps von Entwicklern bekommen und an Benutzer verteilen.

Ein App-Ökosystem wird durch Malware und unsichere Apps bedroht. *...und deren Bedrohungen*

Eine Arbeitsgruppe der **ENISA** hat eine Bedrohungsanalyse für App-Ökosysteme nach dem STRIDE-Bedrohungsmodell von Microsoft durchgeführt, das in der Sicherheitsszene eine gewisse Akzeptanz genießt (siehe auch »Sichere Software«, S. 180). Die Abkürzung STRIDE leitet sich dabei ab aus den Anfangsbuchstaben der Bedrohungen *Spoofing threats, Tampering threats, Repudiation threats, Information disclosure threats, Denial of service threats* und *Elevation of privilege threats.*

Ergebnis der Analyse sind ca. hundert identifizierte mögliche Bedrohungen, die hier nicht im Einzelnen benannt werden. Sie können systematisch und vergröbert in einen »Baum möglicher Angriffsarten« eingeordnet werden, der in Abb. 4.5-3 dargestellt ist.

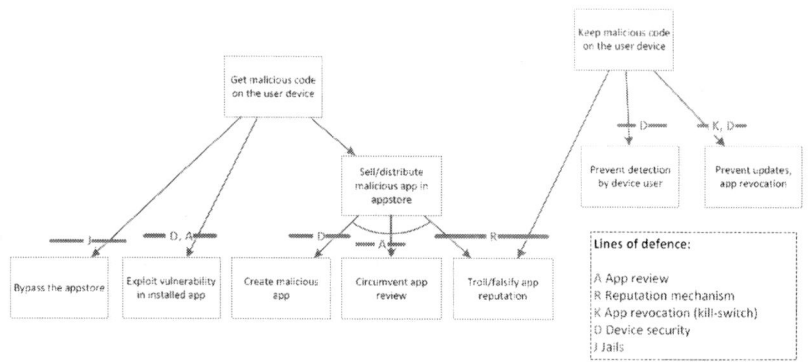

Abb. 4.5-3: Verteidigungslinien eines Appstore.

Fünf Verteidigungs-linien gegen Malware

Zur Abwehr der im Angriffsbaum (siehe Abb. 4.5-3) dargestellten Bedrohungen wurden fünf **Verteidigungslinien** zum Schutz des Endnutzers gegen Malware und unsichere Apps erarbeitet, die in dem Bild als A, R, K, D und J dargestellt sind:

- **(A)** – Bewertung von Apps *(App Review)*
- **(R)** – Reputations-Mechanismus *(Reputation mechanism)*
- **(K)** – Rückruf von Apps *(App Revocation, kill switch)*
- **(D)** – Gerätesicherheit *(Device security)*
- **(J)** – Gartenzäune *(Jails, walled gardens)*

Was ist darunter zu verstehen?

- Zu **(A)** – Bewertung von Apps:

Appstores sollten neue Apps einer sorgfältigen Überprüfung unterziehen, bevor diese in das Sortiment aufgenommen werden. Dazu gibt es automatische Analyse-Tools. Zusätzlich sollte eine menschliche (»manuelle«) Überprüfung erfolgen, wobei eine Konzentration auf kritische Funktionalitäten erfolgen kann.

- Zu **(R)** – Reputations-Mechanismus:

Appstores sollten einen Mechanismus etablieren, der die Reputation von Apps und App-Entwicklern ermittelt und veröffentlicht. Dabei können auch die Ergebnisse aus anderen Appstores Berücksichtigung finden. Zwar sind die Nutzer in der Regel eher an der Funktionalität als an Sicherheitsaspekten von Apps interessiert, jedoch sollte explizit gewertet werden, welche Rechte bei der Installation gewährt werden müssen usw.

▨ Zu (K) – Rückruf von Apps:

Smartphone-Plattformen sollten vorsehen, dass Appstores auf Geräten installierte Apps dort wieder de-installieren können, um auf diese Weise Malware und unsichere Apps auszuschalten.

▨ Zu (D) – Gerätesicherheit:

Die Endgeräte selbst, auf denen die Apps ablaufen, müssen eine Reihe von Sicherheitsanforderungen erfüllen. Apps sollten nur in Sandboxes installiert sein und ablaufen können. Dort sollten die Apps über möglichst wenige Rechte verfügen. Die Sandbox sollte die Aktionen der Apps überwachen und dem Nutzer Informationen zu deren Aktivitäten zugänglich machen. Beim Rückruf einer App sollte diese ohne das Zurücklassen von Spuren de-installiert werden.

▨ Zu (J) – Gartenzäune:

Smartphone-Plattformen können Geräte auf die Nutzung von Apps beschränken, die ausschließlich aus bestimmten Appstores stammen – im Englischen wird hier der Begriff *jail* (eigentlich: Gefängnis) verwendet. Das Smartphone sollte entweder daran gehindert werden, Apps aus nicht-vertrauenswürdigen Appstores zu verwenden, oder (bei fortgeschrittenen Benutzern) zumindest mit entsprechenden Warnungen arbeiten. Es wird den Plattformen empfohlen, in dieser Hinsicht nicht übermäßig restriktiv zu agieren, da sonst der (fortgeschrittene) Benutzer ermutigt werden könnte, den »Zaun« zu durchbrechen und dadurch wieder höhere Risiken zu erzeugen; insbesondere sollten Jail-Mechanismen nicht zur Verhinderung von Wettbewerb genutzt werden.

4.5.2 Box: Sichere Entwicklung von Apps **

Auch bei der Entwicklung von Apps gelten selbstverständlich die Leitlinien, die unter dem Thema Sichere Softwareentwicklung in »Sichere Software«, S. 180, angesprochen werden. Darüber hinaus kommen spezifische Aspekte hinzu – insbesondere solche, die sich aus der Mobilitätseigenschaft ableiten.

Die **ENISA** hat zusammen mit dem **OWASP**-Projekt für mobile Sicherheit einen Leitfaden für die Entwicklung sicherer Apps erarbeitet. Der Anspruch ist, ähnlich wie bei den OWASP Top 10 für Webanwendungen (siehe »Sichere Webanwendungen«, S. 255), durch die Beachtung von zehn aufgestellten Grundprinzipien die zehn größten Risiken für mobile Nutzer zu beherrschen.

Diese zehn Grundprinzipien sind die folgenden:

1   Identifiziere und schütze sensitive Daten auf dem mobilen Endgerät
2   Schütze Anmeldeinformationen auf dem Endgerät
3   Sorge für Schutz bei der Übertragung sensitiver Daten
4   Benutzerauthentifizierung und -autorisierung müssen korrekt implementiert werden
5   Sorge für die Sicherheit der Backend-APIs und der Server
6   Sorge für sichere Datenintegration bei der Nutzung von Diensten und Anwendungen Dritter
7   Achte auf das Einholen und Speichern der Zustimmungen der Nutzer zum Umgang mit ihren Daten
8   Installiere Kontrollmechanismen zur Vermeidung unzulässigen Zugangs zu kostenpflichtigen Angeboten
9   Sorge für die sichere Verteilung mobiler Anwendungen
10   Zur Laufzeit interpretierter Code ist sorgfältig auf Fehler zu untersuchen

Wie bei den OWASP TOP 10 ist auch hier die Reihenfolge der aufgeführten Punkte von Interesse – neben der Wahrscheinlichkeit des Auftretens des jeweiligen Risikos spielt auch das Ausmaß des möglichen Schadens eine Rolle.

4.6   Anonymität in Netzen *

Wer sich im Internet und anderswo bewegt, hinterlässt eine Menge Datenspuren. In den letzten Jahren sind eine Reihe von Techniken entwickelt worden, mit deren Hilfe Nutzer in gewissem Umfang anonym bleiben können.

Es kann unterschiedliche Gründe geben, als Nutzer von Kommunikationsnetzen in gewissem Umfang anonym bleiben zu wollen. Gern zitierte Beispiele sind die Nutzung einer AIDS-Beratung oder die Beschaffung politischer Informationen in nicht-demokratischen Staaten, in denen Repressionen zu befürchten sind. Man mag aber auch schlicht der Meinung sein, dass es niemanden etwas angeht, auf welchen Webseiten man »surft«. Es gibt mehrere Möglichkeiten, im Internet weitgehend anonym zu bleiben – einige Möglichkeiten und deren technische Hintergründe lernen Sie nun kennen.

Zunächst sollte man sich allerdings klarmachen, dass es unterschiedliche Arten der Anonymität in Kommunikationsnetzen gibt. Von der Anonymität des Senders einer Nachricht ist zu sprechen, wenn die Anonymität des Absenders der Nachricht sowohl gegenüber dem Empfänger als auch gegenüber einem Dritten gewährleistet ist. Entsprechend ist Anonymität des Empfängers gegeben, wenn der Absender einer Nachricht die Identität des Empfängers nicht kennt. Beides zusammen wird unter dem Begriff der gegenseitigen Anonymität zusammengefasst. Von Unbeobachtbarkeit spricht man, wenn nicht einmal die Existenz einer Kommunikationsbeziehung zwischen zwei Partnern gegenüber Dritten offenbar wird. Im Kontext von Client-Server-Architekturen wird schließlich zwischen Client- und Server-Anonymität unterschieden. Welche Daten werden beim »Surfen« im Web übertragen? Wenn Sie eine **URL** in Ihren Browser eingeben, wird eine **HTTP**-Anfrage nach einer bestimmten Information (z. B. nach einer **HTML**-Seite) an einen *Web-Server* geschickt. Gleichzeitig werden, ohne dass Sie dies bewusst initiiert haben, eine Reihe administrativer Daten übertragen wie Ihre E-Mail-Adresse (die Sie beim Einrichten des Browsers eingegeben haben), die Version Ihres Betriebssystems etc. Der Server, der diese Anfrage bekommt, reagiert mit einer HTTP-Antwort, indem er die gewünschten Informationen und weitere administrative Daten an den Client schickt.

Begriff
Anonymität

Eine Möglichkeit, in diesem Szenario für Client-Anonymität zu sorgen, ist die Verwendung eines *Proxy*. Ein Proxy nimmt die HTTP-Anfrage eines Client entgegen und entfernt daraus alle Informationen, die Rückschlüsse auf den Client zulassen, bevor die Anfrage an den Web-Server weitergeleitet wird. Die Antwort des Web-Servers wird vom Proxy wieder an den Client geschickt. Es gibt im Web eine Reihe von (z. T. kostenlos nutzbaren) Proxies, die diese Art der Vermittlerrolle zur Gewährleistung von Client-Anonymität zur Verfügung stellen – z. B. der Anonymizer (http://www.anonymizer.com).

Proxy

das Mix-
Konzept

Von grundlegender Bedeutung für die Techniken der Anonymisierung ist das **Mix-Konzept**, das separat beschrieben ist (»Das Mix-Konzept«, S. 273). Ein Mix ist ein Netzknoten, der jede Art von Anonymität zwischen Kommunikationspartnern herstellen kann (also nicht nur Client-Anonymität wie ein Proxy), dabei wird Public-Key-Kryptographie verwendet. Zur vollen Funktionsfähigkeit müssen mehrere Mixe »hintereinandergeschaltet« werden.

Projekt AN.ON

Es gibt eine Reihe von Projekten und auch Produkten, die auf der Mix-Technik beruhen. Ein besonders prominentes Projekt, das öffentlich gefördert wurde und auch von Datenschutzbehörden unterstützt wird, ist das Projekt AN.ON, welches federführend an der TU Dresden betrieben wird (Projekt AN.ON (http://anon.inf.tu-dresden.de)). Den zugehörigen Anonymisierungsdienst JAP, der ständig weiter ausgebaut wird, kann man bislang kostenfrei nutzen. In Abb. 4.6-1 ist das Eingabefenster der JAP-Software zu sehen – nach der Aktivierung des Dienstes und der entsprechenden Proxy-Einstellung im Browser werden beim »Websurfen« Mixe zwischengeschaltet.

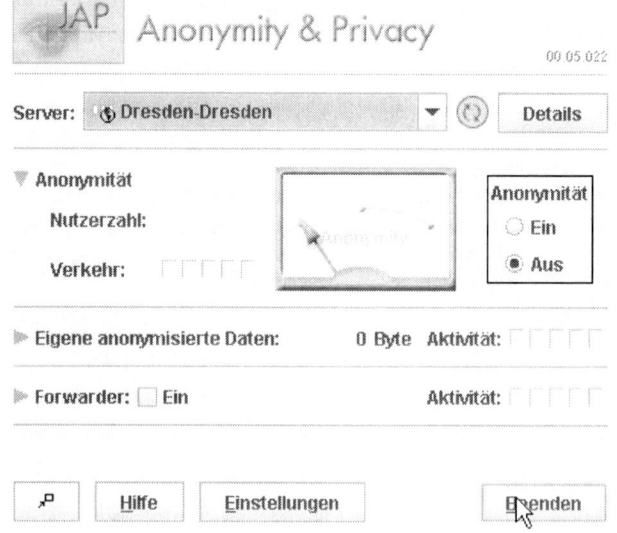

Abb. 4.6-1: Anonymisierungssoftware JAP.

4.6.1   Box: Das Mix-Konzept **

Ein Mix verwendet **Public-Key-Kryptographie**, um in einem Kommunikationsnetz Art und Zeitpunkt von Kommunikationsbeziehungen zu verbergen.

Um das Arbeitsprinzip eines **Mix** zu erläutern, wird der Einfachheit halber davon ausgegangen, Person A wolle an Person B eine E-Mail-Nachricht m mithilfe des dazwischen liegenden Mix M schicken. Es wird vorausgesetzt, dass jede beteiligte Partei über ein Paar asymmetrischer Schlüssel für die Verschlüsselung verfügt (siehe dazu »Asymmetrische Kryptosysteme«, S. 69), d. h. A besitzt den öffentlichen Schlüssel $k_{e,A}$ und den geheimen Schlüssel $k_{d,A}$, entsprechend B und M.

A bereitet die Nachricht vor dem Verschicken zunächst auf. Zuerst wird eine Folge R_0 von Zufallsbits an die Nachricht gehängt und das Ergebnis mit dem öffentlichen Schlüssel von B verschlüsselt:

Mix als Zwischenstation

$$E_{k_{e,B}}(m, R_0) = c_1$$

Anschließend wird die Zieladresse von B zusammen mit c_1 und einer weiteren Zufallsfolge R_1 mit dem öffentlichen Schlüssel von M verschlüsselt:

$$E_{k_{e,M}}(R_1, c_1, B) = c_2$$

c_2 wird an M geschickt.

c_2 wird von M mithilfe des privaten Schlüssels $k_{d,M}$ entschlüsselt, so ergibt sich

$$D_{k_{d,M}}(c_2) = (R_1, c_1, B).$$

M ignoriert R_1 und schickt nun c_1 an B. Bei Empfang von c_1 kann B mit seinem geheimen Schlüssel daraus m gewinnen, R_0 wird ignoriert.

Aufgrund dieser Beschreibung ist eines klar:

▨ Wenn nur *eine* Nachricht auf diese Weise den Mix durchläuft, kann von einem Beobachter ohne weiteres die Beziehung zwischen A und B hergestellt werden – eine Nachricht kommt von A nach M, eine Nachricht verlässt M und geht an B.

Also muss M stets unübersichtlich viele Nachrichten empfangen, umordnen und verschicken, damit keine Korrelationen von außen festgestellt werden können – zur Not durch Ansammeln einer großen Menge eingehender Nachrichten, die dann in einer »Großaktion« auf einmal weiter geschickt werden. Um Replay-Attacken zu vermeiden, darf eine Nachricht von einem Mix auch nicht mehr als einmal behandelt werden, d. h. wiederholte Nachrichten müssen aussortiert und verworfen werden. Schließlich muss dafür gesorgt werden, dass alle ein- und ausgehenden Nachrichten eine identische Länge haben, da sonst auch dadurch Korrelationen hergestellt werden könnten – zur Not müssen Nachrichten mit zusätzlichen Bits aufgefüllt werden. (Man nennt dies »Padding«.)

Die Grundfunktionen eines Mix sind in Abb. 4.6-2 dargestellt.

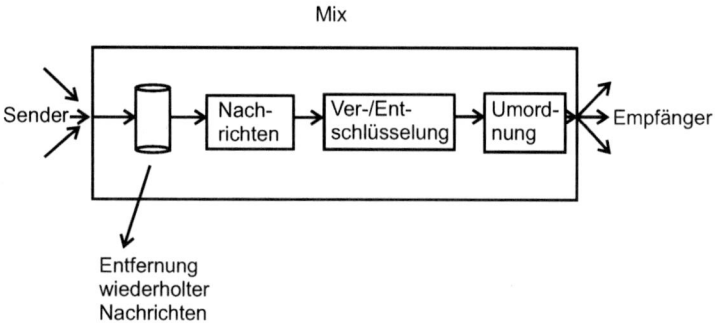

Abb. 4.6-2: Grundfunktionen eines Mix.

Mix-Kaskade   Wird in der beschriebenen Weise *ein* Mix genutzt, so wird die Beziehung zwischen Sender und Empfänger verborgen – außer gegenüber dem Mix M selbst und dem Absender der Nachricht. Mit anderen Worten sorgt *ein* Mix (sofern er korrekt arbeitet) nur für die Verschleierung der Beziehung zwischen Sender und Empfänger *(unlinkability)*. Um mehr Funktionalitäten zu erhalten, kann eine Folge von Mixen hintereinander geschaltet werden dies wird Mix-Kaskade genannt. Man kann beispielsweise zeigen:

▨   Ist in einer Serie von Mixen mindestens ein Mix vertrauenswürdig, kann die Anonymität des Senders gewährleistet werden.

4.7 Sicherheit im Intranet *

Die heutigen Unternehmensnetze basieren meist auf der Internet-Protokollfamile TCP/IP, weshalb sich die Bezeichnung *Intranet* für ein solches Netz durchgesetzt hat. Neben den vom Internet »geerbten« Sicherheitsproblemen gibt es einige zusätzliche Schwachpunkte.

Es ist kein Zufall, dass der Begriff des **Intranet** den des **LANs** weitgehend abgelöst hat – auch im Unternehmensnetz werden heute die Protokolle der **TCP/IP**-Familie eingesetzt, wobei die Anwendungen der obersten Kommunikationsschicht eingeschlossen sind.

Prinzipiell gibt es im Intranet dieselben Sicherheitsprobleme wie im Internet, wobei durch den Einsatz von *Firewalls*, *Intrusion-Detection*-Systemen und anderen Vorrichtungen versucht wird, unbefugtes Eindringen von außen zu verhindern bzw. – wenn geschehen – in den Griff zu bekommen.

Allerdings gibt es auch *spezifische* Probleme, von denen einige im Folgenden angesprochen werden:

Auf der Netzzugangsschicht wird im Inhouse-Bereich meist das **Ethernet**-Protokoll eingesetzt, das auch unter der Bezeichnung *CSMA/CD* (für: *Carrier Sense Multiple Access / Collision Detection*) bekannt ist – siehe hierzu allgemein auch »Sicherheit auf der Netzzugangsschicht«, S. 205.

Ethernet: »alle hören zu«

Da alle Datenpakete bei allen angeschlossenen Stationen des gleichen Netzsegments vorbei kommen (»alle hören zu«), wobei jede Station nur die für sie bestimmten Pakete ansehen *sollte*, kann eine Station, die ihre Netzwerkkarte entsprechend manipuliert, *jede* auf dem Netz übertragene Dateneinheit abgreifen.

Es gibt keine Instanz im Netz, die dies bemerken würde. Um solchem Missbrauch zu begegnen, wird heute meist die »strukturierte Verkabelung« eines geswitchten Netzes verwendet, in dem durch eine Art Schalter (Switches) jedes Netzsegment nur noch einen Rechner enthält.

Eine besondere Schwachstelle beim Zusammenspiel der IP-Welt mit einem Ethernet-basierten Intranet entsteht dadurch, dass die technische Adressierung eines Datenpakets an ein bestimmtes Computersystem im internen Netz über

ARP

eine weltweit eindeutige Produktnummer der Netzwerkkarte erfolgt – der sogenannten **MAC-Adresse** (für: *Media Access Control*). Damit dies netzintern korrekt funktioniert, muss den Netzkomponenten bekannt sein, welcher MAC-Adresse eine bestimmte IP-Adresse zugeordnet ist.

Dazu werden mit dem **ARP** *(Address Resolution Protocol)* die Adresspaare IP-Adresse/MAC-Adresse abgefragt. Die Anworten schreibt die Netzkomponente in eine Tabelle, mit deren Hilfe bei weiteren eingehenden Paketen die Zuordnung unmittelbar erfolgen kann.

Wie ein Angreifer diese Zuordnungstabellen fälschen und sich so in Kommunikationsverbindungen »einklinken« kann, ist in »ARP Poisoning«, S. 276, genauer beschrieben.

Mobile Zugriffe und VoIP Ein besonderes Problem ergibt sich durch die zunehmende Zahl von Mitarbeitern, die sich von unterwegs ins Intranet eines Unternehmens einwählen.

Dabei kommen neben Notebooks mittlerweile auch Mobiltelefone, PDAs und E-Mail-Messaging-Geräte zum Einsatz, mögliche Übertragungstechnologien sind **WLAN**, **VoIP** oder *Bluetooth*. Einige Bemerkungen dazu sind in einem eigenen Abschnitt zusammengefasst (»WLAN, Bluetooth und VoIP«, S. 278).

4.7.1   Box: ARP Poisoning **

Das **ARP** *(Address Resolution Protocol)* lässt Modifikationen der Zuordnungstabellen zwischen IP- und MAC-Adressen zu, die von iternen Angreifern ausgenutzt werden können.

Problem bei ARP Die Kommunikation im ARP-Protokoll besteht aus Anfragen (»Wer hat die IP-Adresse xy?«) und Antworten (»Ich habe die **IP-Adresse** xy, meine **MAC-Adresse** ist uv.«). Zum Problem wird dabei Folgendes:

- Empfängt eine Netzkomponente ein ARP-Antwortpaket, so wird dessen Inhalt ungeprüft in die Zuordnungstabelle übernommen und ein bisheriger Eintrag für dieselbe IP-Adresse überschrieben.

der Angriff Dadurch ist ein einfacher Angriff möglich, wie er in Abb. 4.7-1 illustriert ist. (Die aus sechs Bytes bestehenden MAC-Adressen sind hier durch 11... usw. abgekürzt.)

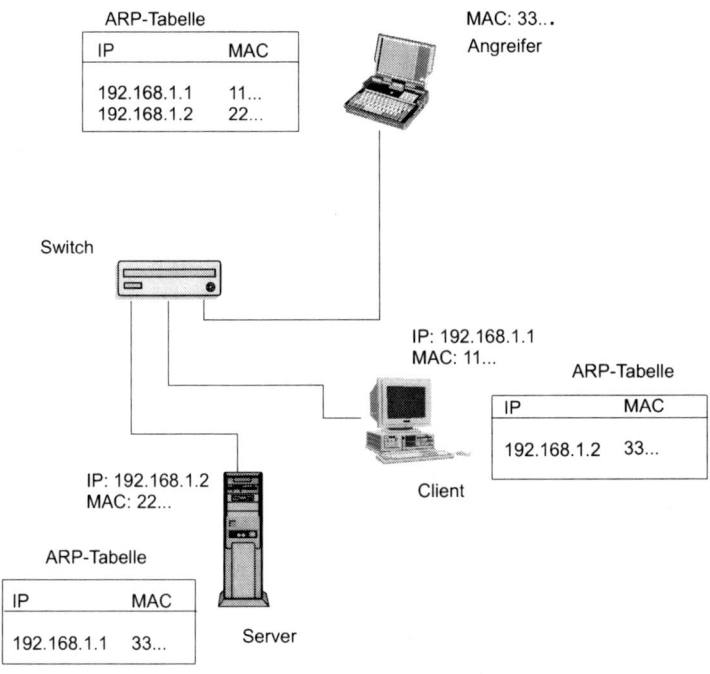

Abb. 4.7-1: Prinzip eines ARP-Poisoning-Angriffs.

Mithilfe falscher ARP-Pakete hat der Angreifer die Zuordnungstabelle des Servers so manipuliert, dass Pakete für den Client an ihn geschickt werden; ebenso ist es ihm gelungen, in der Tabelle des Clients seine eigene MAC-Adresse als die des Servers einzutragen. Dadurch schicken sowohl Client als auch Server die füreinander bestimmten Pakete zunächst an den Angreifer, der diese mitlesen und anschließend weiterleiten kann, so dass diese beiden von dem Angriff nichts bemerken.

Der Angriff hinterlässt praktisch keine Spuren – schon der Angreifer könnte die Tabellen selbst durch ARP-Pakete wieder korrigieren, spätestens beim nächsten Booten wird die Tabelle ohnehin gelöscht.

Dem als *ARP-Poisoning* bezeichneten Angriff ist schwer zu begegnen, insbesondere auch wegen der häufigen Verwendung dynamischer IP-Adress-Vergabe (DHCP), so dass keine Zuordnungstabellen fest eingestellt werden können. Ei-

Gegen-
maßnahmen

ne mögliche Gegenmaßnahme ist selbstverständlich die Verschlüsselung aller Kommunikationsdaten – diese verhindert zwar nicht den Angriff, macht ihn für den Angreifer aber wertlos.

Heute ist auch spezielle Sicherheitssoftware verfügbar, die derartige ARP-Angriffe verhindert – ein Beispiel ist ARP-Guard der Firma ISL-Internet Sicherheitslösungen GmbH; das ARP-Guard-Frühwarnsystem analysiert kontinuierlich alle ARP-Meldungen, alarmiert bei Angriffen und identifiziert den Client, von dem aus angegriffen wurde.

4.7.2   WLAN, Bluetooth und VoIP *

Im Zuge der zunehmenden Bedeutung des Internet und der Mobilität für Unternehmensnetze und ihre Mitarbeiter werden neuere Technologien eingesetzt, die spezifische Sicherheitsprobleme mit sich bringen.

WLAN
Kleine Funknetzwerke werden als Wireless LANs (kurz: **WLANs**) bezeichnet, wobei das Kürzel LAN wie üblich für *Local Area Network* steht. Sie werden in immer mehr Unternehmen und privaten Haushalten eingesetzt, um für mehrere Computersysteme einen mobilen Einstieg ins Internet oder die Kommunikation der Computer untereinander auf unkomplizierte Weise zu ermöglichen.

Aufgrund der recht einfachen Installation ist die WLAN-Technik auch für temporär aufzubauende Netze (z. B. auf einem Messestand) sehr geeignet. Ferner gibt es immer mehr *Hotspots* – hierbei wird mithilfe eines WLANs einem Besucher eines Flughafens, Bahnhofs oder Cafes der mobile Einstieg ins Internet (z. B. mit einem Notebook-Computer) geboten.

WLANs können prinzipiell auf zwei verschiedene Arten betrieben werden, nämlich im Infrastruktur-Modus oder im Ad-hoc-Modus.

Infrastruktur-Modus
Im Infrastruktur-Modus kommunizieren die teilnehmenden Geräte mithilfe eines *Access Points*, einer Art »zentraler Funkbrücke« (siehe Abb. 4.7-2). Dieser zentrale *Access Point* ist meist über Kabel an andere Netze (wie das Internet) angebunden und ermöglicht so den einzelnen Geräten den Zugang zur »Außenwelt«.

Beispielsweise kann der *Access Point* über DSL an das Internet angeschlossen sein – dann spricht man von einem Funk-DSL-Router.

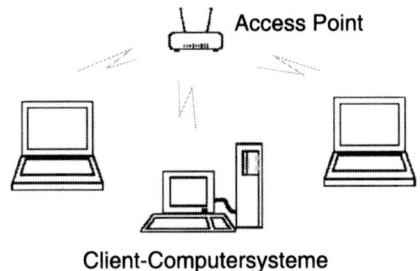

Access Point

Client-Computersysteme

Abb. 4.7-2: WLAN im Infrastruktur-Modus.

Beim seltener verwendeten Ad-hoc-Modus nehmen zwei oder mehr mobile Endgeräte direkt untereinander die Kommunikation auf, also ohne Vemittlung eines zentralen Geräts.

ad-hoc-Modus

In jedem Fall müssen die einzelnen teilnehmenden Computersysteme (Clients) mit einer Funk-LAN-Vorrichtung ausgestattet sein. Dabei kann es sich um eine in den PC eingebaute Funk-LAN-Karte handeln, eine PCMCIA-Karte eines Notebooks, oder einen Funk-LAN-Stick, der per USB-Technik an das Computersystem angeschlossen ist.

Wie leicht kann man ein WLAN abhören? Was können Unbefugte noch anstellen?

WLAN-Sicherheit

Wie WLANs genau technisch funktionieren, ist in den internationalen Standards der Serie IEEE 802.11x beschrieben. Die dort definierten Sicherheitsmechanismen beziehen sich jedoch nur auf die Verschlüsselung der Daten auf der Funkstrecke zwischen den Clients und den *Access Points.*

Es wurden hierfür mehrere Verschlüsselungsverfahren entwickelt. Das älteste ist die **WEP**-Verschlüsselung *(Wired Equivalent Privacy),* die jedoch einen recht schwachen Schutz bietet – Basis ist der Algorithmus **RC4** (siehe »Der Algorithmus RC4«, S. 67), allerdings mit einem sehr schwachen Schlüsselmanagement. Besser ist die WPA-

Verschlüsselung *(Wi-Fi Protected Access).* Am besten ist der Einsatz von WPA2 in Verbindung mit einem als *Pre-Shared-Key* (PSK) bezeichneten Passwort. Dieser Schlüssel muss allen WLAN-Teilnehmern bekannt sein. Mit seiner Hilfe wird bei jeder neuen Anmeldung eines Teilnehmers am Netz ein spezifischer Sitzungsschlüssel generiert. Wichtig ist auch die Aktivierung des MAC-Adress-Filters.

Über die eindeutige **MAC-Adresse** jeder Netzwerkkarte kann man nämlich den *Access Point* so einstellen, dass nur bestimmte Geräte Zugang haben. Die MAC-Adresse kann bei den meisten Netzwerkkarten direkt abgelesen werden, man kann diese jedoch auch beim Computersystem, das die Karte verwendet, durch einen entsprechenden Befehl abfragen.

Bluetooth Bei **Bluetooth** handelt es sich um ein Funkverfahren für den Nahbereich, wobei mit einer Bluetooth-Schnittstelle versehene Geräte sich selbstständig vernetzen können. Typische Anwendungen sind Datenübertragungen zwischen einem Personal Computer und einem Notebook, PDA oder Handy oder auch zwischen Handy und Notebook. Auch zwischen Handy und Headset wird Bluetooth häufig eingesetzt. Bluetooth basiert auf einfachen Protokollen und braucht wenig Strom.

Bluetooth-Sicherheit Bei Bluetooth sind Authentifikation und Verschlüsselung vorgesehen, die auf Chip-Ebene implementiert sind. Basis der eingesetzten kryptographischen Verfahren sind sogenannte Verbindungschlüssel, die zwischen zwei Bluetooth-Geräten während des *Pairing* vereinbart werden. Die Authentifikation findet dann mit einem **Challenge-Response-Verfahren** statt.

Für die Verschlüsselung wird eine Stromchiffre mit der Bezeichnung E0 verwendet, allerdings ist eine Verschlüsselung nicht grundsätzlich vorgeschrieben. Es gibt unterschiedliche Sicherheitsstufen, die vom Benutzer eingestellt werden können, wobei viele Benutzer der Einfachheit halber mit der schwächsten Stufe arbeiten.

Eine Schwachstelle ist auch, dass von den Benutzern gewählte (und möglicherweise schwache) PINs bei der Erzeugung der Verbindungschlüssel benutzt werden.

Da man sich bei manchen öffentlichen WLAN-Hotspots mit seinem Handy anmelden und registrieren lassen kann, ergibt sich das folgende Missbrauchsszenario: Ein Angreifer nutzt für eine solche Anmeldung über Bluetooth ein fremdes Handy, fängt anschließend die per SMS kommenden Zugangsdaten ab und kann dann auf Kosten des Handy-Besitzers (über dessen Handyrechnung abgerechnet wird) den Hotspot nutzen.

Generell gibt es die Empfehlung, Bluetooth nur in »sicheren Umgebungen« zu aktivieren.

Das Telefonieren über das Internet (VoIP – **Voice over IP**) ähnelt technisch dem Versenden von E-Mails, es werden jedoch keine Texte bzw. Dokumente verschickt, sondern Gesprochenes wird in Form von Datenpaketen übertragen und vom Empfangsgerät in eine sprechende Stimme zurück verwandelt.

VoIP

Da man sich hiermit in der »Welt des Internets« befindet und nicht mehr in der des klassischen Telefons, hat man es mit denselben Problemen zu tun wie beim Austausch von Dokumenten über das Internet und dem Surfen im Web: Bespitzeln, Datenklau usw.

Telefonate über IP-Netze können wesentlich leichter abgehört werden als die konventionellen Gespräche über das Telefonnetz, bei denen Unbefugte einen physikalischen Zugriff auf die Leitungen und dazu nötige teure Geräte haben müssen, um sie »anzapfen« zu können.

die Probleme mit VoIP

Für Angriffe auf die Internet-Telefonie kann man sich Software aus dem Internet besorgen, mit der man ganze Netzbereiche abhören kann. Bei solchen Attacken kann der Mithörer die Gespräche sogar auf seinen Computer laden oder auf eine CD brennen.

Wird das interne Netz verlassen und sogar über das offene Internet telefoniert, ist die Nutzung eines virtuellen privaten Netzes (**VPN**) angesagt (siehe dazu auch »Einsatzbeispiele IPSec«, S. 217).

Die Abhörgefahr ist noch größer, wenn ein Funknetzwerk (WLAN) eingesetzt wird. Daher sollten die Telefonate auf jeden Fall verschlüsselt werden.

Technisch basiert VoIP bei den meisten Lösungen auf dem Standard SIP *(Session Initiation Protocol)*. SIP ist ein Internetprotokoll zum Aufbau der (in der technischen Sprache) »VoIP-Kommunikationssitzungen« und ähnelt dem Protokoll HTTP, mit dem Webseiten übertragen werden.

Insbesondere werden die Steuerbefehle zum Aufbau eines Anrufs, zum Auflegen usw. im »Klartext« (also für einen SIP-Kundigen verständlich) übertragen, d. h. Rufnummern und IP-Adressen der Teilnehmer sind leicht abhörbar. Die eigentlichen Telefongesprächsdaten laufen dann über das *Real-Time Transport Protocol* (RTP).

Da sich Bereiche von IP-Netzwerken mit einem frei erhältlichen Snifferprogramm – wie Wireshark – abhören und mitschneiden lassen, kann sich ein Angreifer unter Umständen aus den Paketen einer SIP-Verbindung die Informationen heraussuchen, die er für das Abhören eines bestimmten VoIP-Gesprächs braucht.

Eine andere Gefahr sind *Man-in-the-middle*-Attacken, bei denen ein netzinterner Angreifer die IP-Adressdaten in den Adressverzeichnissen anderer Teilnehmertelefone fälscht, um Informationen an sein eigenes Telefon umzuleiten.

Beim Austausch sensibler Daten sollte generell verschlüsselt werden. Dabei sind VoIP-Gespräche besonders abhörgefährdet, wenn über ein WLAN telefoniert wird.

Aber auch wenn die WLAN-Strecke abgesichert ist, gibt es noch die generelle Abhörgefahr im Internet. Hier hilft nur eine komplette Verschlüsselung von Telefon zu Telefon. Beispielsweise kann man ein Telefon benutzen, das *SRTP* (die verschlüsselte Variante von RTP) beherrscht, oder auf den proprietären Dienst Skype setzen, bei dem verschlüsselt wird, sofern beide Teilnehmer Skype nutzen.

Wie erwähnt, ist auch die VPN-Technik hier geeignet. Leider hat sich in diesem Bereich *die* Lösung noch nicht durchgesetzt. Ein Problem ist stets der Übergang ins konventionelle Telefonnetz, wo in der Regel nicht verschlüsselt telefoniert wird.

Leider verträgt sich bislang die VoIP-Technik schlecht mit Firewalls. Deren Aufgabe ist es ja unter anderem, unbekannte Datenpakete abzublocken – für die VoIP-Pakete müssen die Firewalls aber geöffnet werden, da bei einer VoIP-Verbindung die verwendeten Ports nicht von vornherein festgelegt sind. Dem Laien bleibt hier zur Zeit keine andere Möglichkeit, als die Firewall entsprechend den Angaben seines VoIP-Anbieters zu konfigurieren. Es gibt jedoch mittlerweile auch spezielle Firewalls, die SIP-Pakete lesen und auswerten können.

Glossar

A5
Algorithmus zur Stromverschlüsselung, der in den →GSM-Netzen auf der Funkstrecke eingesetzt wird.

ActiveX *(ActiveX)*
Bezeichnet eine von Microsoft eingeführte Technik, die zur Realisierung von sog. aktiven Elementen benutzt werden kann. Aktive Elemente können in Form von *ActiveX controls* in einem Web-Browser geladen und ausgeführt werden.

AES *(advanced encryption standard)*
Symmetrisches Verschlüsselungsverfahren, das als Standard und Nachfolger von →DES festgelegt wurde. Bei der Verschlüsselung werden Bitfolgen als geeignete algebraische Objekte aufgefasst und durch eine Mischung von algebraischen Operationen und einfachen Bitvertauschungen verändert.

Ajax *(Asynchronous JavaScript and XML)*
Ermöglicht es, dass Teile einer Webseite ausgetauscht werden können, ohne dass die gesamte Seite neu geladen werden muss. Dies wird im Wesentlichen durch JavaScript und ein Konzept der asynchronen Datenübertragung zwischen Browser und Webserver erreicht.

aktiver Inhalt
Im Web benutzte Technik, kleinere Programme zusammen mit einer HTML-Seite auf das Computersystem des Benutzers zu laden und dort auszuführen.

App
Anwendungsprogramm für Smartphones oder Tablet-PCs, das online bezogen und direkt auf dem mobilen Gerät installiert werden kann.

Appstore
Online-Store für den Bezug von Apps auf Smartphones und Tablet-PCs.

ARP *(address resolution protocol)*
Protokoll, das zur Auflösung bzw. Umwandlung einer IP-Adresse in eine physikalische (z. B. Ethernet-)Adresse dient.

ASN.1 *(abstract syntax notation one)*
Beschreibungssprache für Datenstrukturen, gemeinsamer Standard der ITU-T und der ISO.

asymmetrische Verschlüsselung *(asymmetric encryption)*
Verwendet zwei unterschiedliche Schlüssel zum Ver- und Entschlüsseln von Daten, den öffentlichen *(public key)* und den privaten Schlüssel *(private key)*. Die Daten werden mit dem öffentlichen Schlüssel des Adressaten der Daten verschlüsselt, nur dieser kann sie mit dem dazu passenden privaten (geheimen) Schlüssel wieder entschlüsseln.

asymmetrisches Kryptosystem
Kryptographisches Verfahren, das auf der Verwendung öffentlicher und

geheimer Schlüssel basiert. (Syn.: asymmetrisches Verfahren Public-Key-Verfahren)

asymmetrisches Verfahren
Gleiche Bedeutung wie →Public-Key-Verfahren: Kryptoverfahren, das auf der Verwendung öffentlicher und geheimer Schlüssel beruht.

Authentifikation *(authentication)*
auch: →Authentifizierung. Verifikation der Identität von Subjekten oder Objekten.

Authentifizierung *(authentication)*
Überprüfung der Echtheit bzw. der Identität einer Person oder Sache.

Bell-La-Padula-Modell
Erstes bekanntes Sicherheitsmodell, das vollständig formalisiert beschrieben wurde. Es basiert auf einer Ordnungsstruktur zwischen Sicherheitsklassen.

Betriebssystem *(operating system)*
Ein Betriebssystem ist ein spezielles Programm eines Computersystems, das alle Komponenten eines Computersystems verwaltet und steuert sowie die Ausführung von Aufträgen veranlasst. (Abk.: BS; Syn.: OS)

Biometrie
Messungen an Lebewesen, hier: Einsatz für die Identifikation von Personen.

Blockchiffre *(block cipher)*
Verschlüsselungsart, die darauf basiert, dass die Originaldaten in Blöcke fester Länge unterteilt und diese einzeln verschlüsselt werden.

Bluetooth
Standard für die drahtlose Vernetzung von Geräten über kurze Distanz – typischerweise innerhalb eines Raumes, in der stärksten Variante bis 100 m.

Boot-Sektor *(boot sector)*
Dieser Sektor ist auf Festplatten und Disketten vorhanden und enthält ein Ladeprogramm für das Betriebssystem bzw. eine Tabelle zum physikalischen Aufbau der Diskette. Er wird im Inhaltsverzeichnis des Datenträgers nicht angezeigt.

Boot-Virus *(boot virus)*
Virus, der sich in Bereiche des Datenträgers setzt, auf die beim Start des Computers zugegriffen wird (Boot-Sektor). Diese Viren werden durch das Starten des Computers aktiviert.

Brute-Force-Attacke *(brute force attack)*
Angriff auf ein Kryptosystem durch Ausprobieren aller Möglichkeiten (z. B. für Passwörter), bis der richtige Wert gefunden wird.

BSI
(Bundesamt für Sicherheit in der Informationstechnik) Dem Bundesinnenministerium unterstellte Behörde zur Unterstützung der IT-Sicherheit in Staat und Gesellschaft.

Cache *(cache)*
Ein *Cache* ist ein temporärer Zwischenspeicher in Computern, der benutzt wird, um Informationen, auf die öfter zugegriffen wird, schneller wieder zu erhalten, als sie von der Ursprungsquelle neu zu holen. Webbrowser speichern Webseiten, die vom Internet heruntergeladen wurden, auf der Festplatte zwischen, um sie bei einem erneuten Aufruf der URL schneller anzeigen zu können.

CGI *(common gateway interface)*
Standard für den Datenaustausch zwischen Webserver und weiterer Software, die Anfragen bearbeitet (z. B. eine Datenbank). Damit lassen sich dynamische Webseiten erzeugen.

Challenge-Response-Verfahren
Authentifizierungsverfahren nach dem »Frage-Antwort-Prinzip«, wobei die Fragen variieren und die richtigen Antworten mithilfe der geheimen Information (Passwort bzw. Schlüssel) gebildet werden müssen.

Chinese-Wall-Modell
Zugriffskontrollmodell, bei dem berücksichtigt wird, auf welche Objekte ein Subjekt bereits zugegriffen hat.

Chipkarte *(smart card)*
Plastikkarte mit eingebautem Chip, der eine Hardware-Logik, Speicher und einen Mikroprozessor enthält.

Chosen-Ciphertext-Attacke
Angriff auf ein Kryptosystem, bei dem der Angreifer sich zu von ihm ausgewählten Kryptotexten den zugehörigen Klartext angeben lassen kann.

Chosen-Plaintext-Attacke
Angriff auf ein Kryptosystem, bei dem der Angreifer auswählen kann, welche Klartexte er sich unter Benutzung des gesuchten Schlüssels verschlüsseln lässt.

Ciphertext-Only-Attacke
Angriff auf ein Kryptosystem, bei dem dem Angreifer ein oder mehrere Kryptotexte zur Verfügung stehen, die alle mit demselben Schlüssel verschlüsselt sind.

Client *(client)*
Vernetztes Computersystem, das Dienstleistungen von Servern in Anspruch nimmt.

Common Criteria *(Common Criteria)*
International akzeptierter Kriterienkatalog für die Beurteilung der Sicherheit von IT-Systemen.

Cookie *(cookie)*
Kleine Textinformation, die von einem Server im Internet auf der Festplatte des Internet-Benutzers abgelegt wird. Bei einem erneuten Besuch der gleichen Website kann dieses Cookie wieder gelesen werden. Jede Website kann nur die von ihr eingerichteten Cookies lesen. Es werden Sitzungscookies und permanente Cookies unterschieden.

Cross Site Scripting
Angriff, bei dem eine Webanwendung veranlasst wird, Daten (insbes. Skripte) eines Nutzers an den Browser eines anderen Nutzers zu senden. Dabei wird oft JavaScript genutzt.

Cross-Site Request Forgery
Web-Angriffstechnik, bei der einem bei einer Webanwendung angemeldeten Benutzer ein HTTP-Request untergeschoben wird

Datenschutz *(data protection)*
Schutz personenbezogener Daten vor Missbrauch bzw. allgemeiner davor, dass der Einzelne in seinem Recht auf informationelle Selbstbestimmung beeinträchtigt wird.

Datensicherung *(backup)*
Speicherung von Daten auf einem externen Medium, zum Schutz vor Datenverlust.

Dauerhaftes Cookie *(permanent cookie)*
Cookie, das auch nach dem Schließen des Browsers auf dem Computer gespeichert bleibt.

DES *(data encryption standard)*
Symmetrisches Verschlüsselungsverfahren, das in den siebziger Jahren entwickelt wurde und weltweit vielfach eingesetzt wurde und wird. Wird wegen der für heutige Verhältnisse geringen Schlüssellänge nicht mehr empfohlen.

Diffie-Hellman-Verfahren
Verfahren zur Vereinbarung eines gemeinsamen geheimen Schlüssels über eine unsichere Leitung, das auf Prinzipen der diskreten Mathematik beruht. Wurde von den US-Kryptologen Whitfield Diffie und Martin Hellman erfunden.

Digital Rights Management
Lehre der Methoden zum Schutz digitaler Daten vor unbefuger Nutzung. Das Digital Rights Management soll insbesondere das unbefugte Kopieren digitaler Daten (beispielsweise Videofilme, Musik-CDs und Computer-Programme) durch technische Maßnahmen verhindern, was jedoch in der Praxis oft schwieirig ist. (Abk.: DRM)

digitale Signatur *(digital signature)*
Technisch identisch mit dem Begriff →digitale Unterschrift, wird meist in juristischem Kontext verwendet. (Syn.: digitale Unterschrift)

digitale Unterschrift *(digital signature)*
Mit einem privaten Schlüssel erstellte Prüfsumme, die die Authentizität und Unversehrtheit eines Datensatzes sicherstellt.

digitales Wasserzeichen *(digital watermark)*
Technik der Einbettung zusätzlicher Informationen in digitalen Inhalt, z. B. eine Information über den Urheberrechtsinhaber.

DNS
(domain name system; Domain Name System) Verteilte Datenbank (Dienst) im Internet, mit der zu einem Hostnamen die →IP-Adresse ermittelt werden kann.

DNS-Spoofing
Angriff, bei dem ein DNS-Server veranlasst wird, zu einem Rechnernamen eine falsche IP-Adresse herauszugeben.

DoS-Attacke *(denial of service attack)*
Angriff auf ein Computersystem oder ein Netzwerk, der darauf abzielt, das System durch hohe Belastung mit nutzlosen Nachrichten lahmzulegen. (Syn.: DoS-Angriff)

DSA *(Digital Signature Algorithm)*
Variante von Verfahren zur digitalen Unterschrift, die auf Schnorr und ElGamal zurückgehen. Wird in den USA verwendet.

Ecash
System für das Online-Bezahlen, das Bargeld simulierte. Ecash galt als eines der ambitioniertesten und kryptologisch anspruchsvollsten Online-Bezahlsysteme, wurde jedoch wegen Erfolglosigkeit eingestellt.

Einwegfunktion *(one-way function)*
Mathematische Funktion, bei der Funktionswerte einfach, umgekehrt jedoch die Inversen von Funktionswerten (algorithmisch) nur sehr schwierig zu berechnen sind.

elliptische Kurve *(elliptic curve)*
Algebraische Struktur, die darauf basiert, dass auf den Punkten einer Kurve gewisser Gestalt eine Addition erklärt wird. Durch Einweg-Eigenschaften dieser Addition (siehe →Einwegfunktion) können elliptische Kurven für →asymmetrische Verschlüsselung verwendet werden.

EMSCB *(European Multilaterally Secure Computing Base)*
Open-Source-Projekt der Universität Bochum und anderer Partner zu → *Trusted Computing.*

ENISA
European Network and Information Security Agency – versteht sich als Exzellenzzentrum für die EU-Länder und EU-Organisationen für Fragen der Netz- und Informationssicherheit – siehe http://www.enisa.europa.eu.

Ethernet
Am häufigsten verwendete Netzzugangstechnik für Lokale Netze.

Exploit *(exploit)*
Schadprogramm, welches eine bekannt gewordene Schwachstelle von Computersystemen ausnutzt

Falltürfunktion *(trap door function)*
→Einwegfunktion, die mihilfe des Einsatzes einer geheimen Information (der Falltür) *doch* invertiert werden kann.

Firewall *(firewall)*
»Schutzmauer« (wörtlich: Brandschutzmauer) zwischen einem Computersystem bzw. einem lokalen Netzwerk und dem Internet, die den Datenverkehr zwischen »innen« und »außen« filtert. Zu der Basis-Funktionalität einer Firewall gehören Paketfilterung, NAT *(Network Address Translation)*, Anwendungs-Proxy und Überwachung/Protokollierung.

FTP *(file transfer protocol)*
Internet-Anwendung zur Übertragung kompletter Dateien und Software-pakete, Pendant zur Paketpost mit »Selbstabholung«.

GSM *(Global System for Mobile Communications)*
Internationaler Standard für digitale Mobilfunknetze, in Deutschland als D- und E-Netze.

Hacker *(hacker)*
Personen, die sich unberechtigt Zugang zu fremden Computersystemen zu verschaffen versuchen.

Hashfunktion *(hash function)*
In der Kryptographie eine nicht-injektive →Einwegfunktion, die eine beliebige Datenmenge auf eine Bitfolge konstanter Länge komprimiert (»digitaler Fingerabdruck«). Wird bei der →digitalen Unterschrift verwendet.

Honeypot
Dienst mit der Aufgabe, Angriffe auf ein Netzwerk zu protokollieren.

HTML *(HTML; hypertext markup language)*
Dokumentenauszeichnungssprache, die es mit Hilfe von HTML-Befehlen erlaubt, inhaltliche Kategorien von HTML-Dokumenten, z. B. Überschriften und Absätze, zu kennzeichnen. So ausgezeichnete Dokumente werden von Web-Browsern interpretiert und dargestellt. Die Dateiendung einer HTML-Datei lautet .html bzw. .htm.

HTTP *(HTTP; Hypertext Transfer Protokoll)*
Standardprotokoll, mit dem Webseiten vom Webserver zum Webbrowser übertragen werden. HTTP ist ein *zustandsloses* Protokoll. Nach jeder Anfrage und der zugehörigen Übertragung der Webseite an den Webbrowser wird die Verbindung vom Client zum Server wieder getrennt. HTTP hat sich bei der Übertragung von HTML- und XHTML-Seiten als Standard etabliert.

hybrides Kryptoverfahren
Kryptoverfahren, das aus einer Kombination eines symmetrischen und eines asymmetrischen Verfahrens besteht. Typischerweise wird ein symmetrischer Schlüssel mithilfe eines asymmetrischen Verfahrens ausgetauscht.

IDEA *(International Data Encryption Algorithm)*
Symmetrisches Verschlüsselungsverfahren, das als eines der besten seiner Art gilt. Es wurde von zwei Kryptologen in der Schweiz entwickelt, konnte sich jedoch nicht im großen Stil durchsetzen, da es unter Patentschutz steht.

Identitätsdiebstahl *(identity theft)*
Missbräuchliche Nutzung personenbezogener Daten, meist mit dem Ziel, dadurch einen betrügerischen Vermögensvorteil zu erzielen.

IKE *(Internet Key Exchange)*
Protokoll der automatischen Schlüsselverwaltung für →IPSec. Verwendet den →Diffie-Hellman-Schlüsselaustausch.

IMAP *(Internet Message Access Protocol)*
Protokoll zum Zugriff auf E-Mail-Server, das mehr Funktionalitäten bietet

als →POP. Erlaubt dem Client die Bearbeitung der E-Mails direkt auf dem Server.

Internet *(internet)*
Weltweites, dezentralisiertes, allgemein zugängliches Computernetz, in dem eine Vielzahl von Diensten angeboten und genutzt werden. Als Übertragungsprotokoll wird TCP/IP verwendet.

Internet-Telefonie *(internet telephony, voice over IP)*
Übertragung von Telefongesprächen über IP-basierte Netzwerke – insbesondere das Internet. Auch *Voice over IP* (VoIP) genannt. (Abk.: VoIP, VON; Syn.: voice over the net)

Intranet *(intranet)*
Firmeninternes, nicht öffentliches Netz, das auf der Technik des Internet basiert, insbesondere auf TCP/IP.

Intrusion Detection
Erkennung von Angriffen auf ein Computersystem oder Computernetz.

Intrusion Prevention
Verhinderung eines Angriffs auf ein Computersystem oder Computernetz.

IP-Adresse *(IP address)*
Eindeutig zugewiesene Adresse eines Computersystems im Internet; besteht aus vier Bytes, durch Punkte getrennt, z. B. 134.147.80.1.

IP-Protokoll *(Internet Protocol)*
Standardisiertes Übertragungsprotokoll für Daten zwischen Computersystemen, auf welchem das Internet basiert.

IP-Spoofing *(IP spoofing)*
IP-Spoofing ist eine Technik, die dazu verwendet wird, illegal Zugriff auf einen Computer zu erhalten. Der Angreifer schickt Daten und gibt vor, dass sie von einem vertrauenswürdigen Server stammen. Dazu muss der Angreifer zuerst die IP-Adresse eines solchen Servers ermitteln. Dann ändert er in allen Paketen, die er an den Angegriffenen schickt, seine eigene Identifikation gegen diejenige dieses Servers.

IPSec
Satz von Sicherheitsprotokollen auf Basis von →TCP/IP, in →IPv6 enthalten.

IPv6
Nachfolger (Version 6) des heute noch vorwiegend verwendeten IP-Protokolls IPv4 (Version 4).

ISO/OSI-Modell
Das OSI-Modell *(Open Systems Interconnection Model)* definiert 7 Schichten für die Kommunikation in Netzwerken. Die erste Schicht definiert die physikalische Bit-Übertragung, währen die siebte Schicht die Anwendung (Inhalte) darstellt. Das Abstraktionsniveau steigt von Schicht zu Schicht (Syn.: OSI-Modell)

Java *(Java)*
Eine der am meisten eingesetzten objektorientierten Programmierspra-

chen, 1990 von der Firma Sun Microsystems entwickelt. Man unterscheidet Java-Applets, die in einem Web-Browser ausgeführt werden, Java-Servlets, die auf einem Web-Server ausgeführt werden und Java-Anwendungen, die als eigenständige Programme auf einem Computersystem laufen. Java verfügt über ein besonderes Sicherheitskonzept.

Java-Applet *(Java applet)*
Programm, geschrieben in der Programmiersprache Java, das in einem Webbrowser abläuft.

JavaScript *(JavaScript)*
JavaScript ist die am meisten verbreitete Skriptsprache zur Verknüpfung von Programmcode mit statischen HTML-Seiten. Sie ermöglicht es, Webseiten dynamisch zu verändern. Obwohl es der Name vermuten lässt, handelt es sich *nicht* um eine Teilmenge von Java. JavaScript gilt als *unsicher*, da Webseiten »bösartige« JavaScript-Programme enthalten können, die dann auf dem Web-Client ausgeführt werden.

Kerberos
Bekanntes Authentifikations- und Schlüsselverteilsystem, ursprünglich am MIT entwickelt.

Known-Plaintext-Attacke
Angriff auf ein Kryptosystem, bei dem der Angreifer über einige Klartext/Kryptotext-Paare verfügt, die alle mit demselben Schlüssel verschlüsselt wurden.

Körper *(field)*
In der Mathematik eine algebraische Struktur, in der man (wie bei den reellen Zahlen) addieren, subtrahieren, multiplizieren und dividieren kann. Körper mit nur endlich vielen Elementen werden in Technik und Naturwissenschaften vielfach verwendet.

Kryptoanalyse *(crypto analysis)*
Kunst des »Knackens« kryptographischer Verfahren durch theoretische Analyse.

Kryptographie *(cryptography)*
auch: Kryptografie. Ursprünglich Wissenschaft der Verschlüsselung zur Verheimlichung von Informationen. Heute allgemeiner Wissenschaft von den mathematischen Grundbausteinen für die technische Realisierung von Informationssicherheit.

Kryptologie
Wissenschaft der Verschlüsselung und verwandter Themen. Umfasst die beiden Teilgebiete Kryptografie (Verschlüsselung) und Kryptoanalyse (unbefugtes Entschlüsseln).

LAN *(Local Area Network)*
Ein Netzwerk zwischen Computern, die an einem Ort (z. B. einem Gebäude) stehen. Die Kommunikation über ein LAN ist wesentlich schneller als über das Internet.

MAC *(Message Authentication Code)*
Kryptographische Prüfsumme, die aus einem Datensatz mithilfe eines symmetrischen Schlüssels hergestellt wird.

MAC-Adresse
Weltweit eindeutige (Schicht-2-)Hardware-Adresse eines einzelnen Netz-werkadapters, besteht bei →Ethernet aus 48 Bits.

Makrovirus *(macro virus)*
Virus, der in einer Programmiersprache für Makros geschrieben wurde (z. B. VisualBasic) und vorwiegend Office-Dokumente befällt. Er wird ak-tiviert, sobald das infizierte Makro geöffnet wird.

Malware
Gängige Bezeichnung für jede Art von bösartiger Software.

MAN *(Metropolitan Area Network)*
Großflächiges Telekommunikationsnetz hoher Bandbreite (in der Regel auf Glasfaserbasis), das sich typischerweise über eine Großstadt er-streckt.

MD4
Kryptografische Hashfunktion, die von Ron Rivest entwickelt wurde. MD4 diente als Vorbild für praktisch alle anderen derzeit in der Pra-xis eingesetzten kryptografischen Hashfunktionen, wie beispielsweise MD5, RIPE-MD-160 und SHA-1.

MD5
Kryptografische →Hashfunktion, die von Ron Rivest entwickelt wurde. Nach der Entdeckung von Schwächen wurde das Verfahren in den meis-ten Implementierungen durch RIPE-MD-160 oder →SHA-1 ersetzt.

MIME *(Multipurpose Internet Mail Extension)*
Erweiterung der E-Mail-Standards, um unterschiedliche Arten von An-hängen zu ermöglichen (Bilder, Audiofiles etc.).

Mix
Ein Mix in einem Kommunikationsnetz ist eine Zwischenstation, die un-ter Verwendung von →Public-Key-Kryptographie im Netz befindliche Nachrichten vertauscht und so gegenüber Beobachtern Art und Zeit-punkt von Kommunikationsbeziehungen verbirgt.

Needham-Schroeder-Protokolle
Protokolle zur Authentifizierung und zum Austausch eines geheimen Schlüssels für zwei Kommunikationspartner.

NFS *(Network File System)*
Protokoll, das den Zugriff auf Dateien über ein Netzwerk ermöglicht.

One Time Pad
Beweisbar sicheres Verschlüsselungsverfahren, bei dem der Schlüssel so lang ist wie die Nachricht. Die reine Form des One Time Pad wird vor allem bei geringerem Nachrichtenaufkommen und hohen Sicherheitsan-forderungen eingesetzt. (Abk.: OTP)

OpenTC
Open-Source-Projekt zu →*Trusted Computing.*

OWASP
Open Web Application Security Project – Zusammenschluss einiger Fir-

men und Experten, die sich die Sicherheit von Webanwendungen auf die Fahnen geschrieben haben – siehe http://www.owasp.org.

Paketfilter *(packet filter)*
Software, die in einem Computernetz den ein- und ausgehenden Verkehr überwacht und filtert. Grundfunktionalität einer →*Firewall*.

Passwort *(password)*
auch: Kennwort. Mittel zur Authentifikation durch die Übergabe einer Information, mit der sich der Benutzer ausweist.

Payload
In der IT Bezeichnung für die Nutzlast, d. h. die Nutzdaten als Teil eines Datenpakets.

Personal Firewall
Software, die den ein- und ausgehenden Verkehr auf einem einzelnen Personal Computer selbst überwacht und filtert.

PGP *(Pretty Good Privacy)*
Populäre Verschlüsselungssoftware, die von dem US-Amerikaner Phil Zimmermann entwickelt wurde. PGP sollte ursprünglich den Bürger vor der Überwachung des Staats schützen, entwickelte sich jedoch ohne nennenswerte Vermarktungsaktivitäten zu einem Verschlüsselungsprogramm für alle Zwecke, das inzwischen auch kommerziell eingesetzt wird.

Phishing
Form des Trickbetrugs im Internet. Dabei wird per E-Mail versucht, den Empfänger zur Herausgabe geheimer Informationen (wie Banking-Passwörter) zu bewegen. (Abk.: Phishing)

POP3 *(Post Office Protocol Version 3)*
Mit Hilfe des *Post Office Protocols* (derzeit aktuelle Version 3) holt der Client seine Post vom Mail-Server ab. Siehe auch: →SMTP.

Port *(port)*
1 Allgemein: Logische Verbindung zu einem Netzwerk. Verschiedene Port-Nummern werden für verschiedene Zwecke verwendet. *Ports* werden in der Regel als Speicher ausgelegt, in denen Daten abgelegt und über Adressen wieder abgerufen werden können.
2 Speziell: Das TCP-Protokoll verwendet sogenannte Port-Nummern, um diversen Anwendungsprogrammen unterschiedliche Verbindungen zuordnen zu können. Jede Anwendung muss einen eigenen *Port* besitzen. Mit diesem Konzept ist es möglich, dass mehrere Verbindungen zu unterschiedlichen Anwendungen gleichzeitig aufgebaut werden können. Die Port-Nummern decken den Bereich von 0 bis 65535 ab. Die Nummern 0 bis 1024 sind für spezielle Dienste reserviert. →HTTP verwendet beispielsweise die Port-Nummer 80.

Portscanning
Abfragen, ob Ports eines an das Internet angeschlossenen Computersystems offen und für einen TCP-Verbindungsaufbau bereit sind. Wird zur Vorbereitung eines Angriffs eingesetzt.

PPP *(point-to-point protocol)*
Netzwerkprotokoll zum Verbindungsaufbau über Wählleitungen (wie z. B. ISDN).

Programmvirus *(program virus)*
Virus, der sich in ein Programm (Wirts-Programm) einfügt und durch Aufruf dieses Programms aktiviert wird.

Proxy *(proxy)*
Ein Server, der sich zwischen einer Client-Software, z. B. einem Web-Browser, und einem »echten« Server befindet. Er fängt alle oder festgelegte Anfragen *(requests)* an den »echten« Server, lokal oder entfernt, ab, und prüft, ob er diese Anfrage selbst erledigen kann. Wenn nicht, dann reicht er die Anfrage an den »echten« Server weiter. Durch einen Proxy können damit zwei Aufgaben erledigt werden: Verbesserung der Leistung (häufige Zugriffe auf Webseiten speichert er für eine bestimmte Zeit, er kann sie sofort beantworten) und Filterung von Anfragen z. B. aus Sicherheitsgründen. (Syn.: Stellvertreter)

Pseudozufallszahlen *(pseudo random numbers)*
Zahlenfolge, die zufällig erscheint, indem sie keine offensichtlichen Gesetzmäßigkeiten aufweist.

Pseudozufallszahlengenerator *(pseudo random number generator)*
Algorithmus, der →Pseudozufallszahlen erzeugt.

Public-Key-Infrastruktur *(public key infrastructure)*
Gesamtheit der Komponenten und Prozesse, die zum Einsatz →asymmetrischer Verschlüsselung und von →digitalen Signaturen notwendig sind. (Abk.: PKI)

Public-Key-Verfahren
Andere Bezeichnung für →asymmetrisches Kryptoverfahren, das auf der Verwendung öffentlicher und geheimer Schlüssel beruht.

RC4
Bekannter Algorithmus zur Stromverschlüsselung, der in zahlreichen Softwareprodukten eingesetzt wird.

RFC *(Request For Comments)*
Reihe von technischen und organisatorischen Dokumenten zum Internet. RFC-Beschreibungen werden meist zum allgemeinen Standard.

RFID *(Radio Frequency Identification)*
Verfahren zur automatischen Identifizierung von Gegenständen und Lebewesen (mithilfe von Radiowellen), die durch einen *Transponder* (RFID-Chip) gekennzeichnet sind.

Router *(router)*
Transportiert Netzwerkpakete zwischen verschiedenen Netzwerken. Damit im Internet Daten zwischen entfernten Computern übertragen werden können, müssen diese Datenpakete normalerweise mehrere Router durchlaufen. Die Router einiger Hersteller besitzen zusätzlich die Funktionalität einer Firewall.

RPC *(remote procedure call)*
Entfernter Aufruf von Operationen über das Intra- oder Internet.

RSA *(Rivest, Shamir, Adleman)*
Eines der ältesten asymmetrischen Verfahren, das für Verschlüsselung und digitale Unterschriften verwendet werden kann. Beruht darauf, dass das Potenzieren modulo einer sehr großen Zahl eine Einwegfunktion darstellt.

S-HTTP *(Secure Hypertext Transfer Protocol)*
S-HTTP erhöht die Sicherheit im Internet durch Verschlüsselung der Daten und authentifiziert Server und Browser. (Abk.: S-HTTP)

S/MIME
Erweiterung des →MIME-Standards für E-Mail-Anhänge, um Verschlüsselung und digitale Unterschriften zu ermöglichen

Schichtenmodell
Modell in der Informatik, mit dem komplexe Sachverhalte vereinfacht dargestellt werden.

Schlüssel
Geheiminformation (Passwort), die in einen Verschlüsselungsvorgang eingeht. Alle gängigen Verschlüsselungsverfahren arbeiten mit Schlüsseln, wobei die Funktionsweise des Verfahrens veröffentlicht werden kann.

Schlüsselmanagement *(key management)*
Umfasst Erzeugung, Austausch, Verteilung, Speicherung, Zertifizierung, Archivierung und Vernichtung kryptographischer Schlüssel.

Secure Telnet
Mit Sicherheitsfunktionen angereicherte Variante von →Telnet.

Security Awareness
Sensiblisierung der Mitarbeiter eines Unternehmens für Fragen der Sicherheit, insbes. der IT-Sicherheit

Seitenkanal-Attacke
Methode zum Knacken von Verschlüsselungen, bei der Zusatzinformationen wie die Verschlüsselungsdauer oder der Stromverbrauch der Verschlüsselungseinheit genutzt werden. Zahlreiche Implementierungen bekannter Verschlüsselungsverfahren ließen sich durch Seitenkanal-Attacken knacken.

SHA-1 *(Secure Hash Algorithm 1)*
Kryptografische Hashfunktion, die von der NSA entwickelt wurde. Seitdem MD5 auf Grund von Sicherheitsproblemen immer weniger eingesetzt wird, hat sich SHA-1 zur bedeutendsten kryptografischen Hashfunktion entwickelt.

SILS *(Standards for Interoperable LAN/MAN Security)*
In IEEE 802.10 festgelegte Sicherheits-Standards für LANs und MANs.

Single Sign-On
Bezeichnung für eine einmalige Anmeldung an einer Softwareanwendung, die dann während der gesamten Verbindung des Anwenders auch über Systemebenen hinweg Gültigkeit hat.

Sitzungscookie *(session cookie)*
Cookie, das nur für die aktuelle Browsersitzung gespeichert und vom Computer gelöscht wird, wenn der Browser geschlossen wird.

Skriptvirus *(script virus)*
Virus, der auf VB-Script oder JavaScript basiert und sich in VBS-/JS-Dateien, aber auch in HTML-Dateien oder HTML-E-Mails verstecken kann. Er wird aktiv, sobald die Datei ausgeführt wird.

Smart-Card *(smart card)*
→Chipkarte, die einen eigenen Mikroprozessor und einen programmierbaren Speicher besitzt.

SMTP *(Simple Mail Transfer Protocol)*
Mit Hilfe des *Simple Mail Transfer Protocols* senden Clients ihre Post an einen Mail-Server. Siehe auch →POP3. (Abk.: SMTP)

Sniffer *(sniffer)*
Programm und/oder ein Gerät, das den Datenverkehr in einem Netzwerk abhört. Ein *Sniffer* kann legal zur Netzwerk-Verwaltung genutzt werden, aber auch, um illegal auf Informationen zuzugreifen. Beim legalen Einsatz analysieren *Sniffer* die Netzwerkbelastung, entdecken Flaschenhälse und andere Probleme.

Software *(software)*
Programme, zugehörige Informationen und notwendige Dokumentation, die es zusammengefasst erlauben, mit Hilfe eines Computersystems Aufgaben zu erledigen. (Abk.: SW)

Softwareanomalie
Abweichung einer Software von ihrer Spezifikation. Wird auch als Oberbegriff für Schadsoftware wie Viren etc. benutzt.

Spam *(spam)*
Versand unerwünschter Werbebotschaften per E-Mail.

Speicherüberlauf-Fehler *(buffer overflow)*
Programmierfehler, der es zulässt, dass eingelesene Daten den dafür vorgesehenen Speicherbereich überschreiten.

Spoofing
Aktiver Angriff auf ein IT-System, bei dem eine falsche Identität vorgespiegelt wird. Beispiele: falsche Absenderadresse in einer E-Mail, Vorspiegeln eines Servers.

Spyware
Software, die von einem Computersystem aus unbefugt Daten an Dritte überträgt.

SQL *(structured query language)*
Sprache der 4. Generation, heute bei relationalen Datenbanksystemen am weitesten verbreitet und standardisiert. Umfasst Kommandos zur Datendefinition (DDL) und zur Datenmanipulation (DML) sowie Kommandos zum Vergeben von Zugriffsberechtigungen. SQL 99 erweitert das relationale Datenmodell zu einem objekt-relationalen Datenmodell.

SQL-Injection
Unbefugte Einschleusung eines SQL-Befehls zwischen einem Webserver und angeschlossenem Datenbanksystem.

SSH *(Secure Shell)*
Netzwerkprotokoll bzw. dessen Implementierung, das eine authentifizierte und verschlüsselte Verbindung zwischen zwei Rechnern über ein unsicheres Netzwerk ermöglicht.

SSL *(Secure Sockets Layer)*
Bietet durch Verschlüsselung der Daten Schutz gegen passive und aktive Angriffe und garantiert die Authentizität eines Website-Anbieters. SSL wurde ursprünglich von Netscape entwickelt, hat sich aber inzwischen im Web als Standard für eine Kommunikation etabliert, die sowohl Verschlüsselung als auch Authentizität garantiert. Die Internetadresse einer Website mit SSL-Verbindung beginnt mit https://.

SSL-Handshake *(ssl handshake)*
Mit dem Handshake beginnt jede SSL-Übertragung. Er dient insbesondere zur Authentifizierung des Servers und dem Austausch eines gemeinsamen Schlüssels für die nachfolgende Übertragung.

SSL-Record-Protokoll *(ssl record)*
SSL-Record wird die eigentliche verschlüsselte Datenübertragung genannt. Daten werden beim Empfänger in Pakete zerlegt, verschlüsselt und signiert. Auf der Empfängerseite werden wieder die Originaldaten gewonnen. Während die Verschlüsselung vor passiven Angriffen schützt, sorgt die Signierung dafür, dass die Daten nicht unbemerkt manipuliert werden können.

Steganographie
Wissenschaft der verborgenen Übermittlung oder Speicherung von Informationen.

Stromchiffre *(stream cipher)*
Verschlüsselungsart, bei der zu den Originaldaten eine pseudozufällige Bitfolge addiert wird. Kann als eine praktische Annäherung an einen → *One Time Pad* angesehen werden.

symmetrische Verschlüsselung *(symmetric encryption)*
Verwendet zur Ver- und Entschlüsselung denselben Schlüssel und besitzt üblicherweise durch die Verwendung einfacher Bitoperationen den Vorteil, schnelle Implementierungen zuzulassen.

symmetrisches Kryptosystem
Kryptographisches Verfahren, das auf der Benutzung *eines* geheimen Schlüssels basiert.

TCP *(Transport Control Protocol)*
Protokoll der Transportschicht oberhalb von IP, das – im Gegensatz zu → UDP – einen verbindungsorientierten und zuverlässigen Transport von Datenpaketen sicherstellt.

TCP-Hijacking
Übernahme einer bestehenden TCP-Verbindung durch einen Angreifer.

TCP/IP *(Transport Control Protocol / Internet Protocol)*
Sammelbezeichnung für die Familie der Protokolle, auf denen die Datenübertragung im Internet basiert. Das Protokoll IP gehört zur Netzwerkschicht, TCP setzt auf IP auf und gehört zur Transportschicht.

TCP/IP-Referenzmodell
→Schichtenmodell zur Beschreibung des Zusammenwirkens der → TCP/IP-Protokolle.

Telnet *(Telnet; teletype network)*
Dienst im Internet, der den direkten Zugriff auf andere Computersysteme ermöglicht. Dadurch lassen sich Computersysteme aus der Ferne bedienen.

temporäres Cookie *(temporary cookie)*
Sitzungscookie.

Triple-DES
Verschlüsselungsverfahren, bei dem drei Mal →DES angewendet wird unter Benutzung zweier 64-Bit-Schlüssel. (Syn.: 3DES)

Trojaner *(trojan horse)*
Destruktives Programm, das sich als »gute« Anwendung maskiert. Anders als Viren replizieren sich Trojaner nicht selbst, aber sie können genauso viel Schaden anrichten. Einer der heimtückischsten Trojaner ist ein Programm, das vorgibt, ein Computersystem von Viren zu befreien, aber stattdessen diesen Computer mit Viren infiziert.

Trust Center
Zentraler Bestandteil einer Public-Key-Infrastruktur. Im Trust Center befinden sich die Einheit, die digitale Zertifikate signiert, sowie die zur Zertifikatsinhaber-Verwaltung benötigten Komponenten. Der Begriff Trust Center wird in dieser Bedeutung nur im deutschsprachigen Raum verwendet.

Trusted Computing
Ansatz, die Sicherheit von IT-Systemen durch zusätzliche Kryptochips zu verbessern.

UDP *(user datagramm protocol)*
Internet-Protokoll, das im Gegensatz zu TCP auf eine Erfolgsrückmeldung verzichtet. Es entsteht keine zweiseitige Verbindung zwischen Sender und Empfänger. Es funktioniert eher wie eine Postwurfsendung. Kann daher auch für Live-Übertragungen per Multicast eingesetzt werden, da es Bandbreite schont.

Unified Modelling Language
Notation zur grafischen Darstellung objektorientierter Konzepte. Zur grafischen Darstellung gehören unter anderem Klassendiagramme und Objektdiagramme. Die UML wurde von den »Methodenpäpsten« Booch, Rumbaugh und Jacobson bei der Rational Software Corporation entwickelt und 1997 von der OMG *(Object Management Group)* als Standard verabschiedet. Seitdem werden unter www.omg.org regelmäßig neue UML-Releases veröffentlicht.

URL *(uniform resource locator)*
Im Web verwendete standardisierte Darstellung von Internetadressen; Aufbau: protokoll://domain-Name/Dokumentpfad.

Verschlüsselung *(encryption)*
Veränderung von Daten unter Verwendung eines Schlüssels, mit dessen Kenntnis (bzw. mit Kenntnis eines dazu gehörenden zweiten Schlüssels) die Originaldaten wieder hergestellt werden können.

Virus
(Computer-Virus) Befehlsfolge, die ein Wirtsprogramm benötigt und sich selbst reproduzieren sowie Schaden am befallenen System anrichten kann.

Voice over IP *(voice over IP)*
Übertragung von Telefongesprächen über IP-basierte Netzwerke – insbesondere das Internet. Kurzform: VoIP. Auch →Internet-Telefonie genannt.

VPN *(Virtual Private Network)*
1 Ermöglicht die sichere Datenübertragung innerhalb öffentlicher Netze. Auf der Basis der Internet-Infrastrukur werden öffentliche (Teil-)Netze sozusagen zeitweilig privatisiert – es entsteht ein virtuelles privates Netzwerk.
2 ein →Intranet, bei dem Teile des Netzes nur über das →Internet miteinander verbunden sind. Die Benutzung des Internet zur Datenübertragung bleibt den Nutzern des Intranets verborgen, die Daten werden verschlüsselt übertragen.

Wanze *(bug)*
auch: Bug. Fehlverhalten eines Programms bzw. einer Implementierung aufgrund eines Progamm(ier)fehlers.

Web *(World Wide Web)*
Informationssystem im Internet, das auf der Hypertext-Technik basiert. Ermöglicht außerdem den Zugriff auf die anderen Internet-Dienste. Der Zugang zum Web erfolgt über Webbrowser. (Syn.: W3, WWW)

Web-Browser *(web browser)*
Software, über die Benutzer die Dienstleistungen des Internets, insbesondere des Webs, in Anspruch nehmen können. Durch Angabe der URL wird das Computersystem, das die jeweilige Dienstleistung anbietet, eindeutig adressiert. (Abk.: Browser; Syn.: Browser)

Web-Client
Programm, das auf einem →Client läuft und lesend sowie schreibend auf das →Web zugreift. Beispiele für solche Programme sind →Web-Browser und Suchroboter.

Web-Server *(Web Server)*
Server, der Informationen für das Web zur Verfügung stellt. Dies können sowohl statische Seiten (z. B. HTML-Dokumente) als auch dynamisch erzeugte Seiten sein.

Web-Spoofing
Angriff, bei dem einem Anwender Webseiten eines anderen Servers geliefert werden.

Website *(website)*
Das komplette Online-Angebot eines Anbieters (Privatperson, Organisation, Unternehmen) unter einer URL, das üblicherweise mit der Startseite beginnt. Eine Website besteht aus mindestens einer, in der Regel aber mehreren Webseiten, die über Links untereinander verknüpft sind. Die einzelnen Webseiten müssen sich dabei nicht zwangsläufig auf nur einem Server befinden. (Abk.: Site)

WEP *(Wired Equivalent Privacy)*
Verschlüsselungsstandard für WLANs, der aufgrund einiger Schwachstellen heute nicht als genügend sicher gilt.

WLAN *(Wireless Local Area Network)*
Lokales Netz auf Funkbasis. Wird vor allem eingesetzt, um mehreren Computersystemen den einfachen Zugang zum Internet zu ermöglichen.

Wurm *(worm)*
Sonderfall eines Virus. Kann sich selbst replizieren und verbraucht Speicher. Kann sich aber nicht an andere Programme anhängen.

X.509
Standard der ITU-T für eine →Public-Key-Infrastruktur, wichtigster Standard für digitale →Zertifikate.

Zero Day Exploit
Schadprogramm, welches kurz (also nach »Null Tagen«) nach dem Bekanntwerden einer Schwachstelle diese ausnutzt

Zero-Knowledge-Verfahren
Authentifizierungsverfahren, bei dem keinerlei Geheimnisse *ausgetauscht* werden, sondern eine Partei lediglich den Beweis führt, im *Besitz* eines bestimmten Geheimnisses zu sein.

Zertifikat *(certificate)*
Datensatz, der als Beglaubigung für einen öffentlichen Schlüssel fungiert und weitere Informationen beinhaltet.

Literatur

[Eckert 11]
IT-Sicherheit, München, Oldenbourg Wissenschaftsverlag, 2011.

[Fuhrberg 00]
Fuhrberg, Kai; Internet-Sicherheit, München, Hanser-Verlag, 2000.

[Heiderich et al. 09]
Mario Heiderich, Christian Matthies, Johannes Dahse, fukami; Sichere Webanwendungen, Bonn, Galileo Press, 2009.

[Lenz07]
Lenze, Burkhard; Basiswissen Angewandte Mathematik, 1. Auflage, Herdecke, Dortmund, W3L, 2007.

[Menezes 97]
Menezes, Alfred J. van Oorschot, Paul C. Vanstone, Scott A.; Handbook of applied cryptography, Boca Raton, CRC Press, 1997.

[Paul11]
Paulus, Sachar; Basiswissen Sichere Software, 1. Auflage, Heidelberg, dpunkt, 2011.
Lehrbuch zu sicherer Softwareentwicklung.

[Pohlmann 03]
Pohlmann, Norbert; Firewall-Systeme, Bonn, mitp, 2003.

[Schwenk 02]
Schwenk, Jörg; Sicherheit und Kryptographie im Internet, Braunschweig/Wiesbaden, Vieweg, 2002.

[Wettern, Komar, Beekelar 02]
Wettern, Jörn; Komar, Brian; Beekelar, Ronald; Firewalls für Dummies, Bonn, mitp-Verlag, 2002.

Sachindex